교육과정

김훈희 권충훈 김한나 김화영 이광우 공저

CURRICULUM

YANGSEOWON
양서원

머리말

교육의 주요한 목표들 중 하나는 교과를 제대로 잘 가르치는 일이라고 할 수 있다. 그리고 교수자가 교육목적을 달성하기 위하여 계획하고 실행하고 나아가 평가하고 관리하는 일련의 모든 과정이 교육의 과정이라고 할 수 있다. 즉, 학생들에게 가르쳐야 할 수많은 내용 중에서 어떤 것을 선정하고, 어떻게, 왜 가르쳐야 하는지를 파악하고 분석하고 연구하는 분야가 교육과정이다. 따라서 교육 현장에 있는 사람이라면 교육과정의 중요성을 늘 인식하고, 학교 현장의 문제를 개선하는 데 교육과정이 상당한 영향을 줄 수 있음을 느낄 수 있다.

교육자로서 교육과정을 배워서 익혀야 하는 이유는 자율성을 확보한 교육자가 지도할 학생과 교과 혹은 학교교육 전반에 대한 전문성을 바탕으로 그들을 위한 충실한 배려를 하기 위해서 어떤 알맹이 있는 일을 가치 있게 수행할 것인지를 알기 위한 것이다.

이 책은 일반 대학원, 교육대학원, 그리고 사범대학 및 교직과정 개설 학부의 교육과정 교과목의 주교재로 또는 부교재로 활용될 수 있을 것이다. 또한 교육과정(학)에 관심 있는 행정가나 학교장, 교사 등도 쉽게 교육과정의 전반적인 흐름과 구성을 이해하는 데 있어서 도움을 줄 수 있는 전공도서가 될 것으로 확신한다.

특히 이 책은 예비 교원이 교육과정에 대한 개념, 개발, 실행, 평가 등에 대한 이해를 바탕으로 교원 임용시험 준비부터 학교 현장에서의 교육 활동까지 교육전문가로 성장하는 데 도움을 줄 수 있게 집필하였다. 특히 국가의 2022 개정 교육과정, 핵심역량, 과정중심 평가 등의 내용을 포함하여 교육과정 분야 전공도서의 최신성 확보를 위해 노력하였다.

이 책의 구성은 총 11개의 장이며, 1장부터 5장의 내용은 교육과정의 기본 개념을 이해하는 측면에서, 6장부터 9장의 내용은 교육과정 이해를 바탕으로 활용하는 측면에서, 10장과 11장은 최근 국가 교육과정 정책과 강조점을 이해하는 측면에서 집필의 목적을 두었다. 각 장의 구체적인 목표 및 내용은 다음과 같다.

1장은 교육과정의 어원, 정의, 성격, 개념 모형을 탐색하는 데 목표를 두고 내용을 구성하였다. 2장은 시대적 패러다임 변화에 따라 강조되는 교육내용의 특징을 기준으로 구분되는 교육과정의 네 가지 유형(교과중심, 경험중심, 학문중심, 인간중심)을 이해하는 데 목표를 두고 관련 내용들을 기술하였다. 3장은 교육에 대한 공식화 정도에 따라 구분되는 세 가지 교육과정의 유형(공식적 교육과정, 잠재적 교육과정, 영 교육과정)과 교육의 진행 과정에 따라 구분되는 세 가지 교육과정의 유형(가르친 교육과정, 학습된 교육과정, 평가된 교육과정)을 이해하는 데 초점을 두고 관련 내용들을 제시하였다. 4장은 교육과정의 주요 활동에 관한 내용으로 교육과정 개발의 의미와 구성 요소, 교육과정 운영의 기본 원리, 교육과정 평가의 목적과 본질, 교육과정 평가의 주요 모형에 대해 이해하도록 하였다. 5장은 교육과정 개발에 대한 이해를 바탕으로 교육과정 분야에서 논의되어 온 8가지의 교육과정 개발 모형들을 설명하였다. 8개의 교육과정 개발 모형은 학자들에 의해 연구되어 발전해왔고 현재는 여러 교육기관에서 활용되고 있다.

6장은 학교를 기반으로 교육과정을 설계·개발하는 데 필요한 내용을 담았다. 학교 수준 교육과정의 개념과 필요성, 학교 수준 교육과정의 역사와 주요 특성, 학교 수준 교육과정의 편성과 운영 원리에 관한 내용이다. 7장은 교육목적 설정을 위한 관점으로 다양한 교육철학과 가치관의 배경을 파악하는 것과 교육목적과 교육목표의 설정 과정과 진술 방법에 관한 내용으로 구성하였다. 8장은 교육내용의 성격, 교육내용의 선정원리 및 조직원리를 중심으로 교육내용 및 학습경험의 선정과 조직에 관한 특성을 파악하도록 하였다. 9장에서는 교육과정 개발과 실제 운영 후 결과를 되돌아보고 그 효과성을 검증하고자 할 때 필요한 내용으로 교육과정 평가의 개념, 교육과정 평가의 기본 전제와 기능, 그리고 교육과정 평가 모형 6가지를 제시하였다.

10장에서는 최근의 우리나라 국가 교육과정 정책을 파악하는 데 목표를 두고 2022 개정 교육과정, 핵심역량, 고교학점제 등의 배경과 특징에 대해 제시하였다. 11장에서는 2022 개정 교육과정에서 강조하고 있는 평가 방식인 과정 중심 평가의 의미, 이론적 근거를 먼저 살펴보았다. 그리고 수업과 연계한 과정 중심 평가 운영의 실제 및 원격 수업에서의 평가 내용을 담았다.

교육자는 교실 수업에 있어서 가장 중요한 변수이고 수업에서 많은 차이를 만든다고 할 수 있다. 미국의 A Nation at Risk 보고서에 따르면 교육자는 교육과정(커리큘럼)이 무엇인가에 대해 명확히 알아야 한다고 제시하였다.

따라서 이 책을 집필하기까지 저자들은 교육자로서 학생들과의 상호작용에 책임감 있는 어른이 되고자 노력했다. 그리고 교육과정이 무엇인가에 대한 물음에 성실히 답할 수 있도록 열심히 연구하고 성찰하며 최선을 다하고자 했다. 그럼에도 불구하고 내용상의 전개에 오류나 불편함을 발견한다면 독자의 양해를 구하고자 한다.

2023년 12월

저자 일동

목차

CHAPTER 07 교육목적의 설정과 진술

CHAPTER 08 교육내용의 선정과 조직

CHAPTER 01

교육과정의 개념

학습목표

1. 교육과정의 일반적 견해에 대해 파악할 수 있다.
2. 교육과정의 어원에 대해 알 수 있다.
3. 교육과정의 각 유형을 이해할 수 있다.

학습개요

교육은 늘 사람을 변화시키고 세상을 바꿔 왔다. 교육을 받은 사람들은 세상을 더 나은 방향으로 바꾸는 데 이바지해 왔다. 이렇듯 교육이 우리 인류에 미치는 영향력은 상상을 초월한다. 교육의 중요성은 아무리 강조해도 지나치지 않으나, 교육이라는 활동이 이루어지기 위한 기준을 어떻게 보편적으로 설정할 것인가에 대해서는 연구자들에 따라 여러 의견으로 나뉜다. 그러나 일관된 기준이 잡히지 않은 채로 진행되는 교육은 교육이 이루어지는 현장은 물론 교육을 받는 사람에게 오히려 혼란을 초래하기 때문에 교육이 가져오는 보편적 효과를 기대하기 어렵게 된다.

이때 교육과정이라는 개념이 대두된다. 현시대의 교육이 보편교육에 중심을 두고 있다는 배경을 생각한다면 일관된 교육과정의 필요성은 더욱 짙어진다. 특히, 이는 공교육의 영역에서 그 필요성이 특히 두드러진다.

현재 한국의 교육과정은 「교육기본법」 등 교육 관련 법에 따라 운영하게 되어 있는데, 우리 교육과정은 1954년 제정된 제1차 교육과정부터 10여 차례를 넘는 개정을 거쳐 현재의 2022년에 개정된 교육과정까지 시대적 배경과 요구에 따른 다양한 변천사를 겪어 왔다.

제1장에서는 교육과정의 개념을 살펴봄과 동시에 어원과 유형을 구체적으로 탐색하여 학습목표를 성취하도록 한다.

1 교육과정의 어원

1) 일반적 어원

'교육과정'은 한자로는 '教育課程'이며 영어로는 '커리큘럼(Curriculum)'이다. 영어 단어 커리큘럼은 '달리다'라는 뜻의 라틴어 '쿠레레(Currere)'에서 유래하며 그 뜻은 영어의 경주로(Race of Course) 또는 경주 그 자체(the Race Itself)에 해당하는 것으로서 활동의 장소나 활동의 연속성을 의미한다(위반반, 2015). 이러한 뜻에서 말이 달리는 도정(道程) 또는 경주로와 같은 의미로서 출발점에서 일정한 목적지점까지 달리는 목적이 있는 과정을 의미한다. 정리하여 학습자에 적용하면 학습의 목표를 향하여 달려가는 '공부의 과정(Course of study)'을 의미하는 것이라 할 수 있다.

2) 어원의 등장 배경

교육에서 '커리큘럼'이라는 어휘가 처음으로 등장한 것은 미국의 Noah Webster 출판사에서 1856년에 발간된 『미국 영어사전(An American Dictionary of the English Language)』에서이다. 여기서는 다만 경주로(A Race Course) 또는 달리는 장소(A Place for Running)라고 해석되었으며, 그 후 미국에서 발행된 영어사전의 1928년도 개정판에서는 '교수요목(Course of Study)'이라는 의미로 해석되었다.

3) 어원의 변천사

이와 같은 의미를 내포한 커리큘럼이라는 용어가 교육에 적용되면서 학습 그 자체와 학습 내용 전반을 의미하게 되었으며, '教育課程(교육과정)', '教科課程(교과과정)', '學

習課程(학습과정)', '學科課程(학과과정)'이라고 쓰기도 한다. 그러나 대체로 커리큘럼은 학교에서 가르치는 기본 교과서(the Basic Textbook)나 매일 교수하기 위하여 분과된 일정의 지도요강 또는 학습지도요령, 교수요목을 의미한다. 최근에는 학교에서 진행되는 각종 프로그램 또는 학교의 지도하에 행해지는 학생들의 경험이나 전체 생활을 포괄하는 넓은 뜻으로 사용하게 되었다.

2 교육과정의 정의

교육과정은 연구자들의 견해에 따라서 다양하고 광범위하게 정의된다. 협의의 의미에서는 학교 수업에서 선생님이 가르치는 교과 내용만으로 한정할 수도 있다. 보다 넓은 의미에서는 학교 안팎에서 학습자가 겪을 수 있는 모든 종류의 경험을 포함하는 것으로 정의할 수 있다.

교육목표를 달성하기 위해서는 다양한 내용을 마련하는 것이 필수적이다. 이렇게 교육목표를 위해 준비된 것을 내용과 성질에 따라 분류하고 구분하여 묶은 것을 '교과'라고 한다. 그러나 '교과'를 실제 아동과 학생을 대상으로 교육하려면 교육 대상의 특성과 필요한 과제를 고려하여야 한다. 교육과정이 무엇인지에 대한 정의는 연구자의 철학과 견해, 그 연구자가 살고 있는 시대와 사회에 따라 차이가 있다. 국내·외의 연구자가 교육과정에 대하여 어떻게 정의하고 있는지 살펴보면 다음과 같다.

1) 교육과정의 정의에 대한 국내 연구

정범모(1956)는 교육과정을 결정하는 데에는 지식, 예술, 가치관에서 어느 것을 선택하고 조직하며, 그것을 어떻게 표현하느냐의 세 가지 문제가 있음을 지적하고 다음과 같이 설명하였다.

첫째, 교육내용은 교육목적에 맞는 것이 선택되어야 한다. 예를 들어, 과학적 사고력을 계발하는 것이 목적이라면, 과학을 내용으로 선택해야 한다.

둘째, 교육내용의 조직이란 내용과 그것으로 영위되는 학습경험을 체계적으로 배열해야 한다는 것을 의미한다. 즉, 교육내용은 계속성, 계열성, 통합성이 있어야 한다. 좀 더 자세히 살펴보자면, 중요한 내용과 경험은 적당히 계속해서 반복될 수 있도록 해야 하며(계속성), 그것이 더 새롭고 확장된 의미를 갖고 일반화 또는 심화할 수 있도록 해야 한다(계열성). 또한, 그것이 다른 영역의 내용과 의미 있게 통합되어 더 상위층의 통합적인 학습효과를 이를 수 있도록 조직되어야 할 것이다(통합성).

셋째, 교육내용은 학습자의 나이대와 능력 수준에 맞게 정해지고 표현되어야만 한다. 어린 아동에게 너무 어려운 지식을 가르칠 수는 없으므로 어린이도 이해할 수 있는 어휘와 표현으로 설명해야 한다.

이에 대하여 이성호(1984)는 교육과정의 개념을 협의와 광의의 의미로 구분하여 정의하였다. 협의의 의미에서 교육과정은 단순히 교과목의 모음이라고 볼 수 있다. 반면, 광의의 의미에서 생각하자면 학교 안팎에서 이루어지는 도든 경험을 뜻한다(이성호, 1984). 교육과정에 대한 그의 개념은 역사적 발전의 흐름에 비추어 보는 방법이라 할 수 있다. 그는 학습자의 인지적, 기능적 그리고 정의적 능력의 성장과 발전을 돕기 위해 교육을 주도하는 기관에서 체계적으로 개발한 모든 종류의 교수·학습 경험의 계획을 '교육과정'이라 정의하였다(이성호, 1984).

함종규(1987)는 자신의 연구에서 교육과정에 대해 일정 교육기관에서 모든 교육과정을 수료할 때까지 요구되는 교육내용과 학습에 필요한 연한, 그 연한 내에서의 학습시간 배당을 포함한 전체 계획이라 정의하였다. 또한, 학교에서 교육목적을 달성하기 위해 선택한 각종 생활 경험을 교육적인 관점에서 편성하고, 이러한 학습활동이 언제, 어디서, 어떻게 행해질 것인가를 정한 교육의 종합계획이라고 츠가했다(함종규, 1987).

이영덕(1992)은 교육과정의 정의를 세 가지 관점으로 구분하여 정의하였다. 먼저, 각 교과의 교수요목과 같은 뜻으로 보았다. 또한, 학교 내에서 학생들이 하게 되는 모든 활동과 경험으로서의 교육과정, 마지막으로 구조화된 일련의 의도된 학습의 결과로서의 교육과정을 정의하였다(이영덕, 1992). 교수요목으로서의 교육과정과 조화된 일련의 의도된 학습 결과로서의 교육과정은 교육과정을 하나의 문서 속에 기술하고 정리한 것을 지칭하는 것이지만, 경험으로서의 교육과정은 학교에서 학생에게 일어나는 모든 경험을 지칭하고 있다. 정리하자면, 교육과정이란 교육이념을 달성하기 위하여 학교가 진행하는 일련의 학습 과업 체계라고 정의할 수 있다(이영덕, 1992). 교육과정은 학교교육을 통해서 어떠한 인간을 육성하느냐에 따라서 학교교육의 목적과 교육과정이 달라진다. 또한, 학교교육의 기능을 무엇으로 볼 것인지, 어떠한 역할 수행하기를 요구하느냐에 따라서도 학교교육의 목적과 교육과정이 달라진다. 그러므로 교육학 연구자들과 교육과정 전문가들은 교육과정의 의미를 규정하고 정의하는 데에 힘써 왔다.

강신웅(1996)은 교육을 목적으로 인간을 길러내기 위한 학교와 교사들의 총체적 노력을 교육과정이라고 보았다. 정리하자면, 교육목적을 달성하기 위해 학교의 계획에 따라 학생들이 학습하게 되는 모든 교육내용이라 정의할 수 있다. 여기서 교육내용(Educational Content)이란 학생이 자아를 실현할 수 있고 사회에 공헌할 수 있도록 돕기 위하여 학교가 수행하는 모든 학습 기회와 내용을 의미한다(강신웅, 1996).

또한, 이홍우(1997)는 자신의 저서 『지식의 구조와 교과』에서 교육과정을 '어떤 내용을 어떤 목적을 위해, 어떠한 방법으로 가르쳐야 하는가 하는 문제를 다루는 분야'라고 정의하였다. 그는 우리가 교육으로 모든 걸 할 수 있다고 착각하는 것이 교육과정에 문제의식을 느끼고 문제를 해결하는 데 걸림돌이 되고 있다고 지적하였다(이홍우, 1997). 또한, 그는 실패의 원인은 찾지 않고 오늘날의 교육이 실패하고 있다고만 말하고 있는 것을 문제점으로 지적했다. 그는 모든 사람이 알아야 할 '주지 교과' 교육의 필요성을 강조하며 교육의 실패 원인을 지식교육에서 찾았다(이홍우, 1997).

이해명(2003)은 교육과정의 개념을 교과과목과 경험학습으로 구분하였다. 교과과목(Subject Matter)은 교사중심에서, 경험학습(Learner's Actual Experience)은 학습자중심에서 정의한 것으로, 여기에 추가로 교수자와 학습자가 공동으로 만들어 가는 지식의 재구성까지 포함한다. 즉, 교육과정이란 '무엇'을 '어떻게' 가르칠 것인가에 대한 해답을 찾는 것이라고 정리할 수 있다(이해명, 2003).

앞서 언급한 이영덕(1989)이 교육과정을 세 가지 관점에서 정의한 것과는 달리, 이성호(1984)는 교육과정의 정의를 네 가지 관점으로 구분하여 정리하였다. 그가 정의한 네 가지 관점은 첫째, 경험으로서의 교육과정, 둘째, 교과 내용으로서의 교육과정, 셋째, 계획으로서의 교육과정, 넷째, 결과로서의 교육과정이다. 네 가지 영역별로 교육과정의 정의를 좀 더 구체적으로 살펴보면 다음과 같다(박도순, 홍후조, 1999).

(1) 학습경험으로서의 교육과정

캐스웰(H. L. Caswell)과 캠벨(D. S. Campbell)은 교육이 가지고 있는 전통적인 기능인 지적 학습훈련을 하면서도 창의력을 함양하는 기능을 수용하는 새로운 관점에서 교육과정을 정의하였다. 이들은 자신들의 저서 『Curriculum Development』에서 교육과정이란 교사의 지도 아래에서 학생이 겪게 되는 모든 경험으로 구성된다고 정의하였다(Caswell & Campbell, 1935). 이후 스미스(B. O. Smith)와 그의 동료들은 학교에서는 사고와 행동의 집단방식을 통하여 학생들을 가르칠 목적으로 일련의 잠재적 경험을 사전에 설정해 놓는데 이러한 경험의 모음을 교육과정이라고 정의했다(Smith, Stanley, & Shores, 1957). 교육과정은 학교의 보호 감독 아래 학습자가 지식과 이해를 획득하고, 기능을 개발하고, 태도와 감상과 가치를 바꾸게 되는 모든 형식적, 비형식적 내용과 과정이다(Doll, 1982). 지금까지 살펴본 정의는 학생이 교실 내에서 교과 내용만을 형식적으로 배우는 것이 아니라, 총체적인 교내환경, 다시 말해 교실 안팎에서 이루어지는 모든 학습경험을 중시해야 한다는 공통점을 가진다. 교육과정을 학교에서 교과를 통하여 가르쳐지는 것만으로 한정하였던 협의의 정의에서 탈피하여 사회와 문화를 고려하여 교육과정을 더욱 폭넓게 정의하여야 한다고 보았다. 즉, 삶의 방식, 다양한 종류의 지식 · 태도 · 가치를 교육과정에 모두 포함하여 해석하여야 한다.

경험으로서의 교육과정을 고려함에 따라 연구자들은 정규 교육과정으로 정해진 학습활동을 통해 의도되지 않았으나 잠재적으로 이루어지는 교육과정(Hidden Curriculum)

에 대해서도 관심을 두게 되었다. 학생에게 독서를 가르치는 계획된 경험이 있다고 가정한다면 경험의 결과로 학생들 가운데 독서를 싫어하게 되는 경우도 있을 수 있다. 따라서 학생들에게 독서를 가르치기 위한 경험과 독서를 싫어하게 하는 경험이 모두 교육과정의 부분으로 고려되어야 한다는 것이다. 이러한 점에서 경험으로서의 교육과정에서는 잠재적 교육과정을 강조하고 있다.

(2) 교과 내용으로서의 교육과정

교과 내용으로서의 교육과정이란 학습자가 반드시 배워야 하는 학습 내용(A Course of Study)으로 규정하는 것으로, 가장 보편적이고 일반적인 관점이다. 즉, 교육과정을 교사용 지침서 또는 교과나 교과서의 개요 같은 것으로 인식하는 것이다. 따라서 이러한 입장에서는 교과 교육과정이라는 용어를 사용하기도 한다. 여기서 교과는 설명을 용이하게 하는 논리적 순서로 배열되며, 학교 학습이나 학생의 학습경험에 선행하여 결정된다(Becher & Mclure, 1978).

교과 내용으로서의 교육과정을 정의하자면, 교육의 목적을 인지적 능력 계발에 두고, 인지적 능력 계발에 도움을 줄 수 있는 특정 교과목들이 교육과정의 내용이 되어야 한다는 항존주의자들의 생각에서 비롯되었다(곽병선, 1985). '교육과정은 영구불변의 교과로 구성되어야 한다는 것으로, 즉 초등학교와 중등학교에서는 문법, 읽기, 수사학과 논리학 및 수학의 규칙들 그리고 중등교육 이후에서는 서양 세계의 위대한 고전들로 구성되어야 한다.'라고 정의를 내리고 있다(곽병선, 1985; 구병두, 2014).

그러나 사회가 변화하면서 지식의 양은 과거에 비해 방대해졌으며 새로운 분야가 끊임없이 생겨남으로써 어떠한 지식이 가치 있는지를 판단하기 어려워졌다. 다시 말해, 교육의 목적이 기본적으로는 지적 능력과 잠재적인 능력을 계발하는 것에 있다고 해도 교육과정을 단순하게 이제까지 인간이 살아온 역사를 통해 누적되고 완성된 지식의 모음으로만 해석할 수는 없다는 문제가 제기되는 것이다. 이 문제에 관하여 이성호(1997)는 두 가지 이의를 제기한다.

첫째, 이미 일반화되고 결론 내려진 지식보다는 그러한 지식의 결론 도출을 가능하게 했던 여러 가지 폭넓은 사고 유형의 탐색이 교육을 통하여 이루어져야 한다는 것이다. 즉, 교육과정은 인간의 경험에 대해 가능한 사고 유형의 폭넓은 범위의 교과들로 구성되어야 한다는 새로운 주장이 나타난다.

둘째, 과거부터 이제까지 누적되어 온 전통적인 지식만으로는 인간의 종족 경험(Race Experience)을 제대로 표현할 수 없으며, 거기에는 그 사회의 총체적 문화를 포용할 수 있는 교육과정이 구성되어 있어야 한다는 것이다. 이러한 주장은 교육내용의 본체를 경험으로 규정하기에 이른다.

(3) 학습계획으로서의 교육과정

일반적으로 학생들은 학교교육을 통하여 삶에 막대한 영향을 받는다. 그중 어떤 것은 학교에서 학생들 사이에 이루어지는 단순한 만남 때문에 발생하기도 하므로 학교에 의해서 계획되거나 의도되지 않은 경험도 겪게 된다. 그러므로 교육과정은 학습자가 일반적으로 겪게 되는 경험으로 단순하게 보지 않아야 하며, 교육과정의 사전계획성을 강조해야 한다.

반면, 학습계획으로서의 교육과정은 다분히 의도된 것이다. 자연발생적으로 우연히 이루어지는 것이 아니라 어떻게 하는 것이 인간을 올바르고 가치 있게 발달할 수 있도록 하는 방법인지 고민하고 가르치기 전에 철저하게 준비된 계획이라는 것이다. 다음으로 살펴볼 교육과정의 정의는 이러한 시각에 바탕을 두고 있다.

뷰챔프(G. A. Beauchamp)는 자신의 저서에서 교육과정이란 '수업 이전에 이루어지는 모든 계획적인 노력으로 학교 내에서 이루어지는 것으로 고안된 프로그램의 범위와 배열을 기술하는 기록된 계획'이라고 정의했다(Beauchamp, 1981). 학습자에게 교육적 성취를 의도하여 학교에서 유효할 수 있도록 지식은 물론 사고의 양식과 경험 등 문화적 내용을 재구성한 모든 수준의 계획을 의미하는 것이다(곽병선, 1993).

이제까지 살펴본 정의에 따르면, 교육과정이란 의도된 계획으로서 이는 추상적, 상상적으로 머리에 구상하고 있는 계획이 아닌 문서로 만드는 과정을 거쳐 제시된 계획이라는 점이 공통적이다. 이러한 계획은 여러 사람의 숙고(deliberation) 과정을 거쳐서 여과되고, 공식적으로 협의, 채택된 계획으로 그 속에 여러 가지 요소들을 통정시키거나 하나로 연계하여 응집시키는 일종의 시스템, 체제로서의 성격을 지니고 있다(이성호, 1984).

실제 수업이 이루어지는 교실만을 관찰 대상으로 정한다면 교실에서 시행 중인 교육과정을 볼 수 없고 해당 교실이 어떠한 학습목표를 지향하며, 목표를 위해 교수자는 어떠한 내용을 가르치고 어떠한 활동을 통해서 학습하는지 알 수 없다. 그렇다고 하여 교육과정을 단지 기록된 문서만으로 평가하는 것도 충분히 만족스럽기는 어렵다. 물론 시행 중인 교육과정의 평가가 문서로 작성된 교육과정의 평가보다 복잡하고 어렵다. 교실에서 시행 중인 교육과정은 교수 · 학습 상황, 즉 수업 과정에서 수업에 참여하는 사람들에 의해 여과된다. 이러한 상황은 교육과정과 수업의 구분을 더욱 애매하게 한다. 더구나 이것이 사실이라면 시행 중인 교육과정은 오직 잠재력만을 기록하고 있는 문서화된 교육과정보다 훨씬 더 다루기 어렵다. 잠재력이 인식되는 것은 교육과정이 교실 상황에서 교육적 과정에 작용하는 요소가 될 때이다. 이런 관점에서 보면 학습계획으로서의 교육과정의 정의는 하나의 교육이 수업계획과 관련이 있거나 실제 교실의 환경과 활동을 지도하는 과정에서 시행 중인 교육과정과 연결될 수 있다. 결과적으로는 교육과정을 문서화된 교육과정, 즉 생명력 없는 교육과정으로 간주하고, 교실 내에서 이루어지는 교육과정에 대하여 논의할 때는 활기 있는 교육과정으로 간주한다(Zais, 1976). 이와 같은 구분은 교육과정의 본질을 분석하는 데 있어서 많은 유사한 문제와 이론적인 문제를 제기하기도 하지만, 교육과정을 계획하는 자와 이를 실제 교육환경에서 실행하는 자가 다루어야 하는 교육의 중요한 부분들을 교육과정으로 설명한다는 장점이 있다.

(4) 학습 결과로서의 교육과정

학습계획으로서의 교육과정은 구체적인 특정한 단위의 교육 작용이 이루어지기 이전에 그것을 위하여 사전에 마련한 어떤 것이며, 학습 결과로서의 교육과정은 계획이 실체화되어 가는 과정을 거치는 동안 학습자의 인간적인 특성에 통합된 교육적 가치를 뜻하는 것으로 이해할 수 있다.

학습 결과의 측면에서 교육과정을 보는 관점은 교육의 책무에 대한 관심에서 비롯된다(구병두 외, 2015). 교육적 노력을 계획에만 집중한다거나, 계획의 실천을 위한 과정을 수행하는 데에서 머물지 않고, 결과에 대한 책임을 느껴야 한다는 생각에서 교육과정을 새로운 관점에서 바라보게 하였다. 다시 말해, 학습계획으로서의 교육과정의 관점에 학습 결과로서의 측면을 추가하여 강조하게 된 것이다. 교육과정의 개념을 크게 '의도된 어떤 것'과 '실현된 어떤 것'으로 나누는 관점에서는 후자가 결과를 중심으로 교육과정의 개념을 형성하고자 한 정의들의 공통되는 속성이다(구병두 외, 2015).

지금까지 지난 70~80년 동안 논의된 교육과정의 개념과 정의는 극히 일부분에 지나지 않는다(구병두 외, 2015). 최근 과학적 연구 경향은 각각의 대상마다 오직 하나의 정의(definition)만을 채택하는 것은 이론적으로 허점이 많으며 바람직하지 못함을 지적한다. 정의는 '정책' 또는 '실행의 지침'으로 간주한다. 예를 들어, 만약 평범한 사람이 물리학자에게 빛이 무엇이냐고 물으면 그는 파동이론에 근거하여 빛의 파동 현상이라고 설명할 수도 있고, 미립자이론에 근거해서 미립자로 구성되어 있다고 대답할 수도 있을 것이다. 다시 '실제' 빛의 본질이 무엇인지, 즉 빛에 대한 올바른 정의를 묻는다면 물리학자는 아마 '그것은 유용한 질문이 아니라, 물리학자들도 그 질문은 이미 그만두었다'라고 대답할 것이다. 학자들이 정의에 관심이 없어진 이유는 그것이 지극히 제한적이고 부적절한 것이기 때문이다. 제한된 상황에서 하나의 정의는 과학자로 하여금 모종의 현상을 설명할 수 있게 한다. 상황이 달라진다면 언제든 또 다른 정의가 현재의 정의보다 유용할 수 있다.

교육과정의 정의에서도 이와 같은 과학적 입장을 채택하는 것이 타당하다. 교육과정의 평가활동에서 가장 유용한 정의는 학습자가 가지는 경험을 포함하는 것이다(구병두, 2014). 한편, 교육과정의 계획 단계를 정의할 때에는 경험을 포함하는 정의보다는 계획된 경험을 만들어 내는 내용과 활동을 포함하는 정의가 더 유용하다. 물론 계획 단계에서는 교육과정의 실행을 위한 계획으로서의 기록된 문서로 간주하는 것이 타당하지만 평가단계에서는 교육과정을 실제 교실 상황에 포함된 현상의 총체로 간주하여야 한다.

2) 교육과정의 정의에 대한 해외 연구

교육과정을 어떻게 정의하는지 해외 연구자들의 연구를 살펴보자. 교육과정 이론의 발상지이며 이론을 체계화한 미국의 경우를 중심으로 살펴보면, 정의는 그 성질에 따라 네 가지로 구분할 수 있다(구병두, 김범준, 2007). 첫째, 내용(Contents)으로서의 교육과정, 둘째, 경험(Experience)으로서의 교육과정, 셋째, 계획(Plan)으로서의 교육과정, 넷째, 결과(Outcome)로서의 교육과정이며 하나씩 자세히 살펴보면 다음과 같다(구병두, 김범준, 2007).

첫째, 내용(Contents)으로서의 교육과정 범주에 속하는 학자로는 허친스(R. D. Hutchins)를 들 수 있다. 그는 교육과정은 영구불변의 교과로 구성되어야 하는 것임을 들고, 초·중등학교에서는 문법, 읽기, 수사학과 논리학 및 수학의 규칙들로, 그 이후 단계에서는 서양 세계의 위대한 고전들로 구성되어야 한다고 주장하였다(Hutchins, 2016). 같은 입장에서 1950년대의 학자 굿(C. V. Good)은 교육과정이란 전공 분야를 수료 또는 졸업하기 위해서 이수하여야만 하는 일련의 교과목을 체계적으로 정리해 놓은 것이라고 정의하였다(Good, 1950).

둘째, 경험(Experience)으로서의 교육과정 범주에 속하는 학자로는 스미스(B. O. Smith), 올리버(P. F. Oliver), 돌(R. C. Doll), 세일러(J. G. Saylor)와 알렉산더(W. M. Alexander) 등을 들 수 있다. 먼저, 스미스는 자신의 연구에서 학교에서는 어린이들과 청년들을 가르칠 목적으로 일련의 잠재적 경험을 사전에 설정해 두며, 사고와 행동의 집단방식을 통한 경험의 모음을 교육과정이라고 정의하였다(Smith, 1959). 세일러와 알렉산더는 학교의 교육과정은 학교 안에서나 학교 밖의 상황에서 바람직한 결과를 가져오기 위한 학교의 총체적 노력이라고 보았다(Saylor, 1966; Alexander, 1971). 교육과정은 교실 내에서만 이루어지는 것이 아니라 학교 안팎에서 학습에 영향을 미치는 학교가 하는 노력의 총체라고 정의하였다.

셋째, 계획(Plan)으로서의 교육과정의 대표적인 학자로는 타바(H. Taba)를 들 수 있다. 그는 모든 교육과정은 특정한 요소들로 구성되어 있는데, 일반적으로 교육과정은 보편적인 목적, 특수한 목표가 있으며, 그것이 교육내용의 선택과 방향성을 제시해 준다고 보았다(Taba, 1962). 이러한 방향성 제시는 교수·학습의 특정한 형태를 암시해 주거나 분명하게 명시한다. 그는 종국에는 교육과정은 성취 결과 평가 프로그램을 포함한다고 보았으며 교육과정은 학습을 위한 하나의 계획이라고 정의하였다. 이를 토대로 그는 교육과정의 구성요소를 목적 및 목표, 내용과 학습경험, 그리고 평가로 구분하였다.

넷째, 결과(Outcome)로서의 교육과정으로 정의한 연구자로는 대표적으로 베이커(E. L. Baker), 테너(D. Tanner) 등을 들 수 있다. 이들의 정의를 살펴보면, 교육과정이란 '학습자의 개인적, 사회적 능력의 계속적이고 의지적인 성장을 위해서 학교의 보호 아래 지식과 경험의 체계적인 재구성을 통하여 형성된, 그리고 계획적으로 안내된 학습경험과 의도된 성과(Outcome)'라고 할 수 있다(Baker, 2005; Tanner, 2013).

3) 그 외 교육과정의 유형

유형	내용
교수요목	교육과정이라는 말은 처음에는 교과목을 단순히 모아 놓은 교수요목으로 사용되었음.
학생의 경험	진보적인 성향의 교육학자들은 교육과정을 단순히 지식을 습득하기 위한 교과의 모음만으로 보는 전통적인 시각을 거부하며 학교의 지도하에서 학습자인 학생이 실제 겪는 경험(Experience)을 교육과정이라고 정의하기도 함.

유형	내용
수업계획까지 교육과정에 포함한 유형	타바는 교육과정을 학습의 계획이라고 보며 교육과정을 단순히 가르쳐야 할 교수요목을 열거해 놓은 문서에서 그것을 가르치는 수업계획까지 포함한 개념으로 정의함.
교육목표, 교육내용, 수업, 평가	타일러는 교육과정은 교육목표의 설정에서 시작하여 그것에 기초하여 이루어지는 학습경험의 선정과 조직을 거쳐서 평가에 이르고, 평가의 결과가 다시 교육목표의 설정으로 이어지는 순환과정이라고 설명함.
교과목에 포함되는 내용	학습목표를 달성하기 위해 학교에서 가르치는 교과목(Contents)과 교육과정을 같은 것으로 보는 견해임.
학교의 지도하에서 학생이 겪는 실제 경험	교육과정을 단순하게 지식을 습득하는 것으로만 보는 기존의 논의를 거부하고 학교에서 학생이 실제로 겪게 되는 다양한 경험(Actual Experience)도 교육과정에 포함하여 정의하는 것임.
문서화된 교육계획	교육과정을 학습목표와 그것을 달성하기 위한 수업계획으로 보고 교육과정에 있어서 철저하게 의도된 사전계획성을 강조하는 견해임.
수행해야 할 과업	교육과정을 사전에 설정되어 있는 특정한 목적을 위해서는 반드시 숙달되어야 하는 일련의 과업으로 간주하는 견해임.
의도한 학습 결과	앞서 언급한 타일러의 주장으로, 교육과정을 학습자의 입장에서 보고 학습자에게 실제로 나타난 결과로서 교육과정을 규정한 견해임.
실존적 체험과 반성	교육과정 재개념주의에 해당하는 것으로 교육자나 학습자가 살아오면서 갖게 된 체험을 자신의 존재 의미와 연관 지어서 해석하고 이를 통해 자기반성적인 삶을 살아가도록 하는 과정으로 정의함.

3 교육과정의 성격

현대 교육과정은 종래의 학습 습득에만 초점을 둔 '교과과정' 개념에서 '교육과정'이라는 방향으로 전환된다. 즉, 현대 교육과정의 일반적 추이가 종전의 일부 특권층을 위한 커리큘럼에서 대중을 위한 커리큘럼으로, 지식인의 형성을 위한 커리큘럼에서 생활인의 형성을 위한 커리큘럼으로 변화되고 있다. 이에 따라서 종전의 교육과정은 생활

중심의 교육과정으로 변모하고 있고, 교재의 계획에 초점을 두던 교육과정에서 생활의 설계에 중심을 두는 교육과정으로 변모하고 있다. 듀이(J. Dewey)는 이러한 현상을 '커리큘럼의 180도 전환'이라고 지적하고 있는데, 현대 교육과정의 기본적인 요구인 교육과정의 민주화와 생활화라는 대전제와 함께 종합화, 활동화, 개별화라는 각각의 요구를 충족시키는 방향으로 교육과정의 성격이 확립되고 있다(김대현, 김석우, 2011 재인용).

교육과정의 일반적 성격을 정리하면 다음과 같다(김대현, 김석우, 2011).

첫째, 교육과정은 넓고 포괄적이어야 한다. 즉, 아동, 학생, 교사가 행하는 일의 전체이고, 생활 그 자체와 같은 넓이를 가져야 한다.

둘째, 교육과정은 교육목표로 정한 것을 이루기 위한 수단이어야 한다. 그러므로 언제나 교육목적과 교육이념이 교육과정에 반영되어야 하며, 교육목적이나 교육이념의 변화에 따라 교육과정도 알맞고 적절하게 변화되어야 한다(김대현, 김석우, 2011).

셋째, 교육과정은 사회적 요구와 필요를 충족시켜야 한다. 교육은 사회화를 촉진하는 의도적인 노력이며, 확장해서 보면 인간이 사회화되는 과정이라고 볼 수 있다. 교육의 목적은 이상적인 사회인 양성이다. 즉, 그 사회에 잘 적응함과 동시에 그 사회를 발전시킬 수 있는 인간을 양성해 내려는 활동을 뜻한다. 그러므로 교육은 사회의 유지 및 발전을 위해서 반드시 있어야 할 하나의 사회적 기능인 것이다.

넷째, 교육과정에서는 학습자 개인의 차이를 고려해야 한다. 민주사회에서 개인은 각자 스스로 인격적 특성을 계발시킬 권리가 있기 때문에, 교육은 공민으로서의 일반적 수준을 고려하는 동시에 응용하는 데 있어서 각 개인의 능력과 흥미에 따른 개인차를 인정해야 한다(김대현, 김석우, 2011).

다섯째, 교육과정은 아동, 학생의 창의성을 기르는 것이어야 한다. 일정한 형태를 갖춘 학습을 모든 학습자에게 강요하는 것은 개개인의 개성을 무시하는 것이 되므로, 학생의 내적인 흥미와 잠재력을 유발하는 것에 주력하고, 기초적이며 본질적인 지식을 제외하고는 기억 위주의 학습은 지양되어야 한다(김대현, 김석우, 2011).

여섯째, 교육과정은 해당 교육을 받을 대상인 학습자에 대한 과학적인 이해가 있어야 한다. 교육의 효과는 학습자에 의해서 나타난다. 적절한 교육내용을 선정하여 최적의 방법으로 교육했더라도 그것이 직접 학습하고 있는 학습자에게 맞지 않는다면 교육 효과를 기대할 수 없다. 그러므로 교육과정의 구성은 학습자의 요구와 흥미, 학습자 개개인의 능력과 개성, 준비도, 환경, 지능, 학습양식, 발달 상황 등에 대한 과학적 이해가 먼저 이루어져야 한다. 교육과정 연구자들은 이와 같은 자료의 토대 위에서 첫째, 학생들의 일반적인 경향성(Predisposition)을 파악하고, 둘째, 이 경향성 위에서 가르쳐야 할 내용을 가능한 한 학습자에게 알맞도록 조정하고, 마지막으로 그 내용을 전개해 갈 방법을 구명하고 그 결과를 학습자(학생)의 입장에서 평가해야 한다. 이러한 교육과정의 구성 절차를 진행했을 때 소위 학습자의 자발성, 자율성 및 지적 호기심이 유발되며 학습자의 자기실현이 성취된다.

일곱째, 교육과정은 끊임없이 재검토되고 개정되어야만 한다. 현대사회와 같이 끊임없는 진보와 발전이 예견되는 동적인 사회에서는 부단히 계속되는 혁신이 필요하다. 다만, 그러한 개정이 급진적이라면 오히려 교육에 있어서 심한 혼란을 초래할 수 있기 때문에 너무 혁명적이어서는 안 된다.

마지막으로 이론적으로 교육과정은 모든 학교에서 동일하게 적용할 수 없다. 지역마다 각자 독자적인 환경과 습관, 각각의 특성 및 요구를 가지고 있으며, 그 지역의 생활을 배경으로 하는 학생들의 요구도 제각기 다를 수밖에 없다. 교육과정은 이러한 요구를 수용해야 하기에 한 학교의 교육과정이 다른 학교에서는 적합하지 않을 수 있다.

4 교육과정의 구성요소

이제까지 살펴본 바와 같이 교육과정은 다양하게 정의될 수 있다. 또한 어떤 기준으로 정의되는지에 따라서 구성요소도 달라질 수 있다. 교육과정은 조직적이고 체계적인 계획과 학습자의 학습에 대한 경험을 중심으로 종합적이고 유용하며 타당한 내용들을 선정해야 한다. 그렇지만 그 내용이 학생들의 경험이 되기 전에는 진정한 의미에서의 교육과정이라고 단정 지을 수 없다. 따라서 그 내용이 얼마만큼 학생들의 교육과정으로 자리를 잡느냐는 각 학생의 개인차에 따라서 다르며, 학급 내의 인간관계, 교수 방법, 평가의 과정 등이 학습 내용 못지않게 교육과정에 있어서 중요한 부분을 차지하고 있다.

오늘날 교사들에 대한 역할기대는 광범위하고 다양하며 전문적인 지식이 요구되고 있다. 즉, 학습자의 성장하는 형태, 흥미, 개성, 학습 유형 등의 정보에 관한 폭넓은 지식을 요구한다. 이것은 유익한 학습경험을 조직하고 제공해 주는 데 있어서 이와 같은 모든 구성요소와 요건을 활용할 것을 요구한다. 종전에는 교육과정을 교과 내용의 선정과 조직만으로 생각해 왔으나 현재는 새로운 차원에서 파악하고 연구하는 경향이 대두되고 있다. 그러므로 일정한 교육과정에서 학습자의 성장, 발달을 조성하기 위하여 교사가 해야 할 기본 과제를 정확히 인식하고 교육과정 계획과 전개에 임해야 한다. 따라서 교육과정 구성요소에는 교육목적 또는 교육목표를 설정하여 그것을 달성하기 위해서 선정된 교육내용, 조직된 교육내용의 전개, 학습지도를 위한 교수 및 자료의 구성, 심리적, 물리적인 교육환경의 조성 및 교육성과의 평가 등이 있다(김봉수, 1982).

그런데 교육과정의 구성요소에 관해서는 학자에 따라 서로 다른 견해를 보인다. 1949년 타일러는 교육과정의 구성요소를 목표, 학습경험의 선정, 학습경험의 조직 및 평가 등 네 가지로 보았다(구병두, 최종진, 2012 재인용). 또한, 1962년 타바는 목적 및 목표, 내용 및 학습경험, 평가 등 세 가지 요소를 들었다(Taba, 1962). 글래저(J. Glaser)는 교수과정을 하나의 체제로 파악하여 교수목표, 출발점 행동, 교수 절차, 성취도평가 등 네 가지 요소로 분류하고 있다(이영덕, 1981 재인용). 정범모는 교육목표 설정, 학습경험 선정, 학습경험 조직, 학습지도, 교육평가 등 다섯 가지 요소로 보았다(정범모, 1956). 또한, 이영덕은 교육목표, 교육내용의 선정 및 조직, 학습경험 과정, 평가 등 네 가지 요소로 분류하고 있다(이영덕, 1981). 1990년대에 들어서 김호권은 수업목표의 상세화, 학습경험의 선정과 조직, 수업의 설계와 실천, 학습성과의 평가 등 네 가지 요소로 분류하고 있다(김호권, 1994).

이제까지 살펴본 여러 연구자의 견해를 종합하여 정리해 보면, 교육과정의 구성요소는 크게 교육목표와 교육내용, 교수·학습 과정(Teaching-Learning Process), 그리고 평가의 네 가지 요소로 분류할 수 있다. 그리고 이러한 네 가지 요소를 교육과정의 구성요소나 사고 요소라고 본다면 교육과정을 연구하는 데 있어 이 네 가지 요소를 그 기본 과제라 규정하고, 여기서는 각각의 요소에 대하여 살펴보도록 한다(김성권, 1991).

1) 교육목표

교육목표는 교육을 통하여 달성하고자 하는 행동의 변화로 지식의 이해, 응용, 사고, 창의성, 흥미, 태도, 가치관, 지능 등의 일반적 및 특수적인 행동의 변화를 포함하는 개념이다(정범모, 1956). 그리고 교육목표는 그 교육과정의 전체 방향을 제시하고 그 교육내용이나 구체적인 학습활동 또는 지도활동의 기준이나 근거를 제공하는 기능을 하고 있으므로 교육과정 구성이나 전개 절차로 볼 때 제일 우선하여 고려해야 한다(정범모, 1956). 그렇기 때문에 교육목표가 설정되지 않은 상태에서는 교육의 내용과 방법 또는 평가 기준이 도출될 수 없다. 일련의 교육과정에서 교육목표가 충분히 반영 및 구현되기 위해서는 그 목표는 좀 더 명백하고 가치론적인 차원에서 진술되어야 한다.

2) 교육내용

교육과정의 구성에서 두 번째 단계는 설정된 교육목표를 달성할 수 있게 하는 교육내용을 선택하고 조직하는 일이다(정범모, 1956; 함종규, 1987). 따라서 이미 설정된 교육목표를 달성하게 해 줄 것으로 예상되는 수많은 교육내용 중에서 실제로 가장 가치있고 효율적인 것으로 입증된 교육내용을 채택해야 하고, 채택된 교육내용을 체계적으로 조직하여 학생들에게 제시하여야 할 것이다. 교육을 통해서 달성해야 할 바를 교육목표라고 한다면, 그러한 교육목표를 달성하게 만드는 강력하고 효율적인 방법이 교육내용이다(함종규, 1987). 따라서 교육목표와 교육내용의 관계는 목적과 수단의 관계라고 볼 수 있다.

3) 교수 · 학습 과정

교수 · 학습 과정(Teaching-Learning Process)은 종래에 학습지도(Guidance of Learning)로 표현됐던 개념이다. 학습지도의 개념은 주로 경험주의 교육이론가들에 의해서 자주 사용되었고, 교수 · 학습 과정의 개념은 1960년대 이후 학습 중심 교육과정이 소개되면서 사용되기 시작하였다(김봉수, 1982).

교수 · 학습 과정은 학습자가 직접 학습경험을 쌓아 나가는 활동 과정으로서 특정한 학습 상태 속에서 특정한 학습활동을 거쳐 학생들이 가지게 되는 구체적인 학습경험 여부가 학습의 내용과 질을 결정해 준다(김봉수, 1982). 학습 과정은 실제로 전개되는 학습 및 행동 과정이기 때문에 이와 관련되는 제 요인의 상호작용적 관계를 통정하는 종합적인 사고체계가 요구된다. 즉, 교수 · 학습 과정은 학습자의 심리적 특성, 교사의 인성과 자질 및 지도 능력, 목표와 내용, 교수 여건 및 방법, 학교 또는 학급의 학습 분위기, 물리적 환경 등의 제 요인들이 역동적으로 상호작용하여 이루어지는 과정이다(김봉수, 1982). 여기서 교사 변인은 학습자 변인에 크게 영향을 미치는 단계로서, 학습자에 관한 하위 변인은 그들의 발달단계 및 특징, 지능, 학습 방법과 습관, 지식과 지능 및 태도, 가치관, 학습자의 인성 등이고, 교사에 관한 하위 변인은 교사의 교육철학, 인성, 교육 배경, 지식수준, 가치관, 목표 의식, 교수 방법과 기술 등이다(김봉수, 1982).

4) 교육평가

교육평가는 더 나은 교육적 향상과 발전을 위한 체계적이고 계획적이며 교육적인 노력의 지속적인 과정으로서, 평가 대상에는 학습자의 학습성과뿐 아니라 교사에 대한 학생들의 평가, 더 나아가 동료 교사들 간의 평가 및 학습을 지도하는 교사 자신의 평가에 교육과정 그 자체의 평가도 함께 포함된다.

학습자의 평가는 단순히 학습 결과만으로 평가하는 것이 아니라 학습자의 학습활동의 전 과정을 평가해야 한다. 교사 자신의 평가는 교사의 지도계획, 지도 과정, 지도 방법, 목표 의식, 평가계획까지 모든 것을 평가해야 한다. 이처럼 평가는 교육과정의 구성 및 전개와는 동떨어진 별도의 활동이라기보다는 교육과정 속에 포함되는 활동이다.

5 교육과정의 개념 모형

교육과정 개념에서 살펴본 바와 같이 오늘날 교육과정의 개념은 단일 개념이 아니라 복합 개념이다. 따라서 오늘날 교육과정의 개념은 분명하지 않으며 학자들에 따라 교육과정의 정의가 다르다. 여기에서 문제가 되는 것은 이러한 개념들을 어떻게 정리하여 하나의 개념 모형으로 정립시키느냐 하는 것이다. 굿래드(J. I. Goodlad)는 교육과정 결정자의 수준을 학습자와의 거리라는 관점에서 다음과 같이 세 가지로 분류하여 교육과정의 개념을 정리하였다(김종서 외, 1983 재인용).

① 수업 수준(Instructional Level): 교육과정의 결정은 특수한 학습자집단을 지도하는 교사나 교사로 구성된 팀이 행한다.

② 기관 수준(Institutional Level): 교육과정의 결정은 행정가의 지도하에서 기관의 전 교직원이 행한다.

③ 사회적 수준(Societal Level): 교육과정의 결정은 지역이나 주 · 중앙정부의 교육담당 공무원이나 입법가가 행하도록 한다(Goodlad, 1977).

위와 같이 굿래드가 제시한 수준별 교육과정의 개념 규정은 모형을 정립하는 데 많은 시사점을 주고 있다. 또한, 김호권(1994)도 교육과정의 개념을 세 가지로 규정하였는데 그 내용은 다음과 같다.

첫째, '공약된 목표로서의 교육과정'이란 의도된 교육과정이라고 할 수 있으며 교육부령으로서의 교육과정이 이 수준에 속한다.

둘째, '수업 속에 반영된 교육과정'이란 전개된 교육과정이다. 공약으로서의 또는 규범으로서의 교육과정은 교사에 의하여 재해석되고 교사의 손에 의하여 교사의 수업행동 속에서 재현된다(김호권, 1994).

셋째, '학습성과로서의 교육과정'이란 수업을 통하여 학생들에게 실제로 '실현된 교육과정'이다(김호권, 1994). 학생들의 학습 능력이나 경험 배경, 교육적 필요에 커다란 개인차가 있다. 이 점을 고려할 때 동일한 교육과정에 의하여 전개된 동일한 수업 조건 속에서도 우리는 다양한 교육과정을 기대한다. 잠재적 교육과정의 입장도 '학습성과로서의 교육과정'의 중요성을 시사하고 있다(김호권, 1994).

김종서(1983)는 자신의 저서 『교사론』에서 교육과정 개념의 변천과 앞서 제시한 교육과정 개념을 기초로 개념 모형의 정립을 제안하고 있다. 또한, 교육과정을 다음과 같이 세 가지 수준으로 분류하였다(김종서, 1983).

첫째, 국가 및 사회적 수준의 교육과정은 국가 및 사회가 학생들에게 어떤 목적을 위하여 무엇을 가르칠 것인지에 대한 일련의 의사결정을 해놓은 문서를 말한다(김종서, 1983). 이 수준의 교육과정의 구체적인 예로서 국민교육헌장, 교육법 등에 명시된 교육목표, 교육부령의 교육과정, 장학 방침, 교과서, 교사용 교과 지침서 등을 들 수 있다. 이 수준의 교육과정은 문서로 만들어져 있는 것이 특징이다.

둘째, 교사 수준의 교육과정은 교사가 어떤 목적을 위하여 무엇을 가르치려고 하는지 또는 가르치고 있는지를 말한다(김종서, 1983). 이 수준의 교육과정에서 강조하고 있는 것은 교육과정이 좋게 되어 있어도 교사가 교육현장에서 그대로 가르치지 않으면 그것은 사문서가 될 뿐이다. 국가 및 사회적 수준의 교육과정을 개정하는 경우, 그 개정이 현직 교육과 관련 맺을 때 참다운 의미의 개정이라 할 수 있다. 즉, 교사가 달라져야 교육과정이 진정하게 달라졌다고 할 수 있으므로 교육과정 개정에서 현직 교육의 중요성이 더욱 강조된다. 이 수준의 교육과정은 교사가 만든 문서와 수업에서 이루어지는 모든 행동을 포함한다. 예를 들면, 수업의 월별 · 주별 계획, 수업안, 교사가 실제로 가르치는 행위가 여기 포함된다.

셋째, 학생 수준의 교육과정은 학생들이 학교생활을 하는 동안에 갖게 될 경험의 총체를 말한다(김종서, 1983). 이 수준의 교육과정이 교육과정의 종착점이 된다. 교사 수준의 교육과정에서 교사가 의도적으로 가르쳐도 학생들이 교사가 의도한 경험을 제대로 가지게 될지는 장담할 수 없다. 따라서 이 수준의 교육과정을 교육과정의 종착점으로 본다. 이 수준의 교육과정의 특징은 교육과정을 경험 자체로 이해한다는 것이다.

이처럼 수준별 교육과정은 그 개별성을 인정한다. 또한, 경험의 총체라는 말에는 두 가지의 뜻이 내포되어 있다(김종서, 1983). 하나는 학교의 의도에 의하여 나타나는 경험이며, 또 다른 하나는 학교에서 의도한 것은 아니지만 학생들이 학교생활을 하는 가운데 은연중에 가지게 되는 경험이다. 전자는 표면적인 교육과정을 의미하며 후자는 잠재적 교육과정을 의미한다고 정리할 수 있다.

김종서(1987)는 이상과 같이 교육과정 개념을 세 가지 수준으로 규정짓고 다음에 문제 삼을 수 있는 이러한 세 가지 수준을 교육과정의 관련성이라고 하면서 다음과 같이 A, B, C로 구분하여 설명하였다.

① A 수준: 좁은 교육과정의 개념으로 문서로 작성된 것을 의미한다. 교과중심의 교육과정이나 학문중심의 교육과정이 이에 속한다.

② B 수준: 문서 및 문서를 경험으로 옮겨 놓는 과정으로 약간 넓은 교육과정의 개념이다.

③ C 수준: 경험까지 포괄하는 넓은 교육과정의 개념이다.

이렇듯 수준에 따라 위에 제시한 교육과정 개념은 〈표 1-1〉과 같이 정리할 수 있다.

① 제1영역: 국가 및 사회적 수준에서 학생들에게 가르치기 원하지만 교사가 가르친 바 없고 따라서 학생도 배우지 않았다(김종서, 1987). 교육부령의 교육과정은 수정되었으나 현직 교육이 따라가지 못하는 경우에는 이러한 현상이 나타날 가능성이 높다.

〈표 1-1〉 교육과정의 개념

	A 수준	B 수준	C 수준	비고
제1영역	O	X	X	좋지 않은 상태
제2영역	X	O	X	좋지 않은 상태
제3영역	X	X	O	잠재적 교육과정
제4영역	O	O	X	좋지 않은 상태
제5영역	X	O	O	약간 좋은 상태
제6영역	O	X	O	좋은 상태
제7영역	O	O	O	이상적인 교육과정

출처: 김종서(1987)를 토대로 연구자 정리.

② 제2영역: 국가에서는 가르치려고 의도한 바 없으나 사회 변화, 학문 발전에 따라 교사가 독창적으로 가르쳤다(김종서, 1987).

③ 제3영역: 국가나 교사가 학생들에게 가르치려고 한 바 없는데 학교생활을 하는 동안에 학생들이 은연중에 가지게 되는 경험, 즉 잠재적 교육과정을 말한다(김종서, 1987).

④ 제4영역: 국가 및 사회적 수준에서 가르치게 되어 있고, 교사도 가르쳤지만, 학생들의 경험 속에는 침투하지 못하고 있다(김종서, 1987).

⑤ 제5영역: 국가 및 사회적 수준에서는 관심이 없으나 교사는 중요하다고 생각하여 가르쳤고 학생도 배웠다(김종서, 1987).

⑥ 제6영역: 국가 및 사회적 수준에서는 가르치도록 정해져 있는데도 교사 수준에서는 관심 밖에 있었다. 그러나 학생들은 교사의 가르침 없이 배우고 있다(김종서, 1987).

⑦ 제7영역: 가장 이상적인 상태이며 세 가지 수준이 일치하는 삼위일체의 모습이다.

이처럼 일곱 가지 영역에 걸쳐서 국가 및 사회적 수준, 학생 수준에서의 교육과정의 관계를 살펴보았다. 가장 이상적인 상태는 '제7영역'이며 이와 같은 교육과정이 나타나도록 하기 위한 방안의 모색이 요구된다.

요약정리

교육은 늘 사람을 바꾸고 사람은 늘 세상을 바꿔 왔다. 교육은 온 인류와 세상에 지대한 영향력을 미치며 발전해 왔다. 이렇듯 교육의 중요성을 생각한다면 교육이라는 활동이 이루어지기 위한 보편적 기준을 어떻게 설정할 것인가에 대한 논의는 필수 불가결하다. 이때 교육과정이라는 개념이 대두된다. 이번 장에서는 교육과정의 일반적인 개념 정의에 대해 파악해 보고, 교육과정의 어원에 대해 살펴봄과 동시에 교육과정을 정의하는 각 유형에 대해 이해해 보는 시간을 갖고자 하였다.

교육과정은 영어로 커리큘럼(Curriculum)이라고 한다. 커리큘럼의 어원은 라틴어 쿠레레(Currere)에서 유래하며 그 뜻은 영어의 경주로(Race of Course)와 경주하는 그 자체(the Race Itself)에 해당하는 것으로서, 활동의 장소나 활동의 연속을 뜻한다(위반반, 2015). 즉, 이를 학습자에 적용하면 학습의 목표를 향하여 달려가는 과정인 공부의 과정(Course of study)을 의미할 수 있다.

커리큘럼이 처음으로 등장한 것은 1856년 미국의 출판사인 Noah Webster에서 발간된 『미국 영어사전(An American Dictionary of the English Language)』에서인데, 여기서는 다만 경주로(A Race Course) 또는 달리는 장소(A Place for Running)라고 해석되었으며, 그 후 1928년에 발간된 미국 영어사전의 개정판에서는 교수요목(Course of Study)이라는 의미로 해석되었다.

교육과정의 정의는 연구자의 견해에 따라서 광범위하고 다양하게 사용될 수 있다. 좁은 의미에서는 '학교에서 수업 시간에 가르치는 교과 내용'만으로 한정할 수도 있으며, 넓은 의미에서는 '학교 안팎에서 학생들이 겪는 모든 경험을 포함하는 것'으로 정의할 수 있다.

이영덕(1981)은 자신의 연구에서 교육과정은 "각 교과의 교수요목과 같은 뜻으로 정의된 것을 시초로 학교의 지도하에 가지는 학생들의 모든 경험이라는 정의상의 변천을 거쳐 구조화된 일련의 의도된 학습 결과라는 정의로 바뀌어 왔다"고 정리하며 "교육과정이란, 교육이념 및 목적을 달성하기 위하여 학교가 마련하는 일련의 학습 과업의 체계"라고 개념을 정의하고 있다.

교육과정 이론의 발상지이며 교육과정의 이론을 가장 잘 정립한 미국의 경우를 중심으로 해외 연구자들의 논의를 살펴보면 교육과정을 성질에 따라서 네 가지로 구분할 수 있다. 첫째, 내용(Content)으로서의 교육과정, 둘째, 경험(Experience)으로서의 교육과정, 셋째, 계획(Plan)으로서의 교육과정, 넷째, 결과(Outcome)로서의 교육과정이다.

미국의 교육학자인 허친스는 교육과정은 영구불변의 교과로 구성되어야 하는 것임을 들고, 초 · 중등학교에서는 문법, 읽기, 수사학과 논리학 및 수학의 규칙들로, 그 이후 단계에서는 서양 세계의 위대한 고전들로 구성되어야 한다고 주장하였다. 같은 입장에서 교육과정은 전공 분야에서 졸업이나 수료를 하기 위해 이수하여야 하는 일련의 교과목을 체계적으로 모아 놓은 것이라고 정의하기도 하였다.

현대 교육과정은 종래의 '교과과정'이라는 개념에서 '교육과정'이라는 방향으로 전환되었는데 이것은 곧 교육과정이 지니는 성격상의 변화를 잘 나타내고 있다. 즉, 현대 교육과정의 일반적 추이가 종전의 일부 특권층을 위한 커리큘럼에서 대중을 위한 커리큘럼으로, 지식인의 형성을 위한 커리큘럼에서 생활인의 형성을 위한 커리큘럼으로 변화되고 있다.

교육과정을 어떻게 정의하느냐에 따라서 교육과정을 구성하는 요소도 달라질 수 있다. 교육과정은 조직적, 체계적인 계획과 학생들의 학습경험을 중심으로 종합적이고 유용하며 타당한 내용들을 선정해야 할 매우 중요한 일이지만 그 내용이 학생들의 경험이 되기 이전에는 진정한 의미에서의 교육과정이라고 단정 지을 수 없다. 따라서 그 내용이 얼마만큼 학생들의 교육과정으로 자리 잡느냐는 각 학생의 개인차에 따라서 다르며 학급 내의 인간관계, 교수방법, 평가 과정 등이 가르치는 내용에 못지않게 교육과정의 중요한 부분이 되고 있다.

교육과정 개념에서 살펴본 바와 같이 오늘날 교육과정의 개념은 단일 개념이 아니라 복합개념이다. 따라서 오늘날 교육과정의 개념은 분명하지 않으며 학자들에 따라 교육과정의 정의가 다르다. 여기에서 문제 되는 것은 이러한 개념들을 어떻게 정리하여 하나의 개념 모형으로 정립시키느냐 하는 것이다.

교육과정의 개념 모형들을 정리해 본다면 가장 이상적인 교육과정이 어떻게 실현될 수 있는지에 대한 구상을 도출할 수 있다. 그러므로 이상적인 교육과정이 나타나도록 하기 위한 방안의 모색이 이 시대 교육활동을 수행하는 모든 영역에서 절대적으로 요구된다.

참고문헌

곽병선(1985). 교육과정. 서울: 배영사.

곽병선(1993). 발표: 학교 교육의 적합성과 교사의 문제. 교육과정연구, 11, 3-19.

교육부(2015). 2015 개정 교육과정 총론 해설 -고등학교-.

구병두(2014). 교육과정. 파주: 양서원.

구병두, 김범준(2007). 교육과정 및 교육평가. 고양: 공동체.

구병두, 최종진, 김부국 외(2015). 교육학개론. 파주: 양서원.

구병두, 최종진(2012). 교육학개론. 고양: 공동체.

김대현, 김석우(2005). 교육과정 및 교육평가. 서울: 학지사.

김대현, 김석우(2011). 교육과정 및 교육평가(제4판). 서울: 학지사.

김봉수(1982). 학교와 학급경영. 서울: 형설출판사.

김성권(1991). 교육과정 평가. 서울: 형설출판사.

김종서(1983). 교사론. 서울: 교육과학사.

김종서(1987). 교육과정과 수업(교육신서 76). 서울: 배영사.

김종서, 이영덕, 황정규, 이홍우(1997). 교육과정과 교육평가. 서울: 교육과학사.

김호권(1994). 교육평가 행위에 대한 교사들의 논리적 판단. 교육평가연구, 7(2), 5-21.

박도순, 홍후조(1999). 교육과정 및 평가. 서울: 문음사.

서울특별시교육청 교육 연구정보원(2022). 배움을 디자인하는 교사 교육과정: 학생들의 배움과 성장을 위한 교사 교육과정 만들기[고등학교용].

위반반(2015). 한·중 대학 대외 자국어 교육학과 교육과정 비교 연구. 대진대학교 대학원 박사학위논문.

이성호(1984). 교육과정과 평가. 서울: 문음사.

이성호(1984). 대학 전공 교육의 전문화와 교육과정 편성. 교육과정연구, 4, 107-149.

이성호(1997). 교육과정과 평가. 파주: 양서원.

이영덕(1981). [臣光曰] 分析 其二-一溫公家範과 資治通監論替의 比較硏究. 사학연구, 32, 83-101.

이영덕(1992). 德性女子大學校 敎育課程 試案硏究, 敎育硏究, 3, 5-79.

이해명(2003). 교육과정 개정 사례를 통해서 본 교육과정 개발체제의 문제점 및 개선 방향. 교육학연구, 41(2), 197-224.

이홍우(1997). 지식의 구조와 교과. 서울: 교육과학사.

정범모(1956). 교육과정. 서울: 서울중앙교육출판사.

함종규(1987). 교육과정 운영과 지원체제. 대학교육, 29, 30-35.

Alexander, W. M. (1971). Curriculum Planning as It Should Be.

Baker, E. L. (2005). Aligning curriculum, standards, and assessments: Fulfilling the promise of school reform. *In Measurement and research in the accountability era*(pp.323-344). Routledge.

Beauchamp, G. A. (1981). *Curriculum Theory*. Itasca. Ill.: FE Peacock Publishers.

Becher, T. & Mclure, S. (1978). *The politic of curriculum Change*. London: Hutchinson.

Caswell, H. L., & Campbell, D. S. (1935). *Curriculum development*. New York: American Books.

Doll, M. (1982). Beyond the Window: Dreams and Learning. *Journal of Curriculum Theorizing, 4*(1), 197-201.

Good, C. V. (1950). SELECTIVE ADMISSION, CURRICULUM, AND CERTIFICATION OF TEACHERS. *Pi Lambda Theta Journal, 29*(2), 69-72.

Goodlad, J. I. (1977). What goes on in our schools?. *Educational Researcher, 6*(3), 3-6.

Hutchins, R. D. (2016). *Nationalism and history education: Curricula and textbooks in the United States and France*. Routledge.

Saylor, J. G. (1966). *Curriculum planning for modern schools*. New York: Holt, Rinehart & Winston.

Smith, B. O. (1969). *Teachers for the real world*. Washington D.C.: American Association of Colleges for Teacher Education.

Smith, B. O., Stanley, D., & Shores, J. H. (1957). *Foundations of curriculum development*. Hartcourt Brace and World Inc, USA.

Taba, H. (1962). Curriculum development. *Theory and Practice*. New York: Harcourt.

Tanner, D. (2013). Race to the top and leave the children behind. *Journal of Curriculum Studies, 45*(1), 4-15.

Zais, R. S. (1976). *Curriculum: Principles and foundations*. New York: Crowell Company.

CHAPTER

02

교육과정의 유형: 시대의 패러다임 변화에 따른 유형

학습목표

1. 교육과정 유형을 시대적 패러다임 변화에 따라 4유형으로 구분하여 말할 수 있다.
2. 교과중심 교육과정의 기본 입장, 하위 유형, 장단점을 발표할 수 있다.
3. 경험중심 교육과정의 기본 입장, 하위 유형, 장단점을 발표할 수 있다.
4. 학문중심 교육과정의 기본 입장, 하위 유형, 장단점을 발표할 수 있다.
5. 인간중심 교육과정의 기본 입장, 하위 유형, 장단점을 발표할 수 있다.

학습개요

좋은 개념은 좋은 이론을 만든다. 교육과정의 개념은 제1장에서 교육과정 어원(語原)의 분석과 개념의 정의를 통해 분명하게 확인하였다.

교육과정은 교육기관에서 설정한 교육목적(목표)을 달성하기 위해 교육내용을 선정 및 조직하고, 교수 · 학습 활동을 진행하고 그 결과를 평가하는 체제적인 과정이다. 교육과정은 시대의 패러다임 변화에 따라 나름의 강조점을 가지고 있는 몇 가지 유형들로 분화되어 발전해 오고 있다. 교육과정 유형이란 교육과정 구성요소들의 강조점, 조직 형태 등에 따라 구분해 놓은 것을 말한다.

제2장 교육과정의 유형에서는 교육과정학의 시대의 패러다임 변화 과정에서 나름 뚜렷하게 구분되는 네 가지 유형(교과중심, 경험중심, 학문중심, 인간중심)의 교육과정을 살펴보고자 한다. 교육과정의 주요 네 가지 유형은 오늘날 교육과정에 다양한 모습으로 포함되어 많은 영향을 주고 있다. 본 장에서는 각 유형 교육과정의 개요, 기본 입장, 주요 하위 유형, 장단점을 중심으로 제시하였다.

『표준국어대사전』에서 유형(類型)이라는 용어의 의미를 확인하여 보면, "성질이나 특징 따위가 공통적인 것끼리 묶은 하나의 틀, 또는 그 틀에 속하는 것"이라고 되어 있다(국립국어원 표준국어대사전).

교육과정의 유형을 『교육학용어사전』에서 찾아보면 다음과 같이 제시되어 있다. 교육과정의 유형은 각 교육과정이 보이는 교육과정관, 교육목표관, 교육내용관, 내용의 조직관을 특징에 따라 분류하는 형태이다. 보통 교육과정은 교과형과 경험형의 두 가지 큰 유형으로 구분된다. 그러나 각 학교에서 실제로 운영되고 있는 교육과정을 몇 가지의 유형으로 나누어 분류한다는 것은 쉬운 일이 아니다. 이론적으로 진술한 교육과정의 형태나 유형을 실제로 운영되는 지방안(地方案)이나 학교안에서는 거의 발견할 수 없는 경우가 있고, 또 지방에서 채택되고 있는 교육과정 실천안이 교육과정의 이론가에게는 지지받지 못하는 경우가 있기 때문이다. 그러나 학교교육을 추진함에 유효한 일반적인 유형은 있다. 이에 대하여 처음으로 유형 구분을 시도한 것이 1941년 미국의 메릴랜드주에서 발간한 '교육과정 연구 안내서'였는데, 여기에서는 ① 교과 교육과정, ② 상관 교육과정, ③ 융합 교육과정, ④ 광역 교육과정, ⑤ 중핵 교육과정, ⑥ 경험 교육과정으로 구분하였다. 이 밖에 많은 학자가 다양하게 구분하고 있는데 대체로는 ① 교과중심 교육과정, ② 경험중심 교육과정, ③ 중핵 교육과정으로 분류된다(서울대사범대학교육연구소, 1998).

교육과정 관련 교재와 많은 학자는 일반적으로 교육과정의 유형을 교육내용(학습경험)의 조직 형태에 따라 구분한다. 다시 말해서, 교육목적(목표) 달성을 위해서 교육내용을 선정 및 조직하는 형태를 일정한 분류기준에 따라 유형화하는 것이다. 교육과정 학문 분야에서는 네 가지 유형인 교과중심 교육과정, 경험중심 교육과정, 학문중심 교육과정, 인간중심 교육과정으로 구분하고 있다(김인식 외, 1996; 권낙원 외, 2011; 한국교육과정학회, 2017).

〔그림 2-1〕 교육과정의 4유형

교육과정의 4유형은 교과-경험-학문-인간이라는 용어를 앞에 두고, '○○중심 교육과정'으로 구분하고 있다. 그러므로 교육과정을 편성 및 운영할 때, 그 중심이 되는 용어가 지향점이 되고 구성요소들의 방향을 설정하게 되는 것이다.

한민석(2020)은 교육과정의 흐름 자체가 다양한 관점에서 논의되기 때문에 획일화하기 어렵다고 주장하였다. 다만, 현대 교육과정은 미국을 중심으로 전개되어 왔기 때문에 미국 교육과정의 변천 과정을 확인하는 것이 중요하며, 우리나라는 미국 교육과정의 흐름에 큰 영향을 받았다고 강조하였다. 〈표 2-1〉에서 교육과정 4유형을 간단히 비교하여 제시한다.

〈표 2-1〉 교육과정 4유형 비교

구분	교과중심 교육과정	경험중심 교육과정	학문중심 교육과정	인간중심 교육과정
미국 적용 시기	1920~	1930~	1960~	1970~
한국 적용 시기	미군정 교수요목기 1차 교육과정 (1954년)	2차 교육과정 (1963년)	3차 교육과정 (1973년)	4차 교육과정 (1981)
철학적 배경	전통주의 본질주의	진보주의	신본질주의	실존주의
주요 교육목표	문화유산 전달	생활인 육성	탐구력 배양	자아실현인
대표 조직 형태	분과형	통합형	나선형	통합형

교육과정 4유형을 중심으로 조망감 있게 구분하고 이해하기 위하여 다음과 같은 내용들을 확인하고자 한다.

첫째, 유형별 교육과정의 개요를 확인한다.

둘째, 유형별 교육과정의 기본 입장을 살펴본다.

셋째, 유형별 교육과정의 하위 유형 및 특징을 확인한다.

넷째, 유형별 교육과정의 장단점을 확인한다.

1 교과중심 교육과정

1) 교과중심 교육과정의 개요

교과중심 교육과정(subject-centered curriculum)을 이해하기 위해서는 기본적으로 '교과(subject)'라는 개념을 명확하게 정의해야 한다. 교과는 일반적으로 '인류의 문화유산을 체계적 · 논리적으로 조직한 것'이라고 정의하고 있다. '교과서'는 교육기관에서 가장 기본적인 학습자료로서 '교과'가 교재 형태로 된 것이며 교과중심 교육과정을 대표하는 매체이다.

교육과정은 20세기 초에 교육학의 전문 분야로서 체계적인 연구들이 진행되었다. 이때 등장한 용어가 '경험중심' 교육과정이다. 경험중심 교육과정은 새로운 유형의 교육과정을 기존의 교육과정과 구분하기 위하여 '교과중심' 교육과정이라고 명명하게 된 것이다(강유정 외, 2020).

교과중심 교육과정은 교육과정의 중심이 되는 내용을 '교과'로 하는 교육과정 형태이며, 교육과정을 학생들에게 가르치는 교과목으로 보는 관점이다. 교육과정 내용 조직의 측면에서 보면, 교과를 중심으로 교육내용을 분류하고 조직하는 교육과정의 한 유형을 의미한다.

교과중심 교육과정은 가장 오랜 전통을 가진 교육과정 유형(형태)이다. 서양 교육사에서는 고대 그리스 시대의 7자유교과(3학: 문법, 수사학, 논리학, 4과: 산술, 기하, 천문, 음악) 등에서 그 기원을 발견할 수 있다. 동양 교육사에서는 사서삼경(사서: 대학, 논어, 맹자, 중용, 삼경: 시경, 서경, 역경) 등에서 그 출발점을 확인할 수 있다. 오늘날 교육과정에서도 교과중심 교육과정의 모습은 여전히 찾아볼 수 있다(한국교육과정학회, 2017).

2) 교과중심 교육과정의 기본 입장

교과중심 교육과정은 다음과 같은 기본 입장을 가진다(김인식 외, 1996; 강유정 외, 2020).

첫째, '교육이란 이전 세대의 문화유산이나 정보를 후세대에 전달하는 것'이라고 믿는다. 그런 의미에서 개인적 입장의 유용성보다는 사회적 가치를, 실용성보다는 고전성이나 전통성을, 실제적 내용보다는 고전적 가치가 있는 지식이나 기능을 중시하는 입장이다.

둘째, '형식도야설(theory of formal discipline; 形式陶冶說)'을 주장한다. 형식도야설은 19세기의 능력심리학(Faculty Psychology)에 근거한 이론으로 '인간은 선천적으로 기본 능력(지각, 기억, 상상, 추리, 감정, 의지 등)을 갖추고 태어났으며, 그 능력을 훈련하면 적절하게 도야된다'는 것이다. 인간이 가지는 구분된 능력들을 발달시키는 데 중요한 수단이 '교과'라고 생각한다.

셋째, 각 교과는 각기 다른 그 자체의 논리를 가진다고 생각한다. 그런 관계로 교육과정은 교과별로 분과적으로 편성되어야 한다고 주장한다. 교과중심 교육과정은 기본적으로 분과형을 지향한다.

넷째, 인간의 감성보다는 이성을 중시하는 입장이다. 교과중심 교육과정은 논리적이고 체계적인 인간이 되기 위해서는 보다 잘 개발되고 체계화된 교과가 주된 도구가 될 수 있다고 믿는다.

3) 교과중심 교육과정의 하위 유형

교과중심 교육과정은 조직방법 등에 따라 하위 유형을 분과형, 상관형, 융합형, 광역형으로 나눌 수 있다. 이는 〈표 2-2〉와 같다.

〈표 2-2〉 교과중심 교육과정의 하위 유형

구분	분과형 (Separated type)	상관형 (Corelated type)	융합형 (Confused type)	광역형 (Broad field type)
개념	한 과목을 다른 과목과 완전히 독립시켜 지식의 체계를 논리적으로 조직한 형태이다.	두 개 또는 그 이상의 과목들이 각각 교과의 선을 유지하면서 서로 관련지어져 있는 형태이다.	상관형에서 광역형으로 이행하는 과정에서 생겨난 과도기적 형태이다.	전통적인 교과목의 엄격한 한계를 해소하고 학습이 더 넓은 영역에서 사실, 원리들을 조직하려는 형태이다.
예시	국어, 수학, 영어, 지리, 음악 등	역사와 지리, 과학과 수학, 생물과 화학 등	사회과 등	일반과학, 사회과학 등
특징	횡적인 연관이 전혀 없고, 종적 체계를 강조한다.	계열성, 관련성이 있으나 포괄성, 통합성은 부족하다.	실험학교, 연구학교 등에서 시한적으로 조직한다.	교과목의 통합 가능, 박식주의에 빠질 위험이 있다.

4) 교과중심 교육과정의 장단점

교과중심 교육과정은 가장 오래된 형태의 교육과정 유형(형태)으로서 오랜 기간 동안 교육기관의 교육과정으로 역할을 담당해 오고 있다. 많은 국내·외 학자들(Saylor & Alexander, 1954; 김인식 외, 1996; 강유정 외, 2020; 구병도 외, 2017; 한민석, 2020 등)은 다양한 시각에서 교과중심 교육과정의 장단점을 제시하였다. 교과중심 교육과정의 대표적인 장점은 다음과 같다.

첫째, 새로운 지식과 사실을 학습-해석-조직하는 데 논리적이고 효과적이다.

둘째, 학생들의 지적 능력을 발전시키는 데 가장 적합하다.

셋째, 교육의 기본적 개념에 관한 주장과 일치한다.

넷째, 인류가 축적한 문화유산을 가장 효율적으로 이용할 수 있다.

다섯째, 오랜 전통을 지니고 있으며 널리 받아들여지고 있다.

여섯째, 교육과정 구성이나 평가가 다른 교육과정 유형에 비해 간단하고 쉽다.

교과중심 교육과정은 몇 가지 단점이 있다. 이런 단점은 다른 유형(경험중심 등)의 교육과정들이 나타나는 발판이 되었다.

첫째, 단편적이고 분과적인 교과 조직으로 전체적인 통일성, 연계성이 부족하다.

둘째, 교과 조직은 학습자의 심리적인 요인(흥미, 능력, 필요)을 무시한다.

셋째, 고등정신 기능(비판력, 사고력, 창조력 등)의 함양이 어렵다.

넷째, 현대사회와의 연관성이 상대적으로 떨어진다.

2 경험중심 교육과정

1) 경험중심 교육과정의 개요

경험(experience)이라는 말은 사람들이 많이 사용하는 용어이다. 일반적으로 경험이란 '어떤 일을 참여하거나 직접 행해 보고 얻은 체험'의 의미를 지닌다. 존 듀이는 경험을 '능동적인 요소인 주체자와 피동적인 요소인 환경 간의 상호작용 활동과 그 결과'라고 정의하였다(Dewey, 1916).

경험중심 교육과정(experience-centered curriculum)은 학생의 흥미와 요구를 중심으로 교육내용과 활동을 구성하는 교육과정 조직 유형 및 사조를 말한다. 교과중심 교육과정의 한계점인 지식 위주의 교육과 실제 생활과의 괴리 등을 극복하고자 1920년 이후 듀이(Dewey) 등을 중심으로 대두된 새로운 교육과정 유형이다. 경험중심 교육과정은 '학교의 지도하에 학생들이 가지는 모든 경험'으로 정의된다. 경험중심 교육과정은 미국 등 서양 교육뿐만 아니라 우리나라 미군정기 이후 교육정책의 방향에 큰 영향을 주었다(이순덕 외, 2022).

2) 경험중심 교육과정의 기본 입장

경험중심 교육과정의 철학적 배경은 진보주의 교육철학이다. 듀이는 시카고 대학에 부임해 온 지 2년 후인 1896년에 그의 부인과 함께 실험학교를 설립하였다. 이 실험학교는 시카고대학교 부설학교로서 듀이의 진보주의 교육철학 및 이론들을 실현해 내었다. 경험중심 교육과정의 주요 입장(특징)을 제시하면 다음과 같다(김인식 외, 1996; 권낙원 외, 2011; 홍후조, 2011; 박휴용, 2012).

첫째, 학습자의 흥미, 욕구, 관심 등을 교육활동의 근간으로 삼아야 한다는 것이다. 이러한 입장은 학습자들에게 무엇을 가르칠 것인가보다는 학습자들이 무엇을 배우고자 하는지에 중점을 두게 된다. 따라서 교육과정을 계획하는 사람들은 학습자에 관한 과학적 연구에 근거하여 실용적이고 합리적인 교육이 필요하다고 생각하게 된다.

둘째, 교육의 목적으로 전인교육을 강조한다. 전인교육의 강조는 교과중심 교육과정의 지나친 인지적 측면 강조에 대한 보완적 입장이다.

셋째, 생활인 육성을 위해 문제해결 학습을 강조한다. 문제해결의 활동 과정을 중시하는 입장은 문제에 대한 해답을 찾는 데 가치를 둔 교육과정이 아니라 목표실현을 위한 문제해결의 활동 과정에 가치를 둔 교육과정이라고 볼 수 있다.

넷째, 교수자와 학습자의 협동적 교수 · 학습 과정을 중시한다. 협동적 교수 · 학습의 강조는 교사를 학습자를 돕는 사람으로 보며, 학습자를 교육과정 프로젝트 입안의 참여자로 이해해야 한다는 입장이다.

3) 경험중심 교육과정의 하위 유형

경험중심 교육과정의 하위 유형은 활동중심 교육과정과 생활영역 교육과정으로 구분하여 지시하였다(구병두 외, 2017; 김병희 외, 2019). 또한 활동 교육과정, 광역 교육과정, 중핵 교육과정, 현성 교육과정으로 구분하기도 한다(권낙원 외, 2011). 여기에서는 많은 학자들이 제시한 교육내용의 조직 방법 등에 따라 활동형, 생성형, 중핵형 등으로 나누어 다음과 같이 제시하였다(김인식 외, 1996; 유광찬, 2008).

〈표 2-3〉 경험중심 교육과정의 하위 유형

구분	활동형 (Activity type)	생성형 (Emerging type)	중핵형 (Core type)
개념	학습자의 흥미와 욕구 등에 기초하여 학습경험을 선정하고 조직하는 형태이다.	사전에 계획을 하지 않고, 학습현장에서 학습주제나 내용을 계획하여 교육이 이루어지도록 하는 형태이다.	특정한 내용 및 문제를 중심으로 하고 관련된 부분을 주변 영역으로 하여 동심원적으로 조직한 형태이다.
조직 방법	구안법(Project Method)	일정한 조직방법 없음	동심원 조직법
특징	학습자들에게 의의가 있고, 심리에 알맞으며, 그들의 문제를 해결하는 데 도움이 되는 활동들을 다루려고 한다.	사전에 계획된 내용이 없다는 점에서 교사와 학생들에게 많은 자유와 융통성이 주어진다.	사회나 자연 영역의 생활 경험을 중심에 놓고 관련 교과를 주변 영역으로 하여 조직되는 경우가 많다.

4) 경험중심 교육과정의 장단점

경험중심 교육과정은 학교교육 및 수업활동에 큰 영향을 미쳤으며, 다음과 같은 장점(기여)들이 있다(김인식 외, 1996; 권낙원 외, 2011; 홍후조, 2011; 박휴용, 2012; 한국교육과정학회, 2017).

첫째, 학생들의 자발적인 학습참여를 통하여 능동적인 학습태도를 촉진할 수 있다.

둘째, 생활의 장에서 발생할 수 있는 문제를 해결하는 능력을 신장할 수 있다.

셋째, 협동학습 속에서 대인관계 능력, 민주적인 태도, 사회성을 기를 수 있으며, 의사소통 능력과 문제분석력도 동시에 함양할 수 있다.

경험중심 교육과정은 다음과 같은 단점을 가지고 있다.

첫째, 체계적인 지식을 소홀히 하여 기초학력을 저하할 수 있다.

둘째, 교과 간-학년 간 연계성과 계열성이 균형적으로 계획되지 못하여 학습 중복, 배제와 같은 문제가 발생할 수 있다.

셋째, 직접 경험하여 얻은 지식이 새로운 상황으로 전이된다는 보장이 없다.

넷째, 교사의 교육과정 계획에 큰 노력이 필요하며, 수업 실행에 있어 학생 참여에 많은 시간이 소요될 수 있다.

3 학문중심 교육과정

1) 학문중심 교육과정의 개요

학문(discipline)이라는 용어는 학자마다 다르게 정의하고 있다. 여러 학자의 정의를 종합하여 보면, 학문은 '체계적으로 조직된 지식체, 교과, 탐구양식'이라고 할 수 있다(김인식 외, 1996).

학문중심 교육과정의 도입 배경은 소련의 인공위성 스푸트니크의 발사(1957년)와 그 충격, 지식과 기술의 폭발적인 증가, 전이가 높은 지식 선정의 요구 등이라고 할 수 있다(한민석, 2020: 이순덕 외, 2022).

학문중심 교육과정(discipline-centered curriculum)은 아동의 흥미, 생활 경험을 중시하는 경험중심 교육과정에 대한 반성에서 출발한 교육과정 유형이다. 1950년대 들어서면서 과학기술 및 지식 정보의 팽창 등으로 인하여, 교육과정의 개혁 운동이 일어났다. 특히, 1957년 10월 구소련의 인공위성 스푸트니크의 발사 성공은 교육계를 포함한 미국 전체의 큰 위기감(Sputnik's shock)을 고조시켰다. 오늘날 러시아가 다양한 형태로 스푸트니크라는 명칭을 사용(코로나 백신, 방송사 이름 등)하는 것은 냉전 시대 미국을 한때 능가했다는 자부심을 엿볼 수 있는 부분이다.

학문중심 교육과정은 브루너(Bruner, 1960)에 의해 주장된 교육과정 유형이다. 미국은 구소련의 스푸트니크 발사 이후, 1959년 매사추세츠주 우즈홀(Woods Hole) 회의를 진행하고 관련 연구보고서를 제시하였다. 그 보고서가 교육과정 연구에서 중요한 『교육의 과정(The Process of Education)』(1960)이다. 브루너 등의 학자들은 듀이의 지나친 아동중심, 경험중심 교육에 반대하면서, 학문중심 교육과정 및 관련 교육방법론 등을 주장하였다. 학문중심 교육과정은 1960년 초반에 미국교육의 개혁을 이끌었으며, 우리나라에는 제3차 교육과정(1973년) 시기에 도입되어 다양한 모습으로 우리나라 교육현장에 영향을 주었다(권낙원 외, 2011; 이순덕 외, 2022).

2) 학문중심 교육과정의 기본 입장

학문중심 교육과정의 주요 입장(특징)을 제시하면 다음과 같다.

첫째, 브루너는 '어떤 교과이든 아동이 어떤 발달단계에 있든 간에 지적으로 적절히 제시하면 가르칠 수 있다'라고 주장한다. 브루너의 이런 주장은 학문중심 교육과정의 가장 강력한 입장이며, 기존 학습심리학의 시대에서 수업설계로의 전환을 가져오기도 하였다.

둘째, 교육과정의 중심은 '지식의 구조(the structure of knowledge)'로 편성해야 한다고 주장한다. '지식의 구조'는 학문의 기조를 이루는 근본적인 아이디어, 기본 개념, 원리 등을 말한다. 이와 같은 입장은 '나선형 교육과정(spiral curriculum)'이라는 교육과정 유형을 제안하게 된다.

셋째, 학습자의 탐구 및 발견 과정을 중시한다. 이와 같은 입장은 발견학습, 탐구학습 등의 교수법을 발전시켜 나가게 된다. 교사는 학생들에게 최종적인 학습 결과물을 주입하는 것을 지양하고, 학생들이 스스로 탐구하고 발견하여 학습 결과물을 만들어 내도록 유도한다.

넷째, 학습자의 내재적인 동기유발을 강조한다. 교수 · 학습 과정의 가장 중요한 동력은 동기유발이다. 학문중심 교육과정은 학습자들의 외재적 동기(교사의 칭찬, 토큰 등)보다는 학습자의 자기주도적인 탐구 및 발견활동 등에서 가지는 내재적 동기를 강조하고 있다(이순덕 외, 2022).

3) 학문중심 교육과정의 하위 유형

학문중심 교육과정의 하위 영역은 크게 분과형 교육과정과 나선형 교육과정으로 제시할 수 있다.

(1) 분과형 교육과정

학문중심 교육과정은 기본적으로 분과형 교육과정을 지향한다. 분과형 교육과정은 전통적으로 교과 간의 경계를 허물지 않고 교과의 특성에 따라 기본 개념이나 지식 등의 내용 및 탐구 과정 등을 중심으로 조직하는 형태를 말한다. 분과형 교육과정은 교과중심 교육과정과 학문중심 교육과정에서 동일하게 제시되고 있다. 학문중심 교육과정은 기본적으로 지식의 체계를 중시한다는 점에서 교과 경계를 유지하여 교육과정을 편성 및 운영해야 한다는 입장이다.

(2) 나선형 교육과정

나선형 교육과정(spiral curriculum)이란 학문중심 교육과정의 독특한 교육과정 형태이다. 나선형(螺旋型)이란 달팽이 껍데기에서 볼 수 있는 것처럼 작은 원에서 점차 연속적으로 큰 원을 그려 나가는 형태이다. 유명한 피겨 선수인 김연아 선수의 스파이럴(spiral) 동작을 보면 그 형태를 확인할 수 있다. 교육과정의 내용 조직은 동일한 내용(동일한 개념이나 원리)을 학년이 올라갈수록 심화, 확대하여 반복적으로 가르치기 위해 제시하는 형태이다. 나선형 교육과정은 교육과정 내용 조직 원리 중 계속성과 계열성이 강조되는 형태이다(권낙원 외, 2011).

4) 학문중심 교육과정의 장단점

학문중심 교육과정은 교과중심 교육과정과 경험중심 교육과정 다음에 등장한 교육과정 유형이다. 학문중심 교육과정의 장점은 다음과 같다(권낙원 외, 2011; 정미경 외, 2021).

첫째, 학문의 체계나 논리를 중시하여 지식의 체계적인 습득이 쉽다.

둘째, 단편적인 정보나 지식보다 전이가 높은 지식(지식의 구조)을 학습할 수 있다.

셋째, 발견학습 및 탐구학습 방법론을 통하여 학생들의 탐구 능력을 길러주는 데 적합하다.

넷째, 학생들이 탐구활동 등을 통해 지적 희열과 같은 내적 동기를 중시한다.

학문중심 교육과정은 다음과 같은 단점들을 가지고 있다.

첫째, 지식 습득을 강조하면서 정의적 영역(도덕교육 등)을 간과하였다.

둘째, 교과별 지식의 구조를 추출하는 데 어려움이 있다.

셋째, 탐구학습 등은 일부 학습력이 뛰어난 학생들에게만 적합할 수 있다.

넷째, 교과의 기본 구조를 강조하면서 교과 간의 통합성을 고려하지 않는다.

다섯째, 학생들의 필요 및 흥미 등을 고려하지 않는다.

4 인간중심 교육과정

1) 인간중심 교육과정의 개요

인간중심 교육과정(humanistic curriculum)은 인본주의 교육과정이라고도 한다. '인간중심'이라는 용어는 중세의 교회와 교권의 속박에 맞선 휴머니즘(humanism) 입장에서 등장하였다. 교육은 인간중심이어야 한다는 말은 소금은 짜야 한다는 말과 같이 매우 상식적인 명제이다. 그런 점에서 인간중심 교육과정에 대한 이론적 근거 등은 다른 유형의 교육과정과는 다르게 명확하지 않은 경향이 있다.

인간중심 교육과정은 기존의 교과중심 교육과정, 1930년대에 등장한 경험중심 교육과정, 1960년대에 등장한 학문중심 교육과정의 연속선상에서 자연스럽게 등장하였다. 인간중심 교육과정은 1980년 이후 본격적으로 관심이 고조되었고, 학교교육에 영향을 미쳤다고 할 수 있다.

1980년대 학교교육이 기술 및 과학 혁신에 집중하면서, 교육의 본질 및 교육제도에 대한 논쟁이 진행되고 학교교육에 대한 새로운 시각이 등장하게 되었다. 즉, 교육이란 지식과 기술을 습득하기 위해서만 행해지는 것이 아니라, 인간 본성에 대한 이해, 타인과의 관계, 자아실현 등을 위해서도 진행되어야 한다는 것이다. 우리나라에서도 1980년대 이후, 다양한 인간중심 교육과정을 실천하고자 기존 학교와는 다른 형태의 대안학교들이 많이 등장하였다(김훈희, 2003; 이순덕 외, 2022).

인간중심 교육과정이 1980년대 이후 강조되기 시작했지만, 이러한 사상적 근원은 고대 그리스와 로마에서 찾아볼 수 있다. 오늘날의 인본주의 교육과 고대 그리스의 인문교육이 완벽하게 일치하는 것은 아니지만, 고대 그리스 시대에는 교육이 조화롭고 균형 잡힌 인간을 개발하는 것이라고 하였다. 아테네 교육은 자유와 신체적, 예술적 능력의 발달을 도모하였다. 르네상스 시대 이탈리아 인본주의자들은 개별화와 자아실현이라는 목적 달성을 위해 그리스로부터 정신, 육체, 도덕성의 자유로운 발달 개념을 가져와서 인성의 발달, 문화 및 자유라는 개념을 강조하였다. 이 같은 역사적 배경은 페스탈로치, 루소 등을 거쳐 미국의 듀이 등에 영향을 주었다. 특히 듀이가 주장한 통합 교육과정은 인본주의자의 견해가 반영되어 있다(김훈희, 2003; 권낙원 외, 2011).

2) 인간중심 교육과정의 기본 입장

인간중심 교육과정의 기본 입장은 다음과 같다.

첫째, 교육의 궁극적 목적을 자아실현을 위한 인간 육성에 둔다. 또한 인지적, 정의적, 신체운동 영역의 조화로운 발달을 중시한다.

둘째, 잠재적 교육과정을 표면적 교육과정 이상으로 중요시한다. 사회성, 가치관, 태도와 신념 등 정의적 특성 발달에 영향을 주는 잠재적 교육과정을 강조한다.

셋째, 학교환경 전체를 인간중심적으로 조성한다. 자아실현을 위한 학교환경의 인간화를 이해하기 위해 노력한다.

넷째, 인간중심의 교사를 필요로 한다. 교육은 인간관계이므로 교사의 인간적인 영향을 중요하게 생각한다(강유정 외, 2020; 정미경 외, 2020).

3) 인간중심 교육과정의 하위 유형

윤팔중(1984)은 인간중심 교육과정의 하위 유형으로 방법 기조형, 학습자 중심형, 과정 강조형 등을 제시하였다. 권낙원(2011)은 인간중심 교육과정의 하위 유형으로 다음과 같이 '통합 교육과정'과 '의식을 강조하는 교육과정'을 제시하였다.

(1) 통합 교육과정

통합 교육과정이란 인지적 영역(교과 내용)과 정의적 특성(학생의 정서, 사고, 감정 등)

을 통합한 형태의 교육과정이다. 기존의 교과 교육과정을 지지하면서 교과 내용과 학생들의 정서와 사고 및 감정을 학습의 기초로 삼는 것이다.

(2) 의식을 강조하는 교육과정

의식(consciousness)을 강조하는 교육과정은 영성(靈性) 및 초월(楚越)과 관련된 교육과정 유형이다. 이 교육과정은 학생들이 주변 세계에 관한 주관적인 깨달음을 통하여 자기 삶과 학습의 목적과 의미를 탐색해 나가는 것이다. 이 교육과정은 이 세상에 더 나은 삶의 방식이 있으며, 더 나은 감정 표현 방법이 존재하고, 또한 보다 나은 인간관계가 있다는 신념을 바탕으로 한다(권낙원, 2011).

4) 인간중심 교육과정의 장단점

인간중심 교육과정은 교육의 인간화, 전인적 교육을 강조하면서 기존의 교과중심 교육과정, 경험중심 교육과정, 학문중심 교육과정의 한계를 극복하고자 등장하였다. 인간중심 교육과정의 장점은 다음과 같다.

첫째, 전인교육을 지향한다. 그러므로 인간의 여러 가지 발달 측면을 조화롭게 발달시킬 가능성이 크다.

둘째, 개인의 자아실현을 궁극적인 목적으로 설정한다.

셋째, 교육내용의 분할보다는 통합을 강조한다.

넷째, 교사 위주의 수업보다는 교사와 학생의 긴밀한 상호작용이 가능하다.

인간중심 교육과정은 다음과 같은 단점이 있다.

첫째, 개인의 성장을 지나치게 강조하여, 사회의 요구를 수용해야 하는 교육의 기능을 소홀히 할 수 있다.

둘째, 단시일 내에 달성할 수 없는 목표들이 많아서, 교육 효과 측정이 다소 어렵다.

셋째, 과대 규모의 학교와 과밀학급에 적용하기 어렵다.

넷째, 교사들의 투철한 교육관이 확립되지 않으면 그 실현가능성이 낮다(김훈희, 2003; 권낙원 외, 2011; 강유정 외, 2020; 한민석, 2020).

요약정리

2장 교육과정의 유형(시대의 패러다임 변화에 따른 유형)에서는 교육과정학의 발달과정에서 뚜렷하게 구별되는 네 가지 주요 유형(교과중심, 경험중심, 학문중심, 인간중심)에 대해 기술하였다. 2장의 내용은 3장 교육과정의 구분(공식화 정도와 교육의 진행 과정에 따른 유형)과 같이 공부하게 되면 교육과정을 이해하는 데 큰 도움이 될 것이다.

교육과정 관련 교재와 많은 학자는 일반적으로 교육과정의 유형을 교육내용(학습경험)의 조직 형태에 따라 그 유형을 구분한다. 다시 말해서, 교육목적(목표) 달성을 위해서 교육내용(학습경험)을 선정 및 조직하는 형태를 일정한 분류기준에 따라 유형화한다. 교육과정 학문 분야에서는 네 가지 유형인 교과중심 교육과정, 경험중심 교육과정, 학문중심 교육과정, 인간중심 교육과정으로 구분하여 제시하였다.

교과중심 교육과정은 가장 오랜 전통을 가진 교육과정 유형으로서 교육과정의 중심이 되는 내용을 '교과'로 하는 교육과정 형태이며, 교육과정을 학생들에게 가르치는 교과목으로 보는 관점이다. 경험중심 교육과정은 학생의 흥미와 요구를 중심으로 교육내용과 활동을 구성하는 교육과정 조직 유형 및 사조를 말한다. 교과중심 교육과정의 한계점인 지식 위주의 교육과 실제 생활과의 괴리 등을 극복하고자 1920년 이후 듀이 등을 중심으로 대두된 교육과정 유형이다. 학문중심 교육과정은 아동의 흥미, 생활 경험을 중시하는 경험중심 교육과정에 대한 반성에서 출발한 교육과정 유형이다. 특히, 1957년 10월 구소련의 인공위성 스푸트니크의 발사 성공은 교육계를 포함한 미국 전체의 큰 위기감(Sputnik's shock)을 고조시켰다. 브루너에 의해 제안된 교육과정 유형이다. 지식의 구조, 나선형 교육과정, 발견학습 등의 아이디어가 포함되어 있다. 인간중심 교육과정은 기존의 교과중심 교육과정, 1930년대 등장한 경험중심 교육과정, 1960년대 등장한 학문중심 교육과정의 연속선상에서 자연스럽게 등장하였다. 1980년대 학교교육이 기술 및 과학 혁신에 집중하면서, 교육의 본질 및 교육제도에 대한 논쟁이 진행되었고 학교교육에 대한 새로운 시각이 등장하게 된 것이다.

참고문헌

강유정, 최성열, 신연희(2020). 교육과정. 서울: 창지사.

구병두, 최종진, 김부국, 김상남, 차승봉, 박균달, 정의식, 김경민, 이범석, 이경철, 구희진(2017). 교육과정. 파주: 양서원.

국립국어원. 표준국어대사전.

권낙원, 김민환, 한승록, 추광재(2011). 교사를 위한 교육과정론. 고양: 공동체.

권낙원, 민용성, 한희정, 최화숙, 이재철(2011). 교육과정. 서울: 동문사.

김대현, 김석우(2020). 교육과정 및 교육평가(제5판). 서울: 학지사.

김병희, 정길영, 차상희, 은은숙(2019). 제4차 산업혁명 시대를 위한 교육과정의 이해(제2판). 고양: 공동체.

김인식, 정찬기오, 권요한(1996). 교육과정 및 교육평가. 서울: 교육과학사.

김훈희(2003). 인간중심 교육과정의 프레임웍 구성. 경상대학교 대학원 박사학위논문.

박휴용(2012). 교육과정. 서울: 학지사.

서울대학교 교육연구소 편(1998). 교육학대백과사전. 서울: 하우동설.

서울대학교사범대학교육연구소 편(1998). 교육학용어사전. 서울: 배영사.

유광찬(2008). 교육과정의 이해. 파주: 교육과학사.

윤팔중(1984). 인간중심 교육과정 이론. 서울: 교육과학사.

이순덕, 권재환, 강지혜, 권충훈, 김대영, 임배, 임영희(2022). 교육학개론. 서울: 북앤정.

정미경, 조금주, 권재기, 김한나, 안혜진, 이유정(2021). 교육학개론. 고양: 공동체.

한국교육과정학회(2017). 교육과정학 용어 대사전. 서울: 학지사.

한민석(2020). 교육과정. 고양: 어우리.

홍후조(2011). 알기 쉬운 교육과정. 서울: 학지사.

Bobbitt, F. (1918). *The Curriculum*. Boston: Houghton-Mifflin.

Bruner, J. S. (1960). *The process of education*. Cambridge: Harvard University.

Dewey, J. (1916). *Democracy and Education*. New York: Macmillan Co.

Posner, G. F. (1998). Models of Curriculum Planning. In L. E. Beyer, & M. W. Apple, *The Curriculum: Problems, politics, and possibilities*. Albany: State University of New York.

Saylor, J. G. & Alexander, W. M. (1954). *Curriculum Planning for Better Teaching and Learning*. New York: Rinehart.

CHAPTER

03

교육과정의 유형: 공식화 정도와 교육의 진행 과정에 따른 유형

학습목표

1. 공식적 교육과정의 특징을 설명할 수 있다.
2. 잠재적 교육과정의 특징을 설명할 수 있다.
3. 영 교육과정의 특징을 설명할 수 있다.
4. 교육의 진행 과정에 따른 교육과정 유형의 특징을 설명할 수 있다.

학습개요

앞의 2장에서는 교육과정의 유형을 시대 변화를 반영한 교육의 패러다임에 따라 4개로 구분하여 교과중심 교육과정, 경험중심 교육과정, 학문중심 교육과정, 인간중심 교육과정에 대해 살펴보았다. 이 장에서는 교육에 대한 공식화 정도와 교육의 진행 과정에 따른 구분을 살펴보고자 한다. 교육과정의 유형은 공식화 정도에 따라 공식적 교육과정, 잠재적 교육과정, 영 교육과정으로 구분할 수 있다. 그리고 교육의 진행 과정에 따라 가르친 교육과정, 학습된 교육과정, 평가된 교육과정으로도 유형을 분류할 수 있다.

1 공식화 정도에 따른 유형

1) 공식적 교육과정

공식적 교육과정(official curriculum)이란 표면적 교육과정이라고도 하며 공적인 문서 속에 담긴 교육계획을 말한다. 우리나라에서는 국가 수준의 교육과정, 시 · 도 교육청의 교육과정 편성 · 운영 지침, 교육지원청의 장학자료, 학교 교육과정 등이 공식적 교육과정에 속한다고 할 수 있다. 학교의 문서 속에 담긴 교육과정이며 학교에서 설정한 목표를 배우면서 학생들이 경험하는 내용을 의미한다.

일반적으로 공식적 교육과정은 '어떤 지식이 가장 가치 있는가'라는 고전적 질문에 대한 학교의 정식 입장을 대변하며, 교육과정에 공시되어 있는 계획으로서의 학습이나 상호작용을 의미하기도 한다.

공식적 교육과정이 중요한 이유는 그것이 일차적으로 학교교육의 중심적 요소이기 때문이고 나아가 궁극적으로 다음 세대에게 현세대가 가치 있다고 여기는 것은 무엇이고, 왜 교육이 필요한지에 대한 중요한 메시지를 전달하고 있기 때문이다.

〈표 3-1〉 공식적 교육과정과 잠재적 교육과정의 비교

공식적 교육과정	잠재적 교육과정
• 학교에 의해 의도적으로 조직되고 가르쳐진다. • 주로 지적 영역, 교과 교육과정과 관련된다. • 단기적으로 배우며 일시적인 경향이 있다. • 주로 교사의 지적 · 기능적 측면의 영향을 받는다. • 주로 바람직한 내용이다.	• 학생이 학교생활을 통해 은연중에 배우게 된다. • 주로 정의적 영역, 학교의 문화풍토와 관련된다. • 장기적 · 반복적으로 배우며 보다 항구적이다. • 주로 교사의 인격적 감화를 받는다. • 바람직하지 못한 것도 포함한다.

출처: 김성훈(2014). p.121.

2) 잠재적 교육과정

잠재적 교육과정(latent curriculum)은 명시적(明示的: 눈에 보이는) 교육과정과 비교되는 개념이다. 명시적 교육과정은 앞에서 말한 바와 같이 학교교육의 목표와 내용에 대한 계획이 바깥으로 드러난 것을 가리키며, 일반적으로 공적인 기관에 의해서 공포된 문서 속에 제시되므로, 대개 공적인 교육과정 또는 문서로 된 교육과정과 같은 의미를 지니게 된다.

이에 반하여 잠재적 교육과정은 공적인 문서에 명시되지 않은 교육과정을 가리킨다. 여기서 교육과정이라는 말은 편의상 붙인 것으로, 잠재적 교육과정이란 명시되어 있지는 않지만 학교에서의 교육실천과 교육환경 등이 학생들의 삶에 미치는 영향을 의미한다. 또한 잠재적 교육과정은 학교를 단순한 교육의 장이 아니라 학생들이 생활하는 공간으로 간주한다. 학생들의 인지 · 태도 · 행동 변화는 공식적 교육과정을 통해서뿐만 아니라 학교 안의 눈에 띄지 않는 교육실천, 학교의 물리적 조건, 제도 및 행정조직, 사회 및 심리 상황 등의 교육환경에 의하여 일어난다.

잭슨(Jackson, 1968)은 『교실에서의 생활』이라는 저서를 통하여 잠재적 교육과정이라는 말을 처음으로 사용하였으며, 학생이 학교 안에서 겪는 일과 그 일이 학생의 삶에 미치는 영향력을 기술하였다. 그는 학교에서 잠재적 교육과정에 해당하는 현상을 관찰하고, 상찬(賞讚), 평가, 군집 등의 학교 특성이 학생들의 삶에 미치는 영향력을 제시하였다. 여기서 상찬과 평가는 학교에서 학생들이 교사와 동료 학생들에 의하여 부단히 평가되고, 그것을 기준으로 상벌이 주어지는 현상이다. 교사들이 계획하지도 의식하지도 않았지만 교사와 학생들의 평가와 그에 따른 보상과 처벌 행위는 학생들의 삶에 영향을 미친다는 것을 뜻한다. 또한 군집은 많은 학생이 좁은 공간에서 생활하는 학교가 지닌 독특한 현상을 가리킨다. 이러한 교실의 물리적 환경은 교사의 의도와 상관없이 학생들의 삶에 큰 영향을 미친다. 이와 같이 잠재적 교육과정은 교사가 계획하거나 의식하지 못하는 가운데 교육실천과 환경이 학생들의 삶에 미치는 영향력을 가리킨다.

이러한 잠재적 교육과정은 두 가지 의미를 지닌다(김대현, 2021). 먼저, 잠재적 교육과정은 교육과정을 결정하는 권력자나 집단이 의도하지 않았으며 교사가 이를 의식하지 않은 가운데 학생들의 지식, 태도, 행동에 영향을 미치는 '교육실천 및 환경'과 '그 결과'를 의미한다.

잠재적 교육과정에 대한 이와 같은 연구는 '학교나 교실에서 실제로 무슨 일이 일어나는가'를 밝혀 주었다는 점에서 교육적인 의의가 있다. 이와 같은 잠재적 교육과정을 보다 구체적으로 살펴보면, 학교에서의 사회적 관계, 사회적 실천, 교육환경 등이 학생들의 삶에 매우 큰 영향을 미친다는 것이다.

학교에서의 사회적 관계는 학교관리자와 교사, 교사와 학생, 학교관리자와 학생, 교사와 교사, 학생과 학생의 관계 등으로 다양하게 나타난다. 그중에서 대표적인 사회적 관계는 교사와 학생의 관계로서 지배, 복종, 저항 등의 형태를 띤다. 여기서는 유치원 아동들이 '공부'와 '놀이'를 어떻게 구별하는가를 살펴본 애플(Apple, 1979)의 연구를 소개함으로써 사회적 관계가 학생들의 삶에 미치는 영향을 제시하고자 한다. 유치원에 다니는 아동들은 처음에는 공부와 놀이를 구별하지 않았다. 하지만 일정한 등원 기간이 지난 후에 그들은 공부와 놀이를 구분하였는데, 그것은 교사의 개입과 주도가 있으면 공부로, 그렇지 않으면 놀이로 생각한다는 것이 밝혀졌다. 예를 들어, 똑같은 인형 놀이라고 하더라도 교사가 개입하고 주도하면 공부로, 아동들끼리 하면 놀이로 생각한다는 것이다. 공부와 놀이의 이러한 구분은 공부가 교사의 개입과 주도로 시작되고 운영된다는 인식을 교사의 의도와 무관하게 아동에게 심어 준다. 자기주도적 학습이라는 구호가 난무함에도 불구하고, 아동들이 공부가 누군가에 의해서 시작되고 주도된다는 타율적 인식을 갖게 되는 것은 유치원 교육에서 시작된다. 이와 같이 교사와 아동의 사회적 관계는 공식적 교육과정과는 무관하게 아동의 삶에 큰 영향을 미치는 잠재적 교육과정의 역할을 한다.

학교에서 학생들의 삶에 영향을 미치는 가장 대표적인 사회적 실천은 수업을 통해서 나타난다. 수준별 수업 운영에 관한 정미경 외(2001)의 연구는, 수준별 수업 운영은 성적이 상, 중, 하의 모든 학급에 도움을 되는 것이 아니라는 점을 보여 준다. 특히 성적이 하인 학급의 경우에 교사들은 이들 학생들이 학습동기가 약하고 생활태도에 문제가 있다고 판단하여 배당된 수업 시간(50분) 중 적지 않은 시간을 학생들의 생활지도에 할애함으로써, 교과 내용의 교수와 학습 시간은 오히려 줄어드는 것으로 나타났다. 학생들의 능력 수준에 맞추어 수준별 수업을 함으로써 상, 중, 하 모든 집단의 학생들에게 도움이 될 것이라는 공식적 교육과정의 공표와 달리, 성적이 낮은 학생 집단의 학습 기회가 오히려 축소된다는 것은, 수준별 수업이 교육정책의 의도와 달리 상반된 결과를 초래할 수 있다는 사실을 알려 준다.

학교의 교육환경은 교재, 교구, 시설 등을 포함하는 물리적 환경, 학교와 학급의 문화 풍토와 심리적 환경 등 다양한 것들로 구성된다. 그중에서 교실이라는 물리적 환경이 학생들의 삶에 미치는 영향력을 살펴보자. 예를 들어, 학교에는 많은 학생들이 교실이라는 매우 좁은 공간에서 매일을 보낸다. 출산율의 저하로 학령 아동 수가 감소하고 있기는 하지만, 대부분의 도시 학교에서는 대략 20여 평의 교실에서 30~40명의 학생들이 함께 생활을 한다. 우리에게는 너무나 익숙한 장면이어서 이와 같이 좁은 공간에 많은 사람이 모여 있는 학교생활에 어떠한 문제의식도 느끼지 못하지만, 같은 평형(20여 평)대의 주택에서 3~4명의 가족이 사는 모습을 떠올리면 학교는 매우 이질적인 곳으로 생각될 것이다. 만일 교실 크기만 한 주택에서 30~40명의 가족들이 함께 생활한다면 어떤 일이 생길까? 상상만 해도 끔찍한 일이다. 누군가 해코지를 하지 않아도 운동 부족과 과중한 심리적 스트레스로 신체와 정신에 병이 생길 가능성이 높다. 이와 같이 협소한 교실에서 많은 학생들이 함께 생활하는 것은 그들에게 신체적으로나 정신적으로 해로운 일일 수 있다. 이상과 같이 학교의 물리적 환경은 그 속에서 생활하는 아동들의 신체적, 정신적 발달에 영향을 주는 잠재적 교육과정의 원천이 된다.

또한 이러한 물리적 환경 속에서 교사가 학생들의 행동을 쉽게 통제하기 위하여 정숙(靜淑)이라는 규범을 강조하는 것은 교사와 학생의 사회적 관계 형성에 영향을 미친다. 1960년대와 1970년대 학창 시절을 보낸 사람은 교실 중앙 상단 벽 위에 붙어 있는 '조용히 하고 지내자(정숙이라는 말의 의미)'라는 급훈을 많이 보았을 것이다. 한창 성장기에 있는 혈기왕성한 아동들에게 정숙을 제시한 것은 정숙 자체가 교육적으로 가치 있는 규범적 행위라기보다는 비좁은 교실에서 많은 학생들을 통제하기 위하여 필요한 조치였을 것이다. 좁은 교실에 많은 학생들이 모여서 수업을 받고 생활을 하다 보니 정숙을 강조하고 질서가 존중될 수밖에 없으며, 이러한 과정에서 아동들은 정숙과 질서를 가장 중요한 행위의 규범으로 받아들이게 된다. 이와 같이 잠재적 교육과정은 학교에서 일어나는 일이 학생에게 미치는 영향력을 이해하는 데 도움을 준다.

다음으로, 잠재적 교육과정은 교육과정을 결정하는 권력자나 집단이 의도하였거나 또는 관행에 의하여 계획되었는데, 교사들이 이에 동조하여 수용하거나 아니면 의도나 관행을 간파하지 못하는 가운데, 학생들의 지식, 태도, 행동에 영향을 미치는 '학교의 교육실천 및 환경'과 '그 결과'를 의미하기도 한다.

근래 잠재적 교육과정에 대한 논의가 성별, 계급, 인종, 권력 등과 지식, 수업, 평가 등의 관계를 밝히는 방향으로 확대되고 있는 것은 이와 관련이 있다. 학교에서 일어나는 일들은 학교의 안만 들여다보는 것만으로는 이해에 한계가 있으며, 사회와의 관계 속에서 학교교육을 파악해야 한다는 것이다. 예를 들어, 노동계급 학생들에게는 시간 엄수, 용모단정, 권위존중 등 노동자의 역할 수행에 관련된 내용을 가르치고, 상류계급의 학생들에게는 지적 개방성, 문제해결력, 융통성 등 관리자나 전문가의 역할 수행에 필요한 내용을 가르친다면 학교는 학부모의 경제적 계급에 따라 학생들에게 교육내용을 차별적으로 제공하게 된다(이규환 역, 1986). 또한 학교에서 여성을 가정주부, 간호사, 유치원 교사 등으로 묘사하고 남성을 정치지도자, 의사, 기업인 등으로 기술하는 등 직업적 수행 능력과 지위에 있어서 성차별적 내용을 담고 있는 교육용 자료를 가르친다면, 학생들은 성(사회적 성)에 대한 편향된 시각을 갖게 된다.

이와 같이 사회에서 권력을 쥐고 있는 집단이 자신들의 이익을 유지하기 위하여 학교의 교육실천 및 환경을 의도적으로 조직하고 통제하는 행위와 그 결과를 잠재적 교육과정이라고 부르기도 한다. 이때 잠재적이라는 말은 권력자의 편에서 보면 '의도적으로 숨긴(hidden)'이라는 뜻이 되며, 교육실천에 종사하는 교사나 교육을 받는 학생들이 이를 의식하지 못한다면 '의식을 하지 못했기 때문에 숨어 있는(latent)'이라는 의미를 지니게 된다.

3) 영 교육과정

영 교육과정(null curriculum)이란 배울 만한 가치가 있는데도 불구하고 공적인 문서에 빠져 있는 내용을 가리킨다. 영 교육과정이라는 이름을 최초로 사용한 학자는 아이즈너(Eisner, 1994)로, 공식적 교육과정에 속하지 않는 교육내용을 영 교육과정이라고 불렀다. 그는 사람이 세상을 인식하거나 인식한 것을 표현하는 사고의 양식(forms of representation)에 관심이 많았다. 사람은 시각적, 청각적, 은유적, 공감적, 문자 및 숫자 등의 다양한 양식으로 세상을 인식하거나 인식한 것을 표현하는데, 학교의 공식적 교육과정이 문자나 숫자 위주의 사고 양식만을 지나치게 강조한다면 다른 것들을 학습할 기회를 잃게 된다. 그는 공식적 교육과정에 포함되지 않는 이러한 사고 양식들을 영 교육과정(null curriculum)이라고 부르고, 학교의 교육적인 영향력은 그만큼 위축되거나 왜곡될 것이라고 주장하였다.

아이즈너가 제시한 영 교육과정의 의미는 개발의 측면과 운영의 측면으로 나누어 살펴볼 수 있다. 먼저, 교육과정 개발의 측면에서 볼 때 영 교육과정은 다음과 같은 성격을 갖는다. 영어로 영(null)에는 여러 가지 뜻이 있지만, 영 교육과정에서 영의 의미는 '법적인 구속력이 거의 없는(zero에 가까운)'이라는 뜻을 지닌다. 따라서 영 교육과정이란 '법적인 구속력이 있는 공적인 문서에 들어 있지 않아서 학교에서 학생들이 배울 기회가 없는 교육내용'을 가리킨다.

플린더스, 나딩스 그리고 손튼(Flinders, Noddings & Thornton, 1986)은 영 교육과정이 다양한 차원을 갖는다고 보았다. 그들은 교육내용이 교과, 과목, 영역, 주제, 사실 등의 다양한 위계를 찾는다고 보고, 영 교육과정에 이러한 위계를 적용하였다. 이것을 우리나라 교육과정에 적용한다면, 중학교 교육과정에서 사회 교과가 없는 경우 사회 교과가 영 교육과정이 된다. 사회 교과는 있는데 역사 과목이 없다면 역사 과목이 영 교육과정이 되고, 역사 과목은 있지만 조선시대라는 영역이 없으면 조선시대가 영 교육과정이 된다. 조선시대라는 영역은 있는데 조선시대의 경제정책이라는 주제가 없으면 이러한 경제정책이 영 교육과정이 되고, 조선시대의 경제정책 속에 토지제도에 대한 역사적 사실이 빠져 있다면 이러한 역사적 사실이 영 교육과정이 된다는 것이다.

그러나 학교에서 배울 기회가 없는 모든 내용을 영 교육과정으로 부르는 것은 잘못된 일인 것 같다. 우리나라 중학교 교육과정에서 '필리핀의 역사'가 빠져 있다고 해서 '필리핀의 역사'가 영 교육과정이 되는 것은 아니며, 유치원 교육과정에서 '수학의 방정식' 영역이 빠져 있다고 해서 방정식의 내용을 영 교육과정이라고 볼 수 없다. 마찬가지로 사범대학의 영어교육과 교육과정에 '분석화학'이라는 과목이 없다고 해서 이를 영 교육과정이라고 부르지는 않는다. 따라서 영 교육과정이란 ① 교육적으로 학습할 만한 가치가 있는 내용이면서, ② 학습자의 발달 수준에 적합하고, ③ 학교가 설정한 교육목적에 부합됨에도 불구하고 학생들이 배울 기회를 갖지 못하는 내용을 가리킨다.

하지만 어떤 내용이 학생들의 발달 수준에 적합한지, 기관의 목적에 부합하는지, 그리고 학습할 만한 가치가 있는지 어떻게 알 수 있을까? 심리학과 행정학 등의 사회과학적 지식의 도움으로 어떤 내용이 발달 수준에 적합하고 목표 달성에 필요한 것이라는 증거를 갖는다고 하더라도, 학습할 만한 가치가 있는지 없는지를 어떻게 판정할 것인가?

이 문제는 교육과정 개발이라는 장에서 다루기로 하고, 여기서는 교육과정을 개발하는 사람들이 영 교육과정의 존재를 염두에 두고 그들이 개발하는 교육과정 속에 학습할 만한 가치가 있는 주요한 내용이 빠지지 않았는지를 살피는 일을 해야 한다고 본다. 교육과정 속에 모든 내용을 담을 수는 없다. 어떤 것은 선택이 되고, 또 다른 내용은 배제될 수밖에 없는 것이 교육과정의 현실이다. 우리가 영 교육과정에 관심을 갖는 것은, 교육과정을 개발할 때 학생들이 배워야 할 내용 중에서 정작 필요하고 중요한 것이 빠지지 않았는지를 살펴보기 위해서다.

이런 점에서 교육과정 개발자와 교사는 인지적인 영역 외에도(우리나라의 학교 수업은 대체로 인지적 영역을 가르치는 데 온 힘을 쏟고 있는 것처럼 보인다) 정의적 영역, 운동 기능적 영역, 도덕적 영역 등의 다양한 교육 영역과 각각의 영역들을 구성하는 하위 요소들 중에서 어떤 중요한 것이 빠져 있는지 늘 관심을 가져야 한다.

이와 같이 영 교육과정은 대개 개발의 측면에서 논의된다. 그러나 영 교육과정의 의미를 확장하여 교육과정 운영의 측면에서 살펴보는 것도 가치 있는 일이다. 교육과정 운영의 측면에서 영 교육과정의 영의 의미는 '학습할 기회가 없는(zero에 가까운)'이라는 뜻이다. 어떤 내용이 공식적 교육과정에 포함되어 있다 하더라도 학습할 기회가 없었다면 영 교육과정에 속한다. 이러한 관점에 따르면, 영 교육과정은 공식적 교육과정에 포함되어 있는가와는 상관없이 학습할 만한 가치 있는 내용 중에서 학생들이 학습할 기회를 갖지 못하는 내용을 가리킨다.

교육과정 운영에서 영 교육과정은 공식적 교육과정의 내용을 교사가 의도적으로 배제하거나, 실수로 빠뜨리거나, 교재나 교구 · 시설 등의 수업환경이 적합하지 않거나, 학교 행사 때문에 수업 시간이 부족하거나 하는 등의 다양한 원인에 의하여 일어날 수 있다. 예를 들면, '조선시대의 토지제도'에 관한 내용이 교육과정과 교과서에 실려 있지만 시험에 나오지 않는다든지, 다른 반과 진도를 맞추어야 한다는 이유로 가르치지 않는다면 이 부분이 영 교육과정이 된다. 따라서 학교관리자와 교사들은 영 교육과정이 발생하지 않도록 교육과정 운영 환경을 최적화할 필요가 있을 것이다.

2 교육의 진행 과정에 따른 유형

공식적 교육과정은 교육과정의 의미를 매우 축소시킨다. 아무리 계획이 훌륭하다 할지라도 그 계획을 실행에 옮기지 않는다면 쓸모없는 휴지 조각에 불과하기 때문이다. 글래트손(Glatthorn, 1987)이 제시한 교육과정의 유형 분류에 따르면, 공식적 교육과정은 문서화된 교육과정(written curriculum)으로서, 국가 · 지역 · 학교 수준의 교육과정 지침이나 교육계획을 담고 있다. 이에 반하여 실제적 교육과정은 '가르친 교육과정(taught curriculum)', '학습된 교육과정(learned curriculum)', '평가된 교육과정(tested curriculum)' 등으로 나눌 수 있다.

'가르친 교육과정'은 교사들이 교실에서 실제로 가르친 교육내용을 의미하며, 학습된 교육과정은 학생들이 실제로 학습한 교육내용을 말한다.

'학습된 교육과정'은 교육과정의 모든 유형 중에서 가장 중요하지만 가장 통제하기 어려운 부분이다. 예를 들어, 수학 교사가 한 시간 내내 함수 개념(가르친 교육과정)을 가르쳤는데, 학생들이 개념에 대한 이해는 하지 못하고 선생님의 말씀을 바른 자세로 듣는 참을성(학습된 교육과정)을 배웠다면, 가르친 교육과정과 학습된 교육과정은 판이한 것이다.

'평가된 교육과정'은 중간고사나 기말고사, 지필평가나 관찰평가, 서술식 평가나 객관식 평가, 자격고사나 선발고사 등의 평가를 통하여 사정되는 교육내용을 가리킨다. 평가된 교육과정은 공식적 교육과정보다 가르친 교육과정과 학습된 교육과정에 큰 영향을 미칠 때가 많다. 예를 들어, 대학수학능력시험에 출제되는 문제는 공식적 교육과정에 관계없이 고등학교 교사들이 가르치게 되고, 학생들은 이에 대한 학습을 철저히 하게 된다.

이런 점에서 교육과정 개발자나 교육행정가는 공식적 교육과정, 가르친 교육과정, 학습된 교육과정, 평가된 교육과정을 더욱 긴밀하게 연결하기 위한 노력을 하지만, 교육과정 유형들 사이에 있는 거리를 완전히 없애기는 어렵다.

김호권 외(1982)가 제안한 교육과정의 개념 모형은 글래트손이 제시한 교육과정의 유형과 비슷한 점이 많다. 그는 세 가지 수준의 교육과정과 그들 간의 관계를 제시하고 있다. 이 개념 모형에 의하면 교육과정은 ① 공약된 목표로서의 교육과정, ② 수업 속에 반영된 교육과정, ③ 학습성과로서의 교육과정이라는 세 가지 수준을 갖는다.

첫째, 공약된 목표로서의 교육과정이란 의도된 교육과정을 가리킨다. 국가 수준이나 지역 및 학교 수준에서 개발된 교육과정이 이에 속한다. 이 수준의 교육과정은 학교 현장에서 전개되거나 실천되기 이전의 아직도 하나의 '교육적 의도'로서 머물러 있는 상태의 교육과정을 의미한다.

둘째, 수업 속에 반영된 교육과정이란 전개된 교육과정을 가리킨다. 공약으로서 또는 규범으로서의 교육과정은 어차피 교사에 의해서 재해석되고, 교사의 손에 의하여 그의 수업 행위 속에서 재현되지 않으면 안 된다. 말하자면 의도에 머물러 있던 교육과정이 수업이라고 하는 실천적 현상으로 번역되고 변형된다. '머릿속에 그리고 있는' 교육과정이 아니라 '실지로 가르치는' 수준의 교육과정을 말한다.

셋째, 학습성과로서의 교육과정이란 수업을 통하여 실현된 교육과정을 가리킨다. '학생들이 실지로 무엇을 배웠는가?'라고 하는 물음을 제기한다면, 우리는 첫 번째 수준도 두 번째 수준도 아닌 세 번째 수준의 교육과정을 문제 삼는 것이다. 학생들의 학습능력이나 경험 배경이나 교육적 필요에 의해 커다란 개인차가 있을 수 있다는 점을 고려할 때, 동일한 교육과정에 의하여 전개된 수업조건 속에서도 우리는 천차만별의 세 번째 수준의 교육과정을 기대할 수 있다.

마쉬와 윌리스(Marsh & Willis, 2006)는 교육과정을 단일한 것으로 이해하기보다는 교실에서 의도된 것(의도된 교육과정), 교실에서 일어난 것(전개된 교육과정), 교실에서 일어난 것이 학생에게 미친 영향(실현된 교육과정)의 합성물로 이해하는 것이 적합하다고 설명했다. 그리고 이러한 교육과정은 단지 잘 계획했다는 것만으로는 의미를 가질 수 없고 교실에서 실행되었을 때 의미를 갖는다고 주장했다.

이와 같이 교육과정에 대한 최근의 흐름은 교육과정을 단지 계획된 교육과정이나 실행된 교육과정 또는 경험된 교육과정으로 단정 짓는 것이 아니라, 이들을 서로 연관된 합성물로 이해하는 것이다. 즉, 교육과정은 계획이나 개발 수준의 의미에 머무는 것이 아니라 교육과정이 실행되는 '장'에서, 교육과정이 실행되는 '과정'에서 그리고 얻어진 '성과'의 차원에서 종합적으로 이해되어야 한다.

요약정리

공식적 교육과정(official curriculum)이란 표면적 교육과정이라고도 하며 공적인 문서 속에 담긴 교육계획으로 학교에서 설정한 목표를 배우면서 학생들이 경험하는 내용을 의미한다.

잠재적 교육과정(latent curriculum, hidden curriculum)이란 명시되어 있지는 않지만, 학교에서의 교육실천과 교육환경 등이 학생들의 삶에 미치는 영향을 의미한다.

영 교육과정(null curriculum)이란 배울 만한 가치가 있는데도 불구하고 공적인 문서에 빠져 있는 내용을 가리킨다. 영 교육과정이라는 이름을 최초로 사용한 학자는 아이즈너(1994)로 공식적 교육과정에 속하지 않는 교육내용을 영 교육과정이라고 불렀다.

실제적 교육과정은 '가르친 교육과정(taught curriculum)', '학습된 교육과정(learned curriculum)', '평가된 교육과정(tested curriculum)' 등으로 나눌 수 있다. '가르친 교육과정'은 교사들이 교실에서 실제로 가르친 교육내용을 의미하며, '학습된 교육과정'은 학생들이 실제로 학습한 교육내용을 말한다, 학습된 교육과정은 교육과정의 모든 유형 중에서 가장 중요하지만 가장 통제하기 어려운 부분이다. '평가된 교육과정'은 중간고사나 기말고사, 지필평가나 관찰평가, 서술식 평가나 객관식 평가, 자격고사나 선발고사 등의 평가를 통하여 사정되는 교육내용을 가리킨다.

참고문헌

강유정, 최성열, 신연희(2020). 교육과정. 서울: 창지사.

구병두, 최종진, 김부국, 김상남, 차승봉, 박균달, 정의식, 김경민, 이범석, 이경철, 구희진(2017). 교육과정. 파주: 양서원.

국립국어원. 표준국어대사전.

김대현(2021). 교육과정의 이해(제2판). 서울: 학지사.

김대현, 김석우(2020). 교육과정 및 교육평가(제5판). 서울: 학지사.

김병희, 정길영, 차상희, 은은숙(2019). 제4차 산업혁명 시대를 위한 교육과정의 이해(제2판). 고양: 공동체.

김성훈(2014). 교육과정 연구. 파주: 양서원.

김호권, 이돈희, 이홍우(1982). 현대교육과정론. 서울: 교육출판사.

박휴용(2012). 교육과정. 서울: 학지사.

서울대학교 교육연구소 편(1998). 교육학대백과사전. 서울: 하우동설.

이순덕, 권재환, 강지혜, 권충훈, 김대영, 임배, 임영희(2022). 교육학개론. 서울: 북앤정.

정미경, 조금주, 권재기, 김한나, 안혜진, 이유정(2021). 교육학개론. 고양: 공동체.

한국교육과정학회(2017). 교육과정학 용어 대사전. 서울: 학지사.

홍후조(2022). 알기 쉬운 교육과정(제2판). 서울: 학지사.

Bobbitt, F. (1918). *The Curriculum*. Boston: Houghton-Mifflin.

Bruner, J. S. (1960). *The process of education*. Cambridge: Harvard University.

Dewey, J. (1916). *Democracy and Education*, New York: Macmillan Co.

Marsh, C. J. & Willis, G. (2006). *Curriculum: Alternative Approaches, Ongoing Issues(4th ed.)*. Upper Saddle River, NJ: Pearson/Prentice-Hall.

Posner, G. F. (1998). Models of Curriculum Planning. In L. E. Beyer, & M. W. Apple, *The Curriculum: Problems, politics, and possibilities*. Albany: State University of New York.

CHAPTER 04

교육과정 활동

학습목표

1. 교육과정 개발의 의미와 구성요소, 교육내용 선정 기준을 파악할 수 있다.
2. 교육과정 운영의 기본 원리를 통해 운영 과정 준거 기준을 알 수 있다.
3. 교육과정 평가의 목적과 본질, 기능, 모형, 절차를 이해할 수 있다.

학습개요

좋은 교육과정은 학생이 학습에 집중할 수 있는 프로그램 개발과 학습 의욕 증진을 위한 흥미 유발, 학문적 지식 습득을 통한 교육적 성과 도출이 있어야 한다. 또한 학생 개인이 각자의 학습 의미를 찾고, 참여하는 데 목적이 있다. 그러므로 다양한 교육방법을 시도하며 학습목표에 맞는 학습 도구를 고안해 내는 것이 교사의 임무이다. 더불어 산업혁명에 발맞춰 변화하는 시대에 맞는 인재상에 부합할 수 있도록 해야 한다. 교육과정은 학습목표를 달성하기 위해 체계적으로 학습활동을 조직한 것이다. 협의의 의미에서는 학교에서 이루어지는 학습 내용과 학습목표가, 광의의 의미에서는 사회적 상황에 기반을 둔 국가적 차원의 교육내용이 이에 해당한다. 특히 2022년에 개정된 교육과정을 마주한 지금은 단순 암기의 학습보다 창의적이고 자기관리, 지식정보처리, 심미적 감성, 의사소통, 공동체, 창의적 사고에 부합하는 교육과정 개발과 운영을 수행해야 한다.

제4장에서는 교육과정 개발의 의미와 구성요소, 교육내용 선정 기준을 파악하고 교육과정 운영의 기본 원리를 운영 과정 준거 기준을 알아본다. 이러한 과정을 통해 교육과정 평가의 목적과 본질, 기능과 주요 모형, 절차를 구체적으로 탐색하여 학습목표를 성취하도록 한다.

1 교육과정 개발

1) 교육과정 개발의 개념

(1) 교육과정 개발의 구성요소 및 내용

교육과정은 학습목표를 달성하기 위해 체계적으로 학습활동을 편성 및 조직한 것이다. 거시적으로는 사회적 상황에 기초한 국부적 차원의 교육내용이 이에 해당하며 미시적으로는 학교 현장에서 이루어지는 학습내용, 학습목표가 있다.

거시적 차원에서의 교육과정은 공식적 또는 표면적 교육과정(official Curriculum)이라고 하며 국가와 각 시·도 교육청, 그리고 지역교육청의 지침에 따라 변화한다. 공식적인 교육과정은 교육부에 의해 문서로 만들어지며 국가교육과정으로서 미시적 차원의 실제적 교육과정(operational curriculum)에 적용되어 학교의 교육방침, 교과서·학습 개발 활동 등으로 드러나게 된다(교육문화연구소, 2018).

교육과정에는 교과목의 종류와 성격, 대략적인 내용 등이 기술되며 교육목표를 제시한다. 교육과정에는 교육내용, 학습경험, 학습성과, 교육계획뿐만 아니라 잠재적 교육과정, 교과 외 교육과정, 영 교육과정(null curriculum)이 모두 포함된다. 교육내용은 교사와 학생의 상호작용을 통해 효율적이고 효과적인 교수활동에 대한 학생의 인지적 학습을 목표로 삼는다. 학생들의 개인차 인지, 학년별 발달 특성 이해, 단원별 재구성, 교육방법 연구, 학습 환경 및 상황에 대한 예상과 적응을 고려해야 한다.

학습경험은 교육을 통해 학생들의 올바른 정체성 확립과 바람직한 행동양식, 지식의 폭이 구축되는 것을 말한다. 학생들이 제공되는 교육을 통해 경험을 쌓을 수 있도록 학교의 지원과 교사의 구체적인 목표제시가 이루어져야 한다.

학습성과는 수업을 통해 도달해야 하는 학습목표 설정부터 성취 여부 판단을 위한 평가의 과정에 이르기까지 일련의 과정을 의미한다. 교육으로 달성된 학생의 성취도를 파악하기 위해 규준 지향 평가, 준거 지향 평가, 성장 참조 평가, 능력 참조 평가의 평가 방법을 이용하여 학생 개개인의 학습 수준과 특징을 확인할 수 있다.

교육계획은 교육과정에 따른 학습지도안을 구성하고 학교 현장에서 필요한 교수·학습이 명시된 교사용 지도서라고 이해할 수 있다. 교사는 효과적으로 학습자는 효율적으로 학습목표에 달성할 수 있도록 제반 활동과 계획된 활동을 절차에 맞춰 학습 방향을 제시해야 한다.

잠재적 교육과정은 교육계획과 무관하게 학생의 경험을 통해 얻게 되는 비공식적 교육과정을 의미한다. 학습목표로 설정하지 않았지만, 전반적인 학교생활에서 학습하게 되는 영역으로 지식의 학습보다는 행동양식의 학습이 주로 이루어진다. 학교 및 학급 규칙을 통한 윤리적 행동, 의사소통, 사회화, 문화적 이해 등이 이에 포함된다.

교과 외 교육과정은 교과목 외의 학교에서 지정한 모든 활동을 말하며 특별활동, 창의적 체험활동이라고 부르기도 한다. 이 교육과정은 교과목을 통한 지식적 학습에서 벗어나 심신의 조화를 위한 상호보완적인 비교과 활동이다.

영 교육과정은 문서에 기록되는 공식적 교육과정이 아니지만, 학생들에게 필요한 교과, 지식, 사고 등을 교육하는 기능을 한다. 선택적으로 구성된 교육내용에서 불필요하거나 혹은 배제된 특정 내용을 수정하여 학생들이 학습 기회를 놓치지 않도록 한다.

교육과정은 국가의 지침, 학교의 판단, 학생의 수행, 교사의 실행, 학부모의 태도 등이 모두 상호보완적으로 연관되어 있으며 사회 경제적인 수준도 고려해야 한다(김대현, 2010). 교육목표, 교육내용, 학습 과정, 평가의 단계가 원활하게 수행될 때 교육과정의 개발이 지속될 수 있다.

특히, 2022년 개정된 교육과정에서는 '국민과 함께하는 교육과정' 개발 방식으로 추진되어 국민 참여를 제도화해 교육에 대한 인식을 개선하고 패러다임 전환의 계기를 마련하고자 했다(교육부, 2021).

[기존] 국가 차원에서 교육과정 전문가 중심으로 초·중등학교 교육과정 개발

▶

[개선] 학생, 학부모, 교사, 범사회적 전문가 등 교육 주체의 참여 확대, 국가 교육회의, 전국 시·도교육감 협의회 등 관련 기관 협업

출처: 교육부(2021).

〔그림 4-1〕 2022 개정 교육과정 추진 체계 특징

교육의 내용에 있어, 지식은 객관적이며 측정이 가능한 것으로 간주하는 전통적 철학학자들은 감각과 경험을 통해 지식을 발견하고 평가할 수 있다는 입장이다. 진보주의적 입장에서는 각 사람의 환경과 관점에서 지식을 창출하고, 개인적 경험이 그들의 지식 확립에 기초가 된다고 본다. 개인적인 경험과 인간관계로부터 생겨나는 결과의 양상을 지식이라고 보는 유동적 성과라고 정리할 수 있다(Parkay & Hass, 2000). 이에 반해 낭만주의적 입장의 학자들은 지식에 대한 관점이 실존주의적 혹은 현상학적 인식론에 입각해 있다. 지식과 진리는 개인의 자각이며 인간과 인간이 서로를 이해하는 순간에 초월된 자아에서 확대된다고 설명한다. 더불어 포스트모더니즘에 입각한 학자들은 지식이 역동적이고 발전적이며, 지식은 객관적인 관찰이 아닌 실제로 행사하며 참여해야 한다는 의견을 제시한다(Young, 2013).

(2) 교육의 경험 및 환경

교육과정 경험은 학습자의 경향성을 토대로 교육내용에 대한 학습자의 학습 이해도를 결정한다. 지식의 이해를 비롯한 학습목표를 달성하는 데 필요한 수단으로 학습경험이 사용된다. 교육과정 경험은 학생들이 능동적으로 학습에 집중하도록 하고 자신의 지식을 스스로 정리할 수 있도록 독려하는 기능을 한다.

수업의 구성요소에 교사와 학생 간의 상호작용, 계획적이고 구체적인 활동 등 학교교육의 목적 달성을 위한 방식이 포함된다. 구체적으로 수업에 활용되는 교수방법에는 강의법, 토의법, 시범 학습법 등이 있으며 학습활동에는 영상 매체 활용, 체험 학습, 현장 방문, 강사 초청 강의 등이 있다(Ornstein & Hunkins, 2007).

경험 선정 기준은 교육내용의 목적과 교육과정의 목표 도달에 달려 있다. 예를 들어, 교육적 경험이 학교 밖 상황에서 적용이 가능한 지식과 기능인지, 지역사회적 기대에 부합하는지, 학생의 사고 능력 개발에 합리적인지, 집단 구성원으로서 존중과 참여의 역량을 길러주는지, 문화적 이해를 돕는지, 학습 촉진제로서 동기부여가 되는지, 개인의 흥미를 이끄는지, 한 주체로서의 전인격적인 발달을 도모하는지의 과제가 있다.

또한, 교육내용과 경험이 동시에 발현될 때 학생이 지식의 장기기억과 동기부여, 개인의 흥미로 이어질 수 있다. 경험 없이 익히는 지식과 정보는 깊이 있는 학습을 이끄는 데 한계가 있다.

교육환경은 공간적 장소와 관련하여 매우 유의미하다. 게다가 교육적 경험을 증진하게 한다는 점에서 더욱 중요한 요소로 이용된다. 창의적 사고가 가능한 개방적이고 자유로운 환경에서 아이들의 뇌는 자극을 받으며 잠재력을 발휘할 가능성이 크다. 아이들의 자극은 학습의 열정적인 참여를 이끌고 도전 정신을 심어주며 능동적인 활동을 가능하게 만든다. 그래서 교육적 경험과 공간적 환경은 교육개혁 논의에서 여러 번 언급되고 있다. 교육 공간과 직결된 학교 공간은 학교 지역별, 학생수별 현실적인 환경과 교육적 효율성을 고려해야 하며 사회성, 안전성, 소속감 등의 욕구를 만족시킬 수 있도록 내적 인식의 요소를 고민해야 한다(Ornstein & Hunkins, 2007).

2) 교육과정 개발의 수준

(1) 국가 수준 교육과정

국가 수준의 교육과정은 국가의 의도가 담긴 교육에 관한 문서 내용으로 국가의 교육목적, 내용 선정의 기준, 학생 성취 기준, 교육기관 및 교육행정의 기준, 기관의 교육과정 운영 기준 등을 제시한다(Smith, Fuhrman, & O'Day, 1994). 우리나라의 교육부는 교육부 장관의 지위하에 교육 관계 법령을 기준 삼아 결정되고 초등학교와 중등학교에 고시되어 교육과정의 목표가 편성 및 운영된다.

국가 수준 교육과정에는 정치적, 사회적, 문화적 관점과 국가의 시대, 사회적 요구가 반영되며 그에 따른 전문 인력 필요, 물적 자원, 시간적 투자가 막대하다는 점에서 찬반의 입장이 있다. 교육과정의 표준화가 학교교육 관리에 질적인 영향을 주며 학생들의 전학과 같은 학교를 옮기는 상황에도 일관성과 연속성을 보장한다는 점에서 이점도 대두된다. 그러나 각 지역이나 학교 특성을 구체적으로 반영하지 못하는 한계 혹은 과한 규정은 학교와 교사의 자율성과 전문성을 해친다는 점을 지적하기도 한다.

국가 수준 교육과정의 기준 제시는 기본적이고 필수적인 역할을 감당할 뿐 지역이나 학교 현장의 현상이 최대한으로 반영될 수 있도록 국가 교육 기관의 의견 조사 및 수렴이 필요한 단계이다.

(2) 지역 수준 교육과정

지역 수준 교육과정은 지역별 의도가 담긴 교육 문서 내용으로서 국가 수준의 교육과정과 학교의 교육과정의 격차를 줄여주는 역할을 한다. 각 시 · 도에서 필요로 하는 특성, 요구, 환경, 상황 등의 요인이 포함된 기준을 공통의 기준으로 삼고 교육과정을 조정해야 한다. 최종적으로는 학교 교육과정에 효과적으로 반영되는 것이 이의 목적이다.

지역 특수성을 반영해야 하는 지역 수준 교육과정의 개발 및 운영은 각 지역교육청의 역량이 중요한데, 교육문제해결 능력과 교육 전문성을 갖는 긍정적인 측면이 있는 반면 비용적, 인적, 시간적, 물적 자원 투자의 부담으로 지역 간의 질적인 차이가 교육의 격차로 이어질 수 있다는 위험 요소가 있다.

「지방교육자치에 관한 법률」 제20조에 의하면, 지역 수준의 교육과정은 국가 수준 교육과정으로부터 요구되는 사항을 수행 척도에 맞춰 교육이 이루어져야 한다. 시 · 도 교육청에서 작성한 교육과정 편성 및 운영 지침에 따라 시 · 군 · 구 교육지원청에 의해 학교 교육과정이 안내 및 통제된다.

(3) 학교 수준 교육과정

학교의 실태를 반영한 학교 수준 교육과정은 학부모와 학생의 특성 및 요구의 기반으로 체계화된 학교의 계획과 실행 부분이 기술되어 있는 문서 내용이다. 학교는 교육목표, 교육내용, 교육방법, 교육평가, 운영방식 등을 학교 수준에 맞는 교육과정으로 구성한다. 국가가 결정한 교육목적을 바탕으로 지역 수준에 맞춰 교육과정을 수정 및 보완의 과정을 거쳐 적용한다.

교육의 효율성, 적합성, 자율성, 전문성, 다양성, 학습자중심의 교육을 실현하기 위해 학교 수준의 교육과정은 필수적이다(교육과학기술부, 2008). 학교가 해야 할 일에 대해 편성하고 운영 지침을 고지하고 평가하는 영역을 제대로 추진할 수 있도록 교육부와 각 시·도 교육청이 방법과 절차에 대해 지속하여 연구하고 논의해야 한다.

학교가 교육과정을 받아들이고 학교 수준에 맞는 형태도 내용을 결정하는 실질적인 권한이 있는 것은 아니지만, 중앙정부에 의해 개발된 교육과정을 채택하고 변용하며 재구조화하는 것은 가능하다. 이러한 소극적 권한을 학교 수준 교육과정에 반영시킬 수 있도록 학교와 교장 및 교사가 교육과정 개발에 대한 적극적인 관심을 갖는 것은 물론 지닌 지식과 능력을 발휘할 수 있는 여건 또한 마련되어야 할 것이다.

3) 교육과정의 개발 모형

(1) 타일러의 합리적 개발 모형

교육목표의 우위를 두는 타일러(R. M. Tyler)의 합리적 개발 모형은 교육과정의 모든 측면을 교육목표 달성의 수단으로 둔다(구병두, 최종진, 2012 재인용). 선정된 교육목표를 바탕으로 학습경험이 선정되고 조직되는 절차가 특징적이다. 탈가치 지향적으로 교육목표에 적용할 수 있는 탈가치적 모형을 지향한다.

교육의 결과를 더 중시하는 그는 교육의 과정을 검은 상자와 같다고 보았고 검은 상자 안에서 이루어지는 어떤 일에는 관심이 없으며 결과에만 반응한다. 교육목표는 학생의 행동에 대한 도착점 진술로 결과중심 목표모형의 특징과 같이 교육의 결과로 보이는 학생의 행동으로 진술하도록 한다. 이는 교과목의 구분 없이 어떤 수업에서도 활용할 수 있으며 폭넓게 적용 가능하다는 실용성 부분의 장점이 있다. 평가의 분명한 지침 제공은 교육목표를 밝힘으로써 교육목표와 관련된 교육과정 관계자들이 서로 의사소통하고 합의해 나갈 수 있도록 이바지한다.

교육과정과 수업을 구분하지 않고 목표와 경험을 선정하고 경험 조직과 평가를 통합하여 연결하고 종합할 수 있다. 경험적이고 실증적인 교육 성과의 연구는 경험적 연구 촉발제로서의 역할을 한다. 그러나 단점으로는 목표를 내용보다 우위에 두므로 발생할 수 있는 내용 경시로 인해 목표 달성을 위한 수단에 그쳐 버릴 수 있다. 수업 역동성을 무시한 채 교육목표를 미리 설정하여 수업 과정 중 잠재적이고 확산적인 학습의 목표를 놓칠 수 있다. 어떤 학습 내용과 목표를 설정했는지를 제시하지 않고 교육과정의 실질적 내용마저 고려하지 않게 될 수 있다.

외적인 행동만을 강조하게 되어 행동의 내적 동기, 내면적 인지구조의 변화, 가치와 태도 및 감정의 변화 그리고 잠재적 교육과정을 확인하는 데 한계가 있다고 지적된다. 체계적, 합리적, 규범적인 교육과정 개발 절차가 지나치게 복잡할 경우, 교육과정 개발 활동을 제대로 드러내지 못하는 교육과정 개발의 부족한 실제 모습이 문제가 될 수 있다.

(2) 워커의 실제적 개발 모형

워커(Walker, 1971)는 개념 경험주의자의 입장에서 바라본 학자로, 교육과정 이론이 현실에 맞지 않으므로 도외시하고 합리적이지 않은 처방만을 추구하여 실제 적용으로 이어질 수 없다고 본다. 교육과정의 개발 과정을 연구한 결과, 타일러의 처방대로 이루어지지 않고 있다고 밝혔으며 실제 교육과정 개발이 이루어지고 있는 현실을 표면적으로 드러냈다. 그는 교육과정 개발을 크게 세 단계로 나누어 설명하였다(Walker, 1971).

첫째, 토대 다지기(platform)는 교육과정 개발 과정에 참여한 전문가들이 교육과정에 대해 갖는 가치와 강령을 내포해야 한다고 설명한다. 그들의 강령이 토론, 토의를 거쳐 합의에 이르는 과정이 교육과정의 기초가 된다고 보았다.

둘째, 숙의(deliberation)는 교육과정 개발위원들 각자의 강령들이 모인 토대를 근거 삼아 대안을 상의하고 결과를 예상해 보고 선택, 결정하는 과정을 말한다. 그들의 신념, 문제 상황 대처, 잠정적 해결 대안 등에 어느 정도 일치를 이룬다면 숙의 과정은 다음 단계인 설계의 영역으로 넘어가게 된다.

마지막으로 설계 단계에서는 교육 프로그램의 계획을 구체적으로 제시하고 수립한다. 숙의 과정에서 이루어진 합의가 완전하지 않더라고 설계는 계속 진행되며 단계 실행 중 숙의 과정을 재고해 나간다. 특히 교육과정의 내용과 지원체제에 대한 상세한 논의가 펼쳐진다.

워커의 모형은 실제로 발생하는 상황들을 정확히 묘사하고 개발한다는 점과 타일러 모형에서 이루어지지 않은 교육과정 계획의 합의 과정이 본 모형에서는 합의되지 못한 교육과정 계획을 진행할 방법을 제시해 주고 있다는 장점이 있다. 그러나 단점도 존재하는데, 교육과정 계획 과정에 중점이 되어 교육과정 설계 완성 후 적용되는 모습은 언급되지 않고 있다는 것이다. 또한, 전문가와 시간, 비용 등의 자원이 충분하지 않은 소규모 학교에서는 적용하는 데 한계가 발생할 수 있다.

(3) 아이즈너의 예술적 개발 모형

아이즈너(Eisner, 1967)는 현상학적으로 사회의 실재를 바라보는 재개념주의적 입장이며 주관적이고 구상적, 다원적인 시선으로 분석한다. 질적 연구를 지향하는 그는 경험-분석적인 보편적 법칙에 의한 연구를 지양하고 질적 연구에 집중하여 풍부하고 다양한 적용 방법을 제시한다(Eisner, 1967).

교육과정에 대한 의사결정은 예술가와 같이 다양한 시각으로 사람의 실재를 바라보는 이들이 교육과정 개발자가 되어야 한다는 의견이다. 배제된 교육과정의 내용을 중요하게 여기는 영 교육과정을 다루고자 했다. 전통적, 학문적 교과만 선정해 왔던 그동안의 교육과정을 비판하고 대중문화와 같이 교육과정에 없는 내용들까지도 고려할 것을 강조한다. 교사들이 학생들에게 다양한 학습 기회를 제공하고 '교육적 상상력'을 교육목표 삼아 예술성의 교육을 표현하고자 한다.

교육과정 개발이 교사에 의해 이루어져야 한다고 보고 학생들의 학습경험을 직접적으로 관찰하고 느낀 바를 교육과정에 적용하여 숙의하고 실행해야 한다고 본다. 예술적 접근이 이루어진 배경은 목표의 설정에서 시작되는데, 먼저 '표출 목표(Expressive Objects)'를 중시한 그는 타일러의 행동 목표에 대한 보완점으로 수업 과정 후에 드러나게 되는 목표를 표출할 것을 주장했다. 더불어 교육과정 개발 시 예술적 기술과 재능을 중시하여 각 이해집단에서 상충하는 목표를 처리할 때 필요한 요소라고 설명한다. 목표 설정의 마지막 강조점으로 숙의의 과정에 해당하는 교육과정 우선순위를 정하는 합의 과정이 있다. 그가 주창한 예술적 과정에 숙의 과정이 포함되어야 한다고 밝혔다.

예술적 접근의 또 다른 배경은 교육내용 선정에 있다. 타일러와 마찬가지로 학생의 흥미, 사회의 요구, 전통적 학문과 교과 등이 교육내용에 포함되어야 하지만 다양하고 주체적인 요소들의 선정으로 학생들에게 필요한 내용을 다룰 것을 강조했다. 하지만 동시에 영 교육과정과 같은 대중문화의 경험도 학교 교육과정에서 배제되어서는 안 되며 아주 중요한 구성이라고 주장한다.

그리고 학습 기회의 유형을 통해 학생들이 만족스럽고 의미 있게 느껴지는 다양한 학습 기회를 제공해야 한다고 설명하며, 학습 기회의 조직으로 학생들의 적극적인 참여를 도모해야 하며, 그들이 능동적으로 학습에 흥미를 갖고 목표를 설정 및 도달할 수 있도록 학습 기회를 조직해야 한다고 한다. 내용 영역의 조직은 비전통적인 방법으로 조직된 내용이 통합되어야 한다는 의견과 제지 양식과 반응 양식이라 불리는 아이즈너의 양식에서는 은유가 원활한 의사소통을 통한 일상적인 언어 양식보다 더 힘 있게 다가올 수 있다고 본다.

마지막으로 평가 절차는 교육과정 전반에 걸쳐 이루어지며 자기 삶과 자기 주변, 세계를 이해하는 과정으로서 교육과정 계획과 개발 과정의 최종 단계에서 그치지 않고 교육과정 개발 과정 전반에 걸친 활동이라고 설명한다. 동시에 평가는 예술적인 것으로 지각과 가치판단은 보편적인 적용이 불가하고, 평가활동 역시 예술적 과정의 일환이라고 주장한다.

2 교육과정 운영

1) 교육과정의 운영 형태

(1) 교육과정 운영의 개념

교육과정 운영의 기본 원리는 학교에서 교육과정을 편성하고 운영 계획을 세울 때 필요한 행위의 규범이다. 편성과 운영 과정 그리고 운영을 통한 산출을 평가하는 기준이 된다. 학교와 교실에서 실천할 수 있도록 개발된 교육과정이 실행과 교육경험의 창조 영역에서 의미를 지닌다. 실행은 법으로 정한 의무를 옮기고 개발자는 의도와 계획을 형성하며 운영자는 그 의도에 따라 실행으로 이어가는 과정을 이야기한다. 교사와 학생이 함께 교육과정을 만들어 갈 때 교육경험이 형성되고 교육과정 운영은 실행과 교육경험의 창조 위에서 개발된다.

교육과정 운영에 대하여 연구자들은 교육과정 운영을 바라보는 관점을 충실한 운영과 상황에 따른 조정, 교육경험의 창조로 구별해 냈다(Snyder, Bolin, & Zumwalt, 1992). 충실한 운영은 교육과정 개발자의 의도가 현장에서 구현될 수 있도록 하는 것을 의미한다. 학교 외부 상황에서도 교육과정의 주안점을 잃지 않도록 보급되는 것이 중요하며 이를 교육하는 학교와 교실에서 교사의 역할 또한 중요하다고 언급한다.

상황에 따라 조정되는 교육과정의 운영에 방해요인 혹인 도움이 되는 요인에 관심을 두어야 한다. 그들은 교육과정 자체, 지역 수준, 학교 수준, 외부 환경 등과 같이 교육과정 운영에 영향을 주는 구성에 대해 이를 구분하여 더욱 구체화할 필요가 있다고 주장한다(Snyder, Bolin, & Zumwalt, 1992).

교육경험의 창조(Curriculum Enactment)는 교사와 학생이 함께 교육과정을 만들어 가는 교육경험을 강조한다. 교육경험의 창조는 외부에서 개발한 교육과정의 배제를 의미하기보다 외부 교육과정의 교과서, 수업자료 등은 교실에서 교육경험을 만들어 가는 중요한 매체라고 평가된다. 교사와 학생이 교육과정을 수용 또는 창조자의 역할은 물론 그들이 성장하는 지표에 바로 교육과정의 성패가 달려 있다고 본다.

애플사(Apple)의 「민주학교(Democratic Schools)」는 카브리니 지역 초등학교의 교육과정을 교사와 학생이 함께하는 교육과정 운영의 교육경험 창조 사례로 언급하고 있다. 더불어 시카고에 위치한 카브리니 지역 학교에서 불필요한 위험하고 낡은 학교 시설을 재공사하여 새로운 모습의 학교로 탄생시키는 과정을 교사와 학생이 함께 참여했다. 그 결과 교과서를 통한 배움이 아닌 직접 경험하고 겪은 실제 문제해결 능력을 몸소 익혔고 실천, 사고, 의논, 민주주의적 개념을 성립할 수 있었다.

(2) 교육과정 운영의 원리

교육과정 운영의 기본 원리에는 타당성의 원리, 적법성의 원리, 전체성의 원리, 민주성의 원리, 전문성의 원리, 현실성의 원리가 있다.

첫째, 타당성의 원리는 학교의 교육과정 편성과 운영에 대해 학교의 교육목표를 달성하기 위한 궁극적인 원리로 보며 학교 교육과정 운영에 있어 가장 먼저 되어야 할 교육목표 설정이 타당한지 분석하고 해석하는 단계가 된다. 학교에서 편성 및 운영하는 교육과정이 효과적으로 수행되는지 평가하는 지표가 되기도 한다.

둘째, 적법성의 원리는 학교 교육과정 편성 및 운영에 대해 국가에서 제공한 법령 아래에서 이루어진다. 법적인 책무와 권한하에 주어진 범위 내에서 의사결정을 행사할 수 있다. 동시에 교육 관련 법령의 지나친 권한으로 학교 교육과정 편성 및 운영에 제한이 생기는 것을 막을 수는 없다. 그러므로 관련 법에 대한 개정과 현행법의 해석 및 적용이 요구되고는 한다.

셋째, 전체성의 원리는 학교 교육과정 편성과 운영 중 교과의 일부를 각론하고 개발하여 교과들과 교과서의 내용을 재구성할 뿐만 아니라 학교 전체 교육과정을 살펴본다. 교육목표, 교육내용, 교과 전체, 교육방법, 교육평가, 특별활동 등과 같은 교과과정의 핵심 요목들을 살펴 서로 간의 연관성을 높인다. 더불어 학교, 교사, 학생, 학부모, 환경 등의 요소를 어우르는 성공적인 작업으로 작동할 수 있도록 종합적인 요소를 고려해야 한다.

넷째, 민주성의 원리는 학교교육에 있어 집단 간의 참여를 보장하고 제시된 의사를 공정하게 처리하고 독선과 전횡이 없도록 권한 이양을 하고 적극적으로 장치를 설치하며 학교에서는 교장과 교사가 타협하여 존중하고 각각의 역할 수행이 원활해야 한다. 또한, 교직원들의 참여를 유도하기 위해 교장의 역할로서 민주적인 결정 체제를 구축하고 의사소통이 수평적으로 이루어지며 그들의 책무와 권한을 분명하게 명시하는 소임을 수행해야 한다.

다섯째, 전문성의 원리는 합리적으로 교육과정을 학교 내에서 편성하고 효율적으로 운영하기 위해 연구조직 및 실행조직이 구성되어야 함을 설명한다. 작업에 참여하는 교직원들이 전문적인 지식과 기술을 지녀야 하고 이와 관련하여 학교는 교육과정 운영 중심의 조직을 만들고 지속적으로 훈련 프로그램을 구성해야 한다. 직원의 전문성을 위한 훈련은 실습 위주의 과정을 통해 구체적인 활동이 이루어져야 한다.

여섯째, 현실성의 원리는 현실성 있는 학교 교육과정의 편성 및 운영을 의미하며 학교 교육과정 편성 과정에서 아동에 대한 이해, 현재 시점에 대한 지역사회적 요구 등을 알고 있어야 한다. 질적, 양적 조사를 통해 현실을 이해하고 학교의 성격 및 환경, 교사의 조직, 외부 기관의 통솔 등의 물리적 수준을 이해하고 있어야 한다.

(3) 교육과정에 미치는 영향(교육과정 자체, 학교 내 · 외부 요인)

교육과정 운영이 학교 자체 상황에 맞게 원형 유지, 수정, 재구조화하여 행동으로 옮기는 과정에서 활동에 미치는 영향과 요인을 알고 성공적으로 운영을 해나갈 수 있도록 하는 근거와 방안이 마련되어야 한다. 교육과정 운영에 미치는 요인들은 매우 다양하고 학교에 따라 상이하며 같은 요인 중에서도 영향력의 차이가 있다. 교육과정 자체, 학교 외부, 학교 내부 요인으로 구분하여 학교의 교육과정 운영에 영향을 미치는 살펴보고자 한다. 이때 서로 별개의 요인이 아닌 상호 관련되어 발생한다는 것을 기억해야 한다.

먼저 교육과정 자체 요인으로는 개정 교육과정 운영이 성공적으로 수행되기 위해 교육과정 자체가 사회적 현상 및 요구를 제대로 반영하여 개인과 사회가 인간 존중의 교육과정을 실현해 나가야 한다. 또한, 명료한 교육과정을 명시하여 개정 교육과정의 특성과 취지에 맞춰 운영해야 한다. 특히 국어, 사회, 과학 교과의 보충과 심화의 구별을 분명히 해 학교에서 수준별 운영이 이루어질 수 있어야 한다.

개정 교육과정은 실행자가 어느 정도 받아들일 수 있는지를 고려하여 복잡성의 정도를 조절해야 한다. 지나치게 복잡하거나 과부하를 일으킨다면 실행자는 현재 상황에 적용하기 힘들다. 교과별, 학년별, 집중 이수제, 교과별 이수 시간의 자율 운영은 학교의 교육환경과 교육관행에 따라 조정될 필요가 있다고 본다.

개정 교육과정만 개발되고 운영에 필요한 직접적인 자료를 개발하지 못했다면 학교나 교사들의 노력이 개입되어도 성공적인 운영은 어려울 것이다. 개정 교육과정이 많은 교수 · 학습 자료와 함께 개발되어 실행과 적용 부분에 더 큰 집중을 가해야 한다.

학교 외부 요인으로는 교육부와 교육청의 지원, 평가 선발의 기능을 꼽으며 학교 내부 요인으로는 인적 요인, 물적 요인을 언급한다.

학교 외부 요인인 교육부, 교육청의 지원은 개정 교육과정이 학교에서 성공적으로 운영되기 위해서는 학교 외적인 환경의 도움이 불가피하다. 새로운 교육과정의 운영에서는 교육부와 교육청의 권한이 여러 가지 형태로 영향을 미친다.

교육과정의 운영에 관한 지침이 국가와 지역 교육과정에 명시될 때 교육과정 해설과 교과별 교육과정 해설을 함께 공유하여 학교에서 교육과정이 잘 운영될 수 있도록 교육부와 교육청에서 협조해야 한다. 교육과정의 변화가 학교와 교사들에게 명확히 전달될 수 있도록 하는 것은 곧 운영의 실적을 높이는 것과 같다. "교육과정에 대한 설명이 불확실하여 교사들이 제대로 이행하지 못해 부실 운영을 낳게 될 수 있다."라고 제기하였다(Fullan & Pomfret, 1977).

교과서 외의 여러 가지 학습 교재와 자료, 교구, 시설, 매체 등은 교육과정 자료를 개발하고 보급할 때 포함되어야 할 항목들이다. 새로워진 교육과정으로 수업한다면 새로운 수업자료가 필요할 것이고 교육부와 교육청은 새 자료들을 보급하여 운영에 차질이 없도록 해야 한다.

또한, 현직 연수에 필요한 프로그램을 제작하고 강사를 초빙하며 필요한 물적 자원을 공급함으로써 적극적인 개정 교육과정 운영에 도움을 제공해야 한다. 교육과정의 개정이 학교 운영 방식의 변화를 촉진하고 관리자와 교사들은 새로운 내용을 가르치고 수업방식에 변화를 요청받기에 교원 연수가 이루어져야 한다.

평가의 선발 기능은 '평가 제도'라고도 하며 이것은 교육과정 운영과 직접적인 연관이 있다. 평가로 인해 교육과정과 운영 사이에 격차가 발생할 수 있으며 입시 제도 선발 기능이 교육 기능을 앞질러 개발된 교육과정의 의도와는 다르게 운영될 수 있다. 특히 고등학생의 경우 대학 입학시험을 위해 내신 성적과 수학능력시험 성적의 반영에 예민하여 주류 과목에 대한 투자는 많지만, 비주류 과목에는 덜 집중하여 정상적이고 균등한 운영이 이루어지지 못하는 현상을 보게 된다.

학교 내부 요인인 인적 요인은 교장, 비공식 지도자, 교사, 학생, 변화 촉진자 등이 있으며 그들 각각의 역할이 교육과정 운영에 중요하게 영향을 미친다.

교장은 학교 교육과정의 성격을 결정하는 역할로서 운영 과정에서 큰 영향력을 차지하며 교사들 또한 영향을 받는다.

2) 교육과정의 운영 전략

(1) 운영 모형(연구-개발-보급 모형, 중심-주변-전달 모형)

연구-개발-보급 모형(Research, Development, and Diffusion Model: RD & D)은 교육과정을 개발하고 운영 기관에 보급하여 현장에서 개발자의 의도가 실행될 수 있도록 하는 모형이다.

기초연구 → 응용연구 → 교육과정 원안 개발과 시험 적용 → 교육과정 원안 확정과 관련 자료 개발 → 대량 생산과 포장 → 대량 보급 활동 → 실행자 교육 → 실행 기관에서의 운영 순으로 진행된다(Marsh & Willis, 2006).

또한, 개발 과정에서 의견 수렴의 순서에는 전문가가 참여하여 체계적인 과정을 거쳐 개발되었기에 학교 현장에서 교사가 각 상황에 맞게 수정할 필요가 적다고 가정한다. 이는 교사를 수동적인 수용자로 간주한 것이며 교육과정 개발자와 같이 전문가가 만든 교육과정의 사용법이 개발자의 의도대로 흘러갈 것이라고 생각한다(김평국, 2003).

결국, 국가 수준의 교육과정 개발 및 보급이 대규모 교육과정 개발 사업과 그 후 변화과정을 설명하는 데 유익하다는 장점이 있다. 그리고 우리나라의 교육과정 변화의 이해를 돕기도 한다. 하지만 실행 기관에 상황과 현장 수용의 어려움과 같은 운영 과정에서의 변화, 현장성 등을 설명하기는 어렵다는 한계가 있다.

2022 개정 교육과정에서는 다양한 분야의 전문가, 관계 기관 등으로 구성된 상시 협의체를 구성하여 교육과정을 개발하고 운영하기 위한 각종 논의와 의사결정을 진행하였다는 특징이 있다(교육부, 2021). 2022 개정 교육과정 개발을 추진하기 위해 구성된 상시 협의체의 역할과 구성은 [그림 4-2]와 같다.

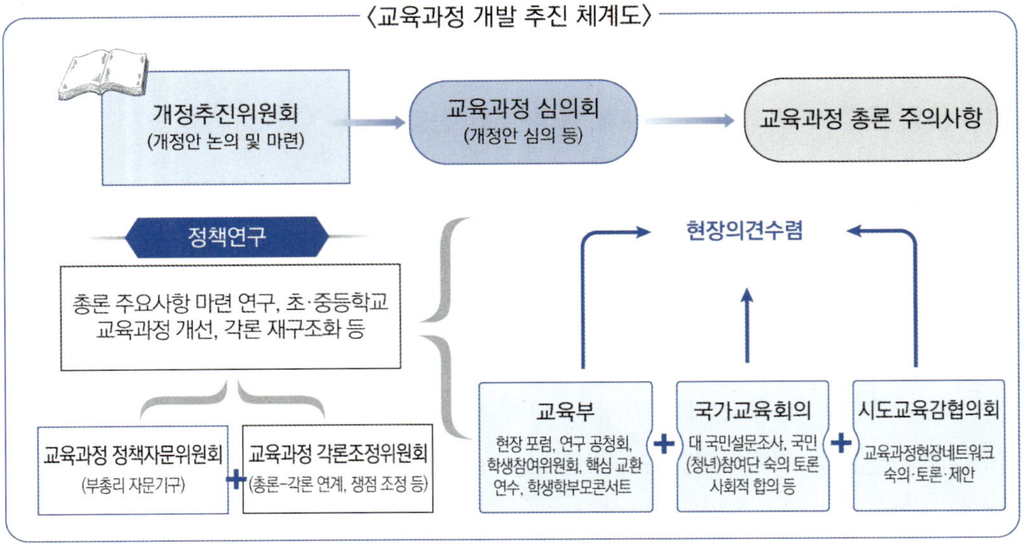

출처: 교육부(2021).

〔그림 4-2〕 2022 개정 교육과정 개발 추진 체계도

(2) 교사중심 전략

교사는 국가교육과정에서 정해진 기준과 각 시 · 도 교육청의 지침을 준수하여 교과과정을 운영해야 한다. 이때 교사들은 교수 · 학습 상황에서 학생들과의 상호작용을 통하여 학습의 경험을 더욱 풍부하게 만들기 위해 전문적이고 실천적인 능력을 발휘해야만 한다(서울특별시교육청 교육연구정보원, 2022). 특히 우리나라 교육과정 정책은 교육과정 자율화 정책으로 교사들이 교육과정에 대하여 자율적으로 결정할 수 있도록 하고 있다(유성열, 2023). 그러나 교육과정 자율화 정책은 교육현장에서 교사들에게 그다지 환영받고 있지 못하며 이들이 충분히 자율성을 발휘하고 있는지에 대한 의문이 지속적으로 제기되어 왔다(류영휘, 2016). 교사는 실제 학생들과 대면하여 교육을 실행하는 사람이므로 교사의 관심에 중점을 둔 교육과정 운영 전략에 대해서도 다양한 연구가 이루어져왔다.

교사의 관심에 기반을 둔 수용 모형은 곧 교육 혁신 실행의 주체인 교사와 교수가 교육 혁신이 실행되는 것을 이해할 때 사용되는 모형이다. 이것은 CBAM(Concerms-Based Adoption Model)에서 해석되어 온 것인데, CBAM과 교사의 관심에 기반을 둔 수용 모형을 동일시하기보다 시행자의 정의적 특성을 넘어 실행 전반에 대한 체제를 이해해야 한다.

CBAM은 교육 혁신 실행에 대해 실행 기관 체제, 실행 지원 체제, 변화 지원팀으로 구성하였고 실행자와 비실행자가 존재한다. 실행에 영향을 주는 것, 실행 체제 속에서의 변화 지원팀에 대한 사람들이 관심, 실행 수준, 실행 형태 등을 조사하고 더 나아가 지원 전략 수립과 책임을 부여하게 된다.

홀(G. E. Hall)과 호드(S. M. Hord)의 초판에 비해 개정판에서는 조직 환경과 문화 등에 더욱 관심을 기울이고 있으며 CBAM은 실행자의 관심뿐만 아니라 행동, 정의 등의 측면에서 실행에 미치는 영향과 여러 인적, 물적 자원에 대한 실행을 촉구하며 지원하는 것이 이 모형의 목적이다(Hall & Hord, 2006; 김혜나, 2010). 홀과 호드는 교육과정 충실도 관점을 설명하면서 관심의 정도와 실행 수준 그리고 실행 형태의 도구를 사용했다(김혜나, 2010). 교사가 얼마나 관심을 기울이는지와 실행해 내는지, 어떤 형태로서 나타나는지를 평가했고, 그 결과는 지원책 개발에 도움이 되었다고 설명한다.

(3) 기관중심 전략

중심-주변-전달 모형(Center-Perijphery Model: CPM)은 앞서 설명한 연구-개발-보급 모형의 확장 버전이라고 볼 수 있다. 연구-개발-보급 모형과 동일하게 교육과정의 개발이 중앙에서 이루어지지만, 보급 과정을 더욱 체계화하여 실행 영역에서의 적용되는 지점을 더욱 자세히 연구하였다.

중앙 교육과정 개발은 실행 기관에 적용법을 전달하게 되고 개발된 교육과정을 실행 기관에서 채택하고 변화를 주는 것도 허용한다. 보급의 중요성이 다시 언급되면서 교육과정 변화의 중요한 요소로 자리매김하게 되었다(Marsh & Willis, 2006). 우리나라 제6차 교육과정 이후, 시 · 도 교육청과 시 · 군 교육지원청의 역할 강조는 이와 같은 의견과 연관성을 크게 보인다. 물론 한계점도 있는데, 연구-개발-보급 모형과 마찬가지로 학교와 교사가 현장에서 새 교육과정을 실행하는 과정이 교육과정 변화와 연관이 있는지는 여전히 미지수로 남아 있다.

3 교육과정 평가

1) 교육과정 평가의 개념

평가는 체계적으로 평가 대상의 가치를 조사하는 활동으로 평가 대상이 어떤 특성을 가졌는지에 따라 다양한 평가 방법과 기준이 놓인다(박병량, 2003). 크게 정치, 경제, 사회, 문화, 교육 분야로 나눌 수 있으며 특히 교육 분야의 평가는 교육활동과 결과에 대한 가치를 체계적으로 조사한다.

평가활동은 누가, 무엇을, 무엇에 비추어, 어떻게 할 것인지로 구성되어 평가의 주체와 대상, 목적, 기준, 방법의 다섯 가지 체계가 잡혀 있다. 교육평가가 교육활동의 결과로서 어떤 부분을, 누구에 의해, 왜, 무엇을 통해, 어떻게 활동 내용을 조사하고 해석할 것인지가 활동으로 구성된다고 할 수 있다(박병량, 2003).

(1) 교육과정 평가의 구성요소 및 목적

교육과정 평가는 교육과정과 운영이 교육이 성공적으로 이루어졌는지를 판단하는 결정적 단서가 되기 때문에 중요하며, 평가를 통해 교육과정과 운영을 개선할 수 있어 많은 관심을 기울일 수밖에 없다. 만약, 평가를 통한 교육의 성공 여부 판단이 어렵거나 개선이 미미하다면 교육과정 평가에 대한 의미가 줄어들 것이다. 교육과정 평가가 계속해서 중요한 위치를 차지한다는 것은 실질적으로 교육의 성패, 운영 개선에 도움이 되기 때문에 지속적으로 이루어지고 있으며 이에 대한 정보 수집은 큰 역할이 된다.

스크리븐(Scriven, 1967)의 평가 유형에서는 형성평가가 교육과정 평가의 목적인 운영 개선에 도움이 되며, 총괄평가는 현재 적용되고 있는 교육과정을 효과적인 교육활동으로 유지 또는 문제점 발견으로 인한 폐기의 근거가 된다고 설명한다.

여러 학자가 제시한 교육과정 평가의 목적은 크게 세 가지로 나눌 수 있다.

첫째, 교육목표 달성 정도를 확인하는 목적으로 교육과정 평가가 사용될 수 있다. 교육과정 운영이 성공적일 때 교육목표 달성이 가능하며 반대로 교육과정 운영 실패는 교육목표 미달을 의미하기에 교육과정 평가는 곧 교육과정 목표의 달성 여부를 판단할 수 있다. 목표 달성의 여부를 알기 위해 체계적으로 지표를 제시하고 그에 대한 자료를 수집 및 분석하는 과정으로 볼 수 있다.

둘째, 교육과정 평가는 전문적인 지식과 기술을 바탕으로 교육과정의 가치를 체계적으로 조사하고 판단하는 데 목적을 둔다. 평가 대상과 평가 질문 결정, 평가 준거 및 기준 마련, 준거 관련 자료 수집 등의 과정을 수행하고 수집된 준거 자료는 설정한 기준과 비교하여 가치를 판단한다.

셋째, 교육과정에 대한 정보를 기술하고 수용하여 의사결정자에게 제공하여 최종적으로는 합리적인 의사결정을 돕는 것에 목적을 둔다. 교육과정 평가에 필요한 의사결정 영역이 무엇인지 파악하고 평가 준거를 선택, 자료 수집, 분석, 조사, 보고의 과정으로 교육과정 평가가 구성된다.

교육과정 관리 차원에서 국가 학업성취도 평가가 교육목표 달성 정도를 확인시켜주는 데 사용되는 반면, 검정고시의 국가 차원 평가는 교과를 학교에서 채택한 교과서 간의 교육적 가치를 조사하는 것에 초점을 두는 것과 같이 평가 목적과 맥락이 언급한 세 가지 중 선택적으로 취할 수 있다. 하지만 교육과정을 평가하기 위해 위의 세 가지 평가 방법들이 적절하게 고루 활용되어야 교육목표 달성 정도를 확인하고 체계적으로 조사하고 합리적인 의사결정을 이룰 수 있다.

(2) 교육과정 평가의 주체 및 준거

교육과정 평가의 주체는 '요구 주체'와 '수행 주체'로 구분할 수 있다.

요구 주체는 학교와 교육기관과 같이 평가해야 하는 이들로 교직원, 교육부와 교육청, 교육행정기관, 학생, 학부모, 일반 시민 등 매우 폭넓다. 수행 주체 또한 학교, 교육기관, 교직원, 교육부와 교육청, 교육행정기관, 학생, 학부모, 일반 시민 등을 일컫는다. 그러나 교육과정 평가활동이 전문적인 활동으로 분류되는 만큼 평가의 수행 주체가 요구 주체보다 제한적이기 마련이다. 교육과정 평가의 주체를 요구 주체와 수행 주체로 구분한 것에 따라 네 가지 분류로 이들의 관계를 설명할 수 있다.

첫째, 평가 대상이 요구 주체가 되며 수행 주체도 함께 지목되는 경우이다. 평가의 목적이 분명하고 구성원들 간의 자발적인 참여를 기대할 수 있다. 하지만 평가에 대한 전문적인 지식과 기술, 논지가 부족할 수 있다. 이것은 전형적인 내부 평가로 구분 가능하다.

둘째, 평가 대상 기관 외부에 요구 주체와 수행 주체가 존재하는 경우이다. 평가의 목적이 뚜렷하여 객관적인 평가가 용이하다는 장점이 있지만, 평가 대상 기관의 구성원들에게 지원과 지지가 미약할 수 있다는 단점도 있다. 이는 전형적인 외부 평가에 속한다.

셋째, 외부 평가에 속하는 평가 중 하나로, 요구 주체가 평가 대상 기관으로 수행 주체가 평가 대상 기관 외부에 있는 경우이다. 평가 대상은 평가받아야 하는 필요성을 알고 객관적이고 전문적인 평가를 확보하려는 특성이 있다. 평가 대상 기관 관계자들의 지원과 지지를 얻는 것이 중요한 평가 성패로 판단된다.

넷째, 평가 대상 기관의 외부에 요구 주체가 있으며 내부 평가에 속하는 이 장면은 평가 대상 기관이 수행 주체로서 요구 주체의 요구에 응하면서 이루어지는 과정을 볼 수 있다. 형식적인 평가와 합리화를 위한 평가가 될 수 있다는 한계가 있다.

교육과정 평가 주체에서 수행 주체가 포함해야 할 요건들에는 신뢰성, 전문성, 권위, 영향력 등의 영역이 있다.

첫째, 평가 과정과 결과 도출에서 평가 수행 주체가 신뢰를 얻기 위해 평가 대상과 상황을 파악하고 있어야 하며 진실한 과정 이행과 이해관계가 자유로워야 한다. 평가 결과는 평가 주체가 사회적인 명성, 지위, 금전적인 이득, 피해를 본 대상이거나 평가 대상 기관과 연관된 이들의 사회적인 명성, 지위, 금전적인 이득, 피해에 있어 직간접적으로 관계성이 있다면 평가의 신뢰를 얻기 어렵다.

둘째, 전문적인 지식과 기술, 논지를 갖춘 평가 수행 주체가 되어야 한다. 다만 전문성이 있어야 하는 요구가 평가 수행 주체가 마주만 장면에 따라 다를 수 있고, 내부 평가는 대게 외부 평가만큼 평가 수행 주체의 질적 전문성을 요구하기는 어려울 것이다. 그러나 제대로 된 평가를 위해서는 교육과정 평가에 관한 지식과 경험, 인간관계, 의사소통 기술의 역량을 갖추는 것이 필요하고 전문적인 평가 인력과 훈련 양성 및 도입이 과제로서 손꼽히기도 한다.

셋째, 더 나아가 권위와 영향력을 지닌 평가 수행 주체는 평가활동을 제대로 수행할 수 있으며 평가 계획과 문제 상황 제기, 쟁점 토의, 자료 수집 및 처리, 보고 등의 활동이 원활하게 이루어진다. 이때, 평가 대상 기관은 함께 협력하고 참여하여 구성원들 간의 원만한 관계와 협동심을 보여주는 것이 필수적이고 평가 수행 주체의 권위와 영향력이 구성원들을 독려할 수 있다.

(3) 교육과정 평가의 절차 및 방법

평가는 주체, 목적, 대상 그리고 내용 등의 구성요소에 따라 교육과정 평가의 절차가 달라질 수 있다. 때문에, 다음에 제시하고 있는 절차는 필수적이기보다 교육과정 평가자의 핵심 과업으로서 언급되는 순서로 보는 게 옳다(이성호, 1984).

첫째, 목적을 확인해야 한다. 교육과정 평가가 개발과 실행 중인 교육과정을 개선할 것인지, 이미 실행된 후에 교육과정의 성패를 알고 유지 또는 폐기의 과정으로 이어질 것인지 목적을 통해 결정할 수 있다. 또한, 교육목적 달성 여부와 교육과정 계획, 운영, 성과 등의 가치를 판단하고 체계적으로 구성되었는지를 결정한다.

둘째, 교육과정 평가의 주체를 파악해야 한다. 목적 결정 후 누가 평가를 할 것인지를 결정하여 교육과정 계획, 운영, 성과를 판단하는 게 일반적이다. 만약 교육목적을 얼마나 달성했는지를 판단하는 데 평가의 목적이 있다면 전문가의 참여까지는 필요하지 않지만 질을 판단하기 위해서는 전문가의 역량이 요구된다.

셋째, 평가 대상과 영역, 준거와 기준을 명시해야 한다. 교육과정 평가 목적이 결정됨에 따라 평가 대상과 영역, 준거와 기준을 결정하여 이를 토대로 표집 선정, 조사 변인 선정, 변인 통제 등 평가 담당자가 교육과정 평가를 설계하도록 한다.

넷째, 자료 수집 및 분석이 이루어진다. 자료 수집 방법으로는 공식적인 서류, 문서 점검, 설문조사, 면담, 관찰, 자체 보고서 작성 등이 있으며 자료 분석은 양적, 질적 분석으로 구분하여 조사할 수 있다. 분석 방법은 평가에 대한 관점과 목적에 따라 선택적으로 연구한다.

구체적인 교육과정 평가 방법에는 양적, 질적 평가방법론이 있다. 먼저 양적 평가방법론은 경험적이고 계량적인 방법을 활용하여 평가 대상을 수치화한다. 반대로 질적 평가방법론은 현상학적, 해석학적 탐구를 통해 전통적인 평가로 이해당사자들의 간주관적 이해가 평가 대상을 분석하는 데 집중한다(Eisner, 2004).

이종승은 교육과정 평가는 어떤 대상이든 하나의 탐구 양식만 고집하거나 우위를 두기보다 양적, 질적 탐구방법을 적절하게 융통성 있게 활용해야 한다고 설명한다(최호성, 박경희, 2002).

2) 학교 교육과정의 평가

(1) 학교 교육과정 평가의 구성요소 및 목적

학교 교육과정은 학교 수준(School-Level)과 학교중심(School-Based) 교육과정의 의미가 내재되어 있다. 학습자와 교육 관련 기관 간의 거리를 중심으로 교육행정 조직상의 지위를 위계적으로 구분하는 것이 학교 수준의 교육과정이다. 이에 반해 학교중심 교육과정은 의사결정의 권한이 종류와 크기에 따라 학교가 주요 의사결정을 할 수 있어 교육과정의 적극적인 개입, 학교가 지닌 적절한 수준의 의사결정 권한 회복에 대한 당연한 의무를 갖는 소극적 의미가 있다(박도순, 홍후조, 1999).

결국 우리나라의 학교 교육과정은 학교 수준의 적극적 의미와 학교 중심의 소극적 의미의 교육과정 모두를 어우르며 학교 교육과정은 국가 및 지역교육청의 교육과정 기준에 따라 교육과정을 운영한다(박도순, 홍후조, 1999). 다만 제대로 행사되지 않았던 교육과정에 관해서는 의사 결정권 권한이 부여됨에 따라 의사를 표현할 수 있다.

이러한 견해들의 유용성에는 학교들이 학계에서 사용되는 학교중심 교육과정보다는 말의 중심으로 상징적 표현에 치우치지 않고, 학교가 판단하고 결정하는 교육과정 실행 여부를 실천할 수 있다는 점이 있다(김대현, 김석우, 2005). 또한, 국가 수준 교육과정을 채택하고 수정, 보완하는 과정을 통해 학교 교육과정을 효율적으로 운영할 수 있다면, 비슷한 수준의 환경과 자원을 가진 학교들끼리는 무리하게 각각의 교육과정을 개발하지 않아도 된다는 점이 있다. 여건이 비슷한 학교군은 공통적으로 사용할 수 있는 학교 교육과정을 개발하여 사용하는 것을 허용하는 게 유익할 것이다.

학교중심 교육과정이 모든 학교에서 적용될 수 있는 것은 아니지만 여건이 허락된 학교들은 학교별 비전과 목적을 설명하고 수용하여 교육과정의 적극적 의미를 실행하는 운영이 이루어지도록 관심을 기울여야 한다. 교사의 수급과 질, 학교와 학급의 물리적 자원, 학교장의 신념 및 지도성, 교육청의 지원, 지역사회와 학부모의 지지와 지원 등의 조건들이 충족된다면 더욱 효과적인 운영을 이루어 낼 수 있을 것이다.

(2) 학교 교육과정 평가의 주체

학교 교육과정 평가는 자체 평가와 외부 평가로 나누어 수행된다. 많은 학교 교육과정 평가가 내부 평가로 이루어지지만, 일부 학교들은 국가교육과정 질 관리를 목적으로 외부 평가가 이루어질 수 있다. 내부 평가, 외부 평가 각각 나름의 장단점이 있어

평가자와 평가 참여자는 이에 대해 인지하고 있어야 한다. 더불어 학교 교육과정 평가의 수행이 제대로 이루어지기 위해서는 전문성이 향상되도록 평가 수행 주체가 공정하고 효율적으로 평가해야 한다.

(3) 학교 교육과정 평가 준거 및 절차

학교 교육과정 평가의 대상과 영역은 수준별과 활동별, 운영 영역과 개발 영역, 학교 교육과정의 계획 및 운영 그리고 성과 만족도별로 평가된다. 학교 교육과정 계획 단계에 참여한 관계자들이 교육과정에 얼마나 전문성을 갖추고 있는지, 민주적인 방식으로 결정되었는지 등이 준거가 되어 교육과정을 계획, 평가하고 전문성과 민주적 운영방식의 정도가 교육과정 계획, 평가의 기준이 된다. 각 평가 영역의 하위 영역과 준거 및 기준의 설정으로 학교 교육과정을 평가해야 한다.

학교 교육과정 평가의 절차에는 평가의 목적 설정, 영역의 확정, 영역별 준거 설정, 평가 지표 및 자료 출처 결정, 자료 수집 및 처리, 평가적 판단, 결과 보고, 결과 활용이 있다. 평가 목적이나 상황에 따라 생략이 가능하나 일반적으로 위의 절차와 방법을 토대로 평가하게 된다.

위의 평가 절차 중 자료의 출처 결정, 자료 수집 및 처리 방법의 구체적인 과정을 살펴보자면 교육과정 기획 및 설계의 과정에 참여한 인사들, 교육과정 실행 및 운영에 참여한 인사들 그리고 학생에 대한 참여 인원의 출처가 중요한 평가 절차의 역할을 한다. 그리고 학생이 핵심 출처가 될 때 교육과정 효과와 영향을 효과적으로 파악할 수 있으며 학부모, 지역사회, 졸업생, 교육 관련 종사 인사들까지로 출처가 될 수 있다. 학습성과를 보여주는 학생은 학력 검사 또는 점수가 학생들의 성장, 변화 과정의 근거로서 보일 수 있다. 마지막으로 교육과정 관련한 서류와 근거 자료들이 중요한 자료의 출저가 된다. 교육과정을 평가하면서 단위학교를 중심으로 평가 자료의 출처에는 '학교 교육계획서', '교무일지', '수업지도안', '교육 연수계획서', '연구수업 계획서', '자율장학 보고서', '연수 결과 보고서', '교육과정위원회 회의록', '학교행사 계획 및 실적', '교육평가 계획 및 실적', '학급일지', '학교 예산 편성 및 집행 실적', '특별활동 계획 및 실적', '학생회의록', '학생회 운영기록', '학교운영위원회 활동 내역'을 꼽을 수 있다.

자료 수집 부분에는 기록물 내용분석법의 관련 근거 서류의 분석 방법, 설문지법(질문지법), 면담, 관찰, 자기보고, 추적조사법, 결정적 사건 연구법(Critical Incident Technique), 의례나 규범을 분석하는 관행 분석법, 임상적 면접법, 점검 목록표 활용법, 의미 변별기법 등이 있다(Eisner, 2004).

양적, 질적 처리의 자료 수집 방법을 활용할 수도 있다. 양적 처리 방법은 교육과정 내용 자체와 운영 그리고 결과를 평가하고 자료를 수집하기 위해 사용되며 질적 처리 방법은 교육과정 내용 자체와 운영 및 효과 등의 평가를 위해 평가자의 직접적인 관찰을 통해 기술된 내용으로 판단한다. 어떤 방법을 취하든지 평가 준거에 비교하여 타당하고 신뢰할 만한 자료를 다각적으로 수집하는 것이 가장 중요하다.

요약정리

교육과정 중 학습목표를 달성하기 위해 학습활동을 체계적으로 편성하고 조직하여 문서화한 교육과정 개발은 사회적 상황에 기초하여 국가적 차원의 교육내용이 공식적 교육과정과 실제적 교육과정으로 드러나게 된다. 교육과정에 포함되는 교육내용, 학습경험, 학습성과, 교육계획, 잠재적 교육과정, 교과 외 교육과정, 영 교육과정은 학생들의 개인차 인지, 학년별 발달 특성 이해, 단원별 재구성, 교육방법 연구, 학습 환경 및 상황에 대한 예상과 적응을 고려해야 한다. 또한, 학생들의 올바른 정체성과 확립 그리고 바람직한 행동양식, 지식 구축의 영역을 발전시키는 데 학습경험이 큰 영향을 미친다. 이때 학교는 적극적인 물적, 환경적 지원을 아끼지 않고 교사는 구체적인 학습목표 제시로 학생에게 질적인 교육이 제공되어야 한다. 교육과정 개발 수준은 국가, 지역, 학교 수준으로 구분할 수 있으며 각각은 상호보완적인 관계로 존대한다. 각 구역에서 필요로 하는 특성, 요구, 환경, 상황 등의 요인이 교육과정 조정에 포함된다. 교육과정 개발 모형으로는 타일러의 합리적 개발 모형, 워커의 실제적 개발 모형, 아이즈너의 예술적 개발 모형이 있으며 융통성 있게 적절한 양식을 선택하여 적용해야 한다. 교육과정 운영 계획을 세울 때에는 교육과정 운영의 기본 원리를 알고 정해진 규범에 따라 학교의 교육과정을 편성 및 운영해야 한다. 학교와 교실에서 실천 가능한 교육과정 개발과 교육경험 창조의 부분이 중요한 구성요소이다. 교육과정 평가는 학교 수준 교육과정과 학교 중심 교육과정으로 구분되며 교육과정의 적극적 개입, 학교의 의사결정 권한 회복에 대한 소극적 개입이 적절하게 적용되어야 한다. 평가 주체인 외부 평가와 내부 평가의 구분 그리고 각각의 평가 내용을 인지하여 공정하고 효과적인 평가를 기대해야 한다.

참고문헌

교육문화연구소(2018). 교육과정의 개념.(URL: https://www.edulabkorea.com/re ference/process.php?ptype=view&code=process&idx=420&category=69)

교육부(2021). 2022 개정 교육과정 총론 주요 사항.

구병두, 최종진(2012). 교육학개론. 고양: 공동체.

김대현(2010). 교육과정 개정 준거로서의 학생과 교사의 삶, 그에 대한 지판의 타당성 검토. 한국교육과정학회 춘계학술대회, 교과교육과정과 학교에서의 교육적 삶, 3-22.

김대현, 김석우(2005). 교육과정 및 교육평가. 서울: 학지사.

김정권. 최영하(2005). 교육과정 및 교육평가. 서울: 재동문화사.

김평국(2003). 교육과정 적용을 위한 새로운 교원 연수 모형으로서의 해석적 교원 연수 모형. 교육과정연구, 21(2), 123-143.

김혜나(2011). CBAM의 실행 측정 도구의 발전과정과 쟁점 분석. 부산대학교 대학원 석사학위논문.

류영휘(2016). 교육과정 자율화 정책에 대한 비판적 고찰: 교사의 자율성 개념을 중심으로. 서울대학교 대학원 석사학위논문.

박도순, 홍후조(1999). 교육과정 및 평가. 서울: 문음사.

박병량(2003). 학급경영(개정판). 서울: 학지사.

서울특별시교육청 교육 연구정보원(2022). 배움을 디자인하는 교사 교육과정: 학생들의 배움과 성장을 위한 교사 교육과정 만들기[고등학교용].

유성열(2023). 2022 개정 초등통합교과 교육과정 개발 과정에서 수렴한 의견에 담긴 의미 분석. 통합교육과정연구, 17(2), 105-127.

이성호(1997). 교육과정과 평가. 파주: 양서원.

최호성, 박경희(2002). 학교 교육과정 평가 모형의 구안과 시 · 도 교육청 평가 실제의 분석. 교육과정연구, 20(2), 71-95.

Eisner, E. W. (1967). Instructional and expressive educational objectives: Their formulation and use in curriculum.

Eisner, E. W. (2004). *The enlightened eye: qualitative inquiry and the enhancement of educational practice.* 박병기 외 역. 질적 연구와 교육. 서울: 학이당.

Fullan, M., & Pomfret, A. (1977). Research on curriculum and instruction implementation. *Review of Educational Research, 47*(1), 335-397.

Hall, G. E., & Hord, S. M. (2006). *Implementing change: Patterns, principles, and potholes.* Pearson/Allyn and Bacon.

Marsh. C. J., & Willis. G. (2006). *Curriculum: Alternative Approaches, Ongoing Issues(4th Edition).* Pearson.

Ornstein, A. C., & Hunkins, F. P. (2007). *Curriculum.* 장인실 외 역. 교육과정: 기초 · 원리 · 쟁점. 서울: 학지사.

Parkay, F. W., & Hass, G. (2000). *Curriculum planning: A contemporary approach.* Needham Heights, MA: Allyn & Bacon.

Scheffler, I. (2014). *Reason and Teaching(Routledge Revivals).* London: Routledge.

Scriven, M. (1967). The Methodology of Evaluation. In Tyler, RW, Gagne, RM, Scriven, M.(ed.), *Perspectives of Curriculum Evaluation,* Rand McNally, Chicago.

Smith, M. S., Fuhrman, S. H., & O'Day, J. (1994). National curriculum standards: Are they desirable and feasible. *The governance of curriculum, 1224,* 12-29.

Snyder, J., Bolin, F., & Zumwalt, K. (1992). Curriculum implementation. *Handbook of research on curriculum, 40*(4), 402-435.

Walker, D. F. (1971). A naturalistic model for curriculum development. *The school review, 80*(1), 51-65.

Young, O. R. (Ed.). (2013). *Compliance & public authority: A theory with international applications.* Routledge.

CHAPTER

05

교육과정 개발의 이해와 교육과정 개발 모형

학습목표

1. 교육과정 개발의 의미를 분명하게 발표할 수 있다.
2. 교육과정 개발의 체제와 수준을 구분하여 발표할 수 있다.
3. 주요 교육과정 개발 모형들의 주요 내용, 절차, 장단점을 비교하여 발표할 수 있다.
4. 교육과정 개발 이론에 기초하여, 교육기관의 교육과정 개발과정에 실제로 참여할 수 있다.

학습개요

5장은 교육과정 개발의 이해 부분과 교육과정 개발의 모형 부분으로 내용이 구성되어 있다. 우선적으로 교육과정 개발의 의미를 분명하게 제시하였다. 교육과정의 개발과 유사한 용어로는 교육과정 설계, 교육과정 계획, 교육과정 입안 등이 있는데, 이들은 모두 약간의 차이는 있지만 거의 유사한 의미로 사용된다. 교육과정 개발은 교육과정을 구성하는 요소인 교육목적(목표) 설정, 교수 · 학습 내용의 선정 및 조직, 교수 · 학습 과정을 위한 교육방법, 교육평가, 그리고 교육활동 지원 방안 등에 대한 종합적인 계획을 세우는 활동을 말한다. 교육과정 개발의 체제와 수준에 따라 접근할 수 있다. 교육과정 개발의 체제는 중앙집권적 체제와 지방분권적 체제로 양분할 수 있다. 교육과정 개발 수준은 국가 수준-지역 수준-학교 수준(3수준)으로 설명할 수 있다.

교육과정 개발 모형은 다양한 학자들에 의해 발전적으로 제안되고, 교육기관에 적용되어 왔다. 5장에서는 교육과정학에서 가장 기본적이고 전통적인 타일러(Tyler)의 합리적 모형, 타바(Taba)의 교육과정 개발 모형, 휠러(Wheeler)의 순환적 교육과정 개발 모형, 니콜스(Nicholls) & 니콜스(Nicholls)의 순환적 교육과정 개발 모형, 워커(Walker)의 숙의(熟議) 모형, 스킬벡(Skilbeck)의 학교중심 교육과정 개발 모형(SBCD), 아이즈너(Eisner)의 예술적 교육과정 개발 모형, 그리고 최근 주목받고 있는 위긴스(Wiggins)와 맥타이(McTighe)의 백워드 설계 모형 등 총 여덟 가지의 교육과정 개발 모형을 제시하였다.

1 교육과정 개발의 이해

1) 교육과정 개발의 의미

교육과정 개발이란 학교에서 학생들에게 무엇을 가르칠 것인가를 결정하는 매우 중요하면서도 복잡한 과정이다. 교육과정 개발은 두 가지 의미로 쓰인다. '개발'이라는 용어는 '생산하다'라는 의미가 있기도 하고, '발전하다' 또는 '개정하다'라는 의미를 동시에 가진다. 즉, 새로운 교육과정을 만드는 것도, 그리고 기존의 교육과정을 개정하는 것도 의미한다.

교육과정의 개발과 유사한 용어로는 교육과정 설계, 교육과정 계획, 교육과정 입안 등이 있는데, 이들은 모두 약간의 차이는 있지만 거의 유사한 의미로 사용되고 있다. 일반적으로 교육과정 개발은 교육과정을 구성하는 요소인 교육목적(목표) 설정, 교수·학습 내용의 선정 및 조직, 교수·학습 과정을 위한 교육방법, 교육평가, 그리고 교육활동 지원 방안 등에 대한 종합적인 계획을 세우는 활동을 말한다.

교육과정 개발을 좀 더 구체적으로 설명하면, ① 사회의 요구와 학생의 요구에 부응하는 교육목적을 달성하기 위하여, ② 참여 집단을 선별 및 조직하고, 물적 자원을 갖추고, ③ 교육과정 구성요소의 성격을 규정하고 이들을 유기적으로 조직하여, ④ 교육과정 산출물(교육과정 문서, 교과서, 교사용 지도서 등)을 생산하고 보급하는 과정이라고 할 수 있다(한국교육과정학회, 2017).

2) 교육과정 개발의 체제와 수준

교육과정 개발은 체제와 수준에 따라 접근할 수 있다. 교육과정 개발의 체제는 중앙집권적 체제와 지방분권적 체제로 양분할 수 있다. 교육과정 개발의 수준은 국가 수준-지역 수준-학교 수준(3수준)으로 설명할 수 있다.

(1) 교육과정 개발의 체제

교육과정 개발체제는 의사결정의 권한이 어디에 있느냐에 따라 중앙집권적 체제와 지방분권적 체제(방식)로 양분된다. 우리나라와 일본 등은 전통적으로 국가(교육부 등)에서 초·중등학교를 통제하는 국가 수준 교육과정을 개발하여 제시하는 중앙집권적 체제를 채택하고 있다. 그에 비해, 미국이나 호주, 독일 등은 국가 수준 교육과정보다는 지방분권적 개발 방식을 유지하고 있다.

① 중앙집권적 교육과정 개발체제

중앙집권적 교육과정 개발체제는 국가 수준에서 무엇을 어떻게 가르치고 평가해야 하는가를 결정하는 교육과정 의사결정 방식이다. 중앙집권적 교육과정 개발체제는 국가기관에서 임용한 교육과정 전문기관이나 전문가들에 의해 충분한 조사를 거친 후 교육과정 개발이 이루어지며 여러 차례의 검토 과정을 거쳐서 조정된 후 중앙의 통제를 거쳐 학교에 적용된다.

중앙집권적 교육과정 개발체제는 다음과 같은 장점이 있다.

첫째, 전국적으로 통일된 교육과정을 가진다.

둘째, 학교급 그리고 학교급 간 교육과정의 연계성을 충족시킨다.

셋째, 풍부한 전문인력 및 물적 자원으로 상대적으로 질 높은 교육과정을 개발할 수 있다.

넷째, 국가와 사회의 요구 수용이 쉽다.

중앙집권적 교육과정 개발체제는 다음과 같은 단점을 가진다.

첫째, 교육과정 운영의 획일화 및 경직화 가능성이 크다.

둘째, 권위적인 교육풍토가 조성될 수 있다.

셋째, 교육과정 수정이 다소 어렵다.

넷째, 교사의 교육과정 전문성이 저해될 가능성이 크다.

다섯째, 지역사회와 학교 및 학생의 요구에 부합되는 다양한 교육과정 운영이 어렵다.

② 지방분권적 교육과정 개발체제

지방분권적 교육과정 개발체제는 교육과정의 개발, 운영, 평가의 모든 활동이 지역이나 학교를 중심으로 전개되는 체제이다. 우리나라 교육과정의 역사에서 제6차 교육과정부터 지방분권적 교육과정 개발체제가 적용되기 시작하였다. 지방분권적 교육과정 개발은 각 시 · 도 교육청 수준의 지역 특성, 필요, 요구, 교육 기반, 여건 등의 제 요인에 기반을 두고 진행하게 된다.

지방분권적 교육과정 개발체제는 다음과 같은 장점이 있다.

첫째, 지역과 학교의 특수한 상황에 부응하는 교육과정을 개발할 수 있다.

둘째, 교사들이 교육과정에 대한 주인의식을 가진다.

셋째, 교육과정을 신속하고 유연하게 수정할 수 있다.

넷째, 학습자들의 자발적인 학습 기회를 촉진할 수 있다.

지방분권적 교육과정 개발체제는 몇 가지 단점을 가진다.

첫째, 교육과정 전문가, 예산, 시간, 인식 등의 부족으로 상대적으로 수준 높은 교육과정 개발이 어렵다.

둘째, 학교급 그리고 학교급 간의 연계성 확보가 어렵다.

셋째, 지역-학교-교사 중심의 교육과정 체제로 인하여 국가 단위 교육개혁 전파가 잘 안 될 수 있다(김대현, 2017; 김대현, 김석우, 2020).

위에서 살펴본 중앙집권적 교육과정 개발과 지방분권적 교육과정 개발은 각각의 장점들과 단점들이 있다. 이들 두 가지 개발체제는 상대 개발체제의 장단점을 교차하여 가지고 있는 측면이 있으므로 상호 보완하는 노력이 필요하다.

우리나라의 경우 제5차 교육과정까지 주로 교육부 주도의 중앙집권적 교육과정 결정 방식을 채택하여 학교 교육과정의 모든 것이 중앙정부에서 결정되고 학교는 이를 시행하는 역할로 한정되었다. 그러나 교육과정 결정의 분권화 및 교육과정 자율화가 확대되면서 제6차 교육과정 이후 2009 개정 교육과정에 이르기까지 초 · 중등 교육의 다양화, 지역화, 자율화를 위해 교육과정 결정 방식의 분권화를 시도하게 되었다(교육부, 2015a).

(2) 교육과정 개발의 수준

교육과정 개발의 수준은 국가 수준, 지역 수준, 학교 수준으로 나뉜다.

① 국가 수준 교육과정

국가(교육부)에서 관련 법령(초·중등교육법)과 고시(예: 교육부 고시 2015-74호 등)에 근거하여 추구하는 인간상, 학교급별 교육목표, 학교급별 편성 및 운영 기준, 교육과정 지원 등을 제시한 문서이다.

② 지역 수준 교육과정

교육과정에 대한 지역 수준의 의도를 담은 문서 형태의 교육과정을 가리킨다. 지역 수준 교육과정은 시·도 교육청(예: 서울특별시교육청, 광주광역시교육청 등)의 '교육과정 편성운영 지침'과 시·군·구 교육지원청(예: 서울특별시교육청 강남서초교육지원청, 전남교육청 구례군교육지원청 등)의 '실천중심의 장학자료' 등의 형태로 제시된다. 지역 수준 교육과정은 국가 수준 교육과정과 학교 수준 교육과정을 연결하는 교량 역할을 하고 있다.

③ 학교 수준 교육과정

단위학교의 교육 여건에 기반을 두고, 학부모와 학생들의 특성과 요구를 고려하여 단위학교의 교육계획을 담은 문서 형태의 교육과정이다. 학교 수준 교육과정은 교육의 효율성, 교육의 적합성, 교사의 자율성과 전문성, 교육의 다양성, 학습자중심 교육의 실현 등을 위해서 매우 중요하다(교육부, 2015a). 학교 수준 교육과정은 지역 교육청과 단위학교 홈페이지(누리집)를 통해 확인할 수 있으며, 단위학교 교육계획의 구체성과 체계성 등을 판단하는 중요한 자료가 된다.

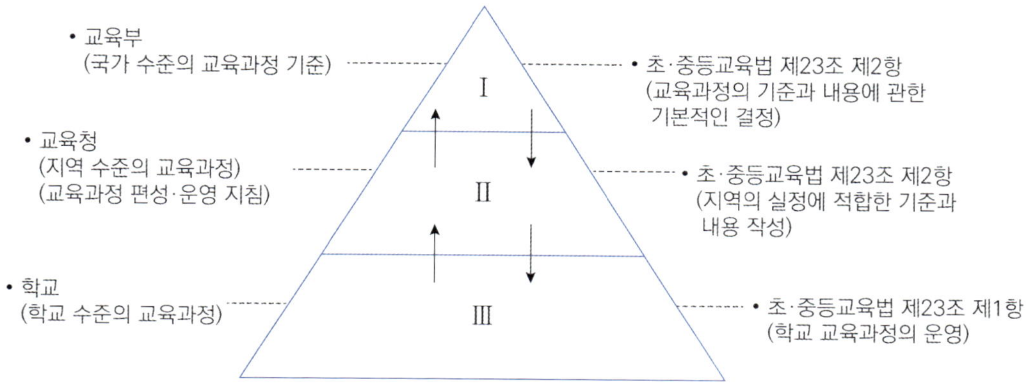

출처: 교육부(2015b).

〔그림 5-1〕 교육과정 개발 수준

2 교육과정 개발의 주요 모형

일반적으로 모형(Model)이란 어떤 이론, 사물, 현상 등 전체의 구조나 기능 및 특성을 단순화시켜 이해를 쉽게 하려고 제시한 표현 형태이다. 따라서 교육과정 개발 모형은 교육과정 개발의 과정이나 활동들을 비교적 간단하게 제시하는 것을 의미한다.

교육과정 개발 모형은 다양한 학자들에 의해 여러 형태로 제시되며 유목화되었다. 프린트(Print, 1988)와 김인식 외(1996)는 교육과정 개발 모형을 합리적 모형-순환적 모형-역동적 상호작용 모형까지 연속선상으로 보고 대표적인 모형들을 제시하였다.

〈표 5-1〉 교육과정 개발 모형의 연속체

구분	합리적 모형	순환적 모형	역동적 상호작용 모형
대표적인 개발 모형	• Tyler • Taba	• Wheeler • Nicholls & Nicholls	• Walker • Skilbeck

포스너(Posner, 1998)는 절차적 모형, 서술적 모형, 개념적 모형, 비판적 모형 네 가지로 제시하였다. 권낙원 외(2016)는 합리적 모형, 순환적 모형, 역동적 상호작용 모형 등으로 구분하여 제시하였다. 김대현(2020)은 처방적-기술적 모형, 연역적-귀납적 모형, 순차적-상호작용적 모형 등으로 구분하여 제시하였다.

여기서는 교육과정학에서 가장 기본적이고 전통적인 타일러(Tyler)의 합리적 모형, 타바(Taba)의 교육과정 개발 모형, 휠러(Wheeler)의 순환적 개발 모형, 니콜스(Nicholls) & 니콜스(Nicholls)의 순환적 교육과정 개발 모형, 워커(Walker)의 숙의(熟議) 모형, 스킬벡(Skilbeck)의 학교중심 교육과정 개발 모형(SBCD), 아이즈너(Eisner)의 예술적 교육과정 개발 모형, 그리고 최근 주목받고 있는 위긴스(Wiggins)와 맥타이(McTighe)의 백워드 설계 모형 등 총 여덟 개의 교육과정 개발 모형을 살펴보고자 한다.

1) 타일러의 합리적 모형

'교육과정(curriculum)'이라는 용어는 보비트(Bobbitt, 1918)에 의해 처음 사용되고 개념화되었다. 오늘날 교육과정(학) 발전의 터전을 마련한 학자는 타일러(Tyler, R. W.)라고 할 수 있다. 타일러는 시카고대학 교수로 재직하면서, 고등학교에서의 진보주의 교육과 전통적 교육을 비교한 '8년 연구'(1933~1941)의 책임자였다.

타일러는 저서 『교육과정과 수업의 기본 원리(Basic Principles of Curriculum and Instruction)』(1949)에서 교육과정을 개발하고 수업계획을 세울 때 반드시 대답해야 하는 다음의 네 가지 질문을 제시하고, 그 질문에 대한 합리적인 해결 방안을 찾을 수 있는 교육과정 모형을 제시하였다.

- 학교가 달성하고자 하는 교육목적(목표)은 무엇인가? (교육목적의 설정)
- 수립된 교육목적(목표)을 달성하기 위해 유용한 학습경험을 선정하여야 하는가? (학습경험의 선정)
- 효과적인 수업을 위해서 선정된 학습경험들을 어떻게 조직하는가? (학습경험의 조직)
- 교육목적(목표)이 달성되었는지를 어떻게 평가할 수 있는가? (교육과정 평가)

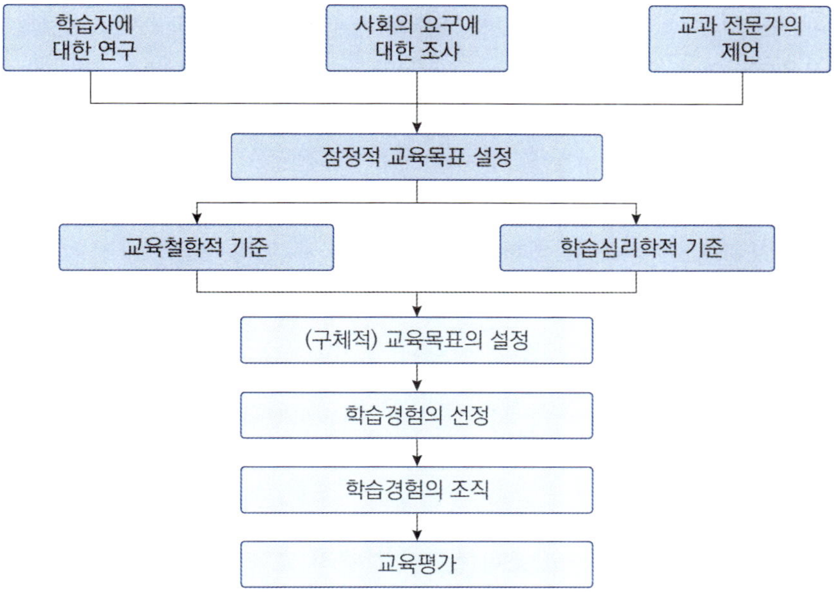

〔그림 5-2〕 타일러의 교육과정 개발 모형

타일러의 교육과정 모형은 합리적 모형, 목표중심 모형, 평가중심 모형 등 다양한 이름으로 불린다. 또한, 교육과정 개발자들이 교육과정 및 수업을 개발할 때 어떤 순서로 어떻게 진행해야 하는가에 대한 절차를 제시한다는 점에서 처방적 모형으로도 불린다(김병희 외, 2019).

타일러의 모형은 교육과정 개발의 가장 보편적인 모형이며, 다양한 단위 교육기관(국가, 지역, 단위학교 등)의 교육과정 전문가와 담당자들이 적용하기 쉬운 모형이다. 교육과정 개발 작업에 있어 모범적인 전형(典型)으로 오랫동안 자리를 잡고 있었다. 이 모형이 공헌한 점과 장점은 다음과 같다.

첫째, 교육과정 개발자나 수업계획자가 어떤 교과, 어떤 수업 수준에서도 활용할 수 있고 적용하기가 비교적 쉽다.

둘째, 학생의 행동과 학습경험을 강조함으로써 평가에 매우 광범한 지침을 제공해 준다.

셋째, 교육과정 개발 관련자들의 의사소통이 원활하고 정확하게 진행된다.

넷째, 교육과정과 수업을 구분하지 않고 목표-경험 선정-경험 조직-평가를 포괄하는 광범위한 종합성을 제공한다.

타일러의 합리적 모형은 초기 모형으로서 오랫동안 교육과정 개발 과정에 크게 이바지하였다. 그런데도 몇 가지 비판의 목소리(단점)가 있다. 그런 단점은 새로운 교육과정 개발 모형의 등장 배경이 되었다. 대표적인 단점은 다음과 같다.

첫째, 교육목표의 원천은 제시하고 있으나, 무엇이 교육목표이고 그것이 왜 선정되었는지 그 이유를 분명하게 제시하지 못하고 있다.

둘째, 교육목표를 교육내용보다 우위에 두고, 교육내용을 교육목표 달성을 위한 수단으로 전락시킨 면이 있다.

셋째, 평가 가능한 행동만을 강조함으로써 잠재적 교육과정이나 내면적인 인지구조의 변화, 가치와 태도 및 감정의 변화를 확인하는 데 한계가 있다.

넷째, 지나치게 절차적, 체계적으로 처방하여 교육과정 개발활동 과정의 연속성과 실제 개발 과정에서 일어나는 복잡한 것에 관한 기술을 간과하였다(Print, 1993; 권낙원 외, 2016).

2) 타바의 교육과정 개발 모형

타바(Taba, 1962)는 타일러와 함께 '8년 연구'를 통해 교육과정학에 대한 이론적이고 실제적인 연구 개발을 익혔으며, 당시 공교육에 대한 비판적 진단을 기반으로 『교육과정 개발(Curriculum Development)』(1962)을 저술하여 보급하였다.

타바는 교육과정이 교사에 의해 개발되어야 함을 강조하면서 단원 수준에서 교육과정의 개발이 시작되어야 한다고 하였다. 또한, 교사가 교육과정의 구체적인 측면에 관한 실험을 하고 그 실험을 기반으로 하여 틀이 개발되면 새로운 역동성을 갖게 될 것이라고 하면서, 교사에 의한 단원 수준의 교육과정 개발을 강조하였다. 그런 측면에서

'단원 개발 모형'이라고도 한다. 타바는 교육과정 개발과 교육과정 실천을 하나의 과정으로 이해하였다.

타바의 교육과정 개발은 다음 단계들을 거친다.

첫째, 시험적 교수·학습 단원 구성 단계이다. 이 단계는 이론과 실제를 연결하는 단계로서 학년별 또는 교과 영역별로 시험적 교수·학습 단원을 교사가 만들어 내는 과정이다. 이 단계에서는 ① 요구 진단, ② 목표 설정, ③ 내용 선정, ④ 내용 조직, ⑤ 학습경험 선정, ⑥ 학습활동 조직, ⑦ 평가내용·방법·수단 결정, ⑧ 균형과 계열성 검증의 하위 단계를 진행하게 된다.

둘째, 시험 단원 검증 단계이다. 이 단계는 잠정적으로 구성된 단원을 검증하는 단계이다. 이 단계의 목적은 하나 또는 그 이상의 학년 수준들과 다른 교과 영역들로 확대될 수 있는 교육과정을 창출하는 데 있다.

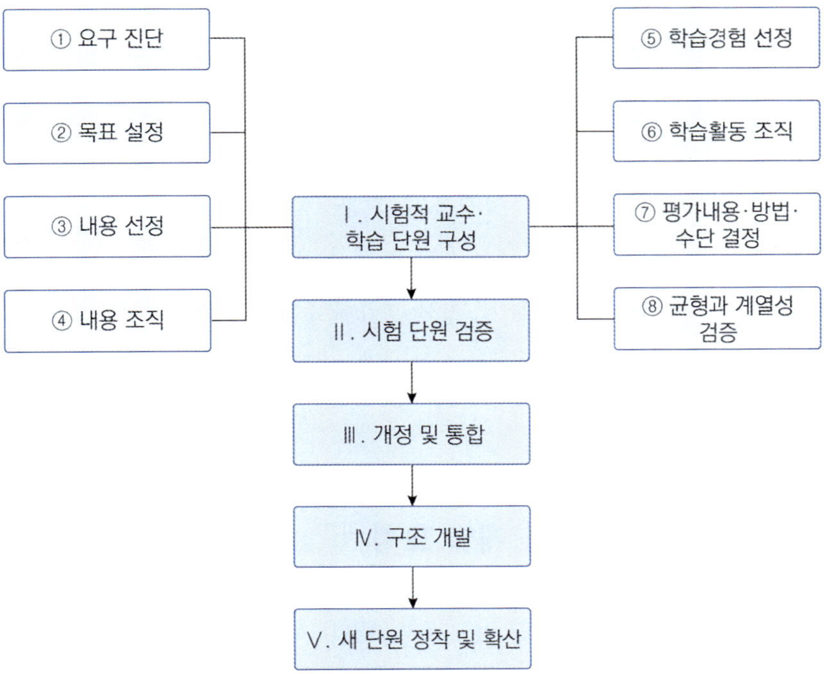

[그림 5-3] 타바의 교육과정 개발 모형

셋째, 개정 및 통합 단계이다. 이 단계는 개발된 단원을 수정하고 통합하여 모든 유형의 학습에서도 잘 맞는 보편화된 교육과정을 개발하는 단계이다.

넷째, 구조 개발 단계이다. 이 단계는 여러 개의 단원을 구조하여 전체 범위와 계열성을 검정하는 단계이다.

다섯째, 새 단원 정착 및 확산 단계이다. 이 단계는 새 단원을 학교 현장 실제 수업에 투입하여 정착시키고 교사의 현직연수 등을 통하여 확산시키는 단계이다.

타바의 교육과정 개발 모형에 대한 평가는 다양하게 나타났다. 타바의 교육과정 개발 모형은 타일러의 교육과정 개발 모형에 비해 단계를 세분화시키고, 특히 수업 수준에서 교수·학습 활동을 어떻게 전개할 것인가를 강조하면서 제시된 모형으로 평가받는다. 타일러가 전체적인 학습자, 사회, 교과의 요구나 의견을 분석한 것에 비하여 타바는 더 좁은 범위에서 학습자에게 무엇이 요구되는가를 분석하였다. 또한 구체적인 수업을 염두에 두고 만들어진 수업계획서 작성에 가깝다고 할 수 있다.

타바의 교육과정 개발 모형은 개발자들이 따라야 할 절차를 제시한다는 점에서 처방적 모형이고, 계속적인 요구진단을 통하여 교육과정 요소의 상호작용을 강조한 점에서 역동적 모형에 가깝다. 또한 교사들이 각자 교실에서 최선의 프로그램을 개발하고 적용한다는 점에서 귀납적인 성격을 가진다.

타바의 교육과정 개발 모형은 교육과정의 더욱 일반적인 측면(교육관, 교육목적, 교육목표의 설정)이 구체적인 측면(단원 및 차시 수업 수준의 수업목표, 수업 방법, 수업 평가)보다 앞서야 한다고 믿는 교육과정 개발자들에게는 환영받지 못한다(홍후조, 2011; 권낙원 외, 2016; 강유정 외, 2020).

3) 휠러의 순환적 교육과정 개발 모형

순환적 교육과정 개발 모형은 휠러(Wheeler)의 교육과정 개발 모형과 니콜스 & 니콜스의 교육과정 개발 모형이 있다. 순환적 교육과정 개발 모형은 합리적 개발 모형과 역동적 개발 모형의 사이에 있다. 순환적 교육과정 개발 모형은 기본적으로 교육과정 개발을 논리적이고 순차적으로 접근해야 한다는 점에서 합리적 모형의 연장선에 있다고 이해된다(신경희, 2023).

휠러(Wheeler, 1967)는 『교육과정 개발 과정(Curriculum process)』이라는 전공도서를 통해 교육과정 개발은 교육과정의 구성요소들이 상호 관련적으로 구성되고 주기적 패턴에 따라 지속해서 수정 및 보완을 통해 발전되도록 해야 한다고 주장하였다. 휠러의 교육과정 개발 모형은 구성요소들이 순차적으로 이루어진다는 점에서 합리적 모형의 특징을 가진다.

휠러의 교육과정 개발 모형은 교육과정 개발의 고전적 모형인 타일러의 개발 모형의 구성요소인 ① 목적 및 목표 설정, ② 학습경험의 선정, ③ 내용 선정, ④ 학습경험 조직, ⑤ 평가의 과정을 거친다. 다만, 교육과정 개발의 구성요소들이 주기적으로 반복하는 순환적 특성을 가진다는 점에서 차이를 보인다(권낙원 외, 2011; 신경희, 2023).

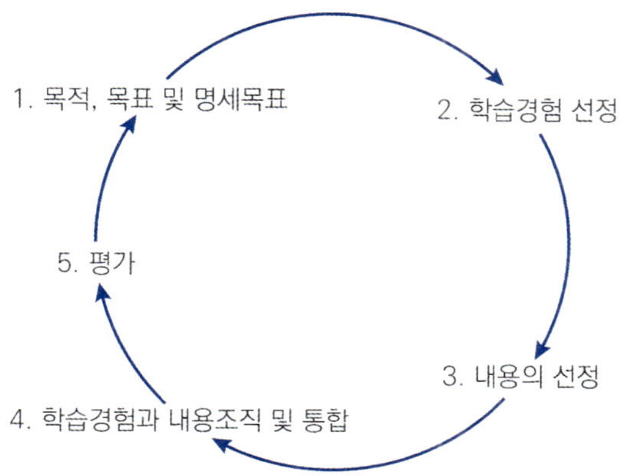

[그림 5-4] 휠러의 순환적 교육과정 개발 모형

4) 니콜스 & 니콜스의 순환적 교육과정 개발 모형

니콜스와 니콜스(Nicholls & Nicholls, 1976)는 『교육과정 개발: 실제적 가이드(Development a curriculum: A practical guide)』에서 교육과정 개발은 교육과정 구성요소의 논리적 절차를 중시하던 기존 모형과는 달리 역동적이고 순환적인 개발 과정을 거쳐야 한다고 주장하였다. 그들이 주장한 순환적 교육과정 개발 모형은 1970년대 영국과 호주 등을 중심으로 주목받았던 개발 모형이다.

그들은 사회의 빠른 변화 과정에 교육과정이 대응하기 위해서 교육과정 개발은 새로운 정보와 실제에 따라 항상 빠르게 지속해서 반영되어야 한다고 주장하였다. 그들의 교육과정 개발 모형은 ① 상황분석, ② 목표의 설정, ③ 내용의 선정 및 조직, ④ 방법의 선정 및 조직, ⑤ 평가 과정을 제시하였다. 교육과정 개발은 한 번의 과정이 아니라 계속적인 과정이라는 것을 강조한다.

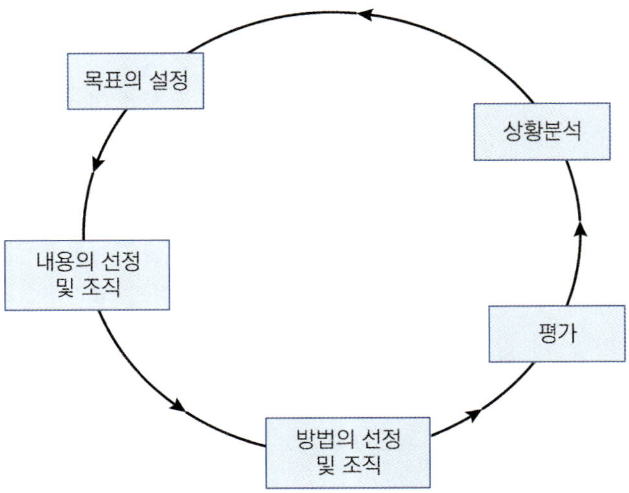

[그림 5-5] 니콜스 & 니콜스의 순환적 교육과정 개발 모형

순환적 교육과정 개발 모형(휠러의 교육과정 개발 모형, 니콜스 & 니콜스의 교육과정 개발 모형)의 장점은 다음과 같다.

첫째, 논리적이고 계열적인 구조로 되어 있어 개발 과정이 효율적이다.

둘째, 상황분석을 하나의 출발점으로 삼고 있어서 교육과정 개발 과정이 포괄적이다.

셋째, 새로운 상황에 대처하고 변화하는 환경에 적극적으로 반응할 수 있다.

순환적 교육과정 개발 모형(휠러의 교육과정 개발 모형, 니콜스 & 니콜스의 교육과정 개발 모형)의 단점은 다음과 같다.

첫째, 교육과정의 수정이 요구될 때 전체가 수정되기 위해서는 순환 모형의 각각의 요소에 영향을 미칠 때까지 계속 순환되어야 한다.

둘째, 상황분석은 실제 개발 과정에서 상당한 양의 시간을 필요로 한다(권낙원 외, 2016; 강유정 외, 2020).

5) 워커의 숙의(熟議, deliberation) 모형

워커(Walker, 1971)는 교육과정을 개발할 때 합리적인 절차보다는 교육과정 개발 및 적용에 참여하는 구성원들이 실제로 하는 활동 등에 관심을 가지고, 새로운 교육과정 개발 모형을 제시하였다. 그런 의미에서, 워커의 교육과정 개발 모형은 실제적 모형, 자연주의적 모형, 숙의 모형이라고 불린다. 숙의(deliberation)라는 개념은 '주의 깊게 생각하여 결정함' 등으로 정의할 수 있으며, 최근 우리 사회에서도 다양하게 사용(예: 숙의 민주주의 등)되는 용어이다.

워커의 숙의 모형에 영향을 준 학자는 아이즈너(Eisner)와 슈왑(Schwab, 1969) 등이었다. 특히 슈왑은 교육과정 분야에서 실제적인 문제를 해결하는 과정으로 '숙의'라는 개념을 제시하고, 그 중요성을 강조한 학자였다. 그는 교육과정 개발의 과정을 숙의의 과정으로 보았다. 슈왑은 교육과정 개발의 과정이 개발자들이 모여서 문제를 발견하고, 문제해결을 위하여 발견한 것을 모으고, 이를 활용하여 새로운 교육의 목표나 자료를 만들어 가는 과정이라고 주장하였다(김대현, 김석우, 2020).

워커는 교육과정 개발에서 숙의 과정이 실제로 일어난다는 것을 제시한 학자이다(Walker, 1971). 워커의 교육과정 개발 모형은 출발점(platform: 구성원들의 신념과 가치 체계), 숙의(deliberation), 교육과정 설계(curriculum design)로 구성된다. 이 모형은 타일러와 모형 등과 비교해 둘 필요가 있다.

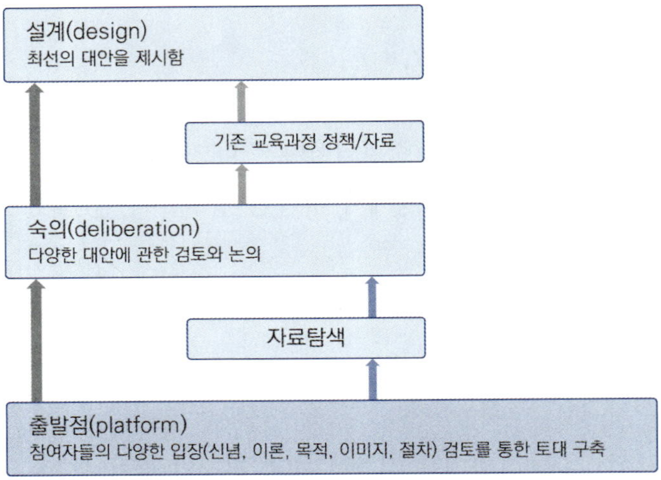

[그림 5-6] 워커의 숙의 모형

워커의 숙의 모형의 주요 단계별 내용을 살펴보면 다음과 같다.

첫째, 출발점(platform) 단계이다. 이 과정은 토대 다지기 등으로 번역하기도 한다(권낙원 외, 2016). 워커는 교육과정 개발활동에 참여하는 다양한 사람들이 각기 다른 신념, 이론, 가치, 기대 수준이나 문제의식, 주장 및 관여 정도를 가지고 있다고 보았다. 따라서 교육과정을 개발하는 시작 단계에서는 개발 참여자들이 각자의 다양한 생각이나 아이디어 등을 자유롭게 표현하고, 이런 과정을 통해 의식의 공감대나 인식이 필요하다고 보았다.

둘째, 숙의(deliberation) 단계이다. 숙의의 과정은 ① 교육과정 개발을 위한 목적과 수단에 어떠한 것이 필요한지, ② 대안들을 마련하고 이전의 여건이 어떠하였는지 고려하며, ③ 대안으로부터 야기된 결과를 검토하고, ④ 대안에 필요한 비용과 그 대안들의 결과 간의 비중이 어떠한가, ⑤ 최선의 대안이 무엇인지 선정하는 등의 일이 포함된다.

셋째, 설계(design) 단계이다. 설계는 이 모형의 최종적 단계로 교육과정을 구체적으로 적용하고 실행할 수 있도록 조처하는 단계이다. 교육과정 개발에 따른 교과의 선정, 수업 방법이나 자료의 확정, 그리고 이들을 효과적으로 실행하기 위한 행·재정적인 지원과 절차 등을 자세하게 계획한다(김재춘 외, 2012; 권낙원 외, 2016; 강유정 외, 2020).

워커의 숙의 개발 모형에 대한 평가는 다양하게 제시된다. 이 모형의 장점은 다음과 같다.

첫째, 교육과정 개발에 참여한 사람들의 의견이 타협되고 조정되는 과정 동안 자연스럽게 실제로 일어나는 것을 아주 정확하게 묘사해 준다.

둘째, 교육과정 개발 과정에서 합의를 이루지 못했을 때도 교육과정 계획이 어떻게 진행될 수 있는가를 보여 준다.

워커의 숙의 개발 모형의 단점은 다음과 같다.

첫째, 전문가, 시간, 예산 등이 부족한 소규모 학교에서는 적용하는 데 한계가 있다.

둘째, 교육과정 설계 과정에 초점이 맞추어져 있어서, 교육과정 설계 후에 어떻게 진행되는지에 대한 언급이 부족하다(김재춘 외, 2012; 한민석, 2020).

6) 스킬벡의 학교중심 교육과정 개발 모형

스킬벡(Skilbeck, 1984)은 1976년부터 1981년까지 호주 교육과정 개발센터의 센터장 임무를 수행한 학자이다. 그는 저서 『학교중심 교육과정 개발 모형(School Based Curriculum Development)』을 통해 학교중심 교육과정 개발 모형(SBCD)을 제안하였다. 스킬벡은 전통적 교육과정 개발 모형의 경직성과 비현실성을 비판하면서, 학교 현장의 교사들이 융통성 있게 교육과정 개발에 참여할 수 있도록 허용하는 대안적 접근방식을 제안하였다.

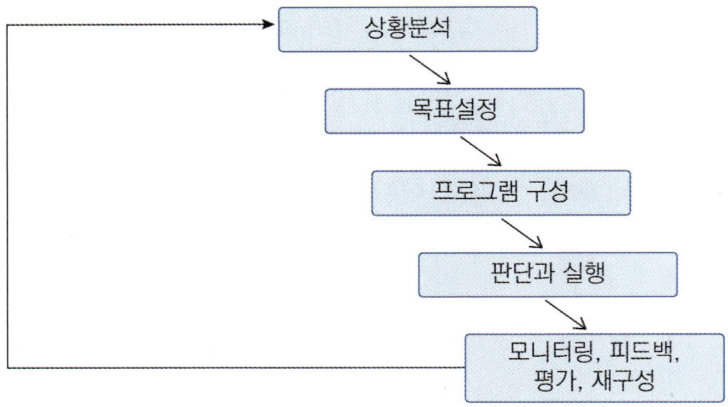

〔그림 5-7〕 스킬벡의 학교중심 교육과정 개발 모형

스킬벡의 학교중심 교육과정 개발 모형은 5단계를 제시하고 있다.

첫째, 상황분석(analysis situation) 단계이다. 상황분석 단계는 스킬벡 모형의 가장 중요한 특징이라 할 수 있다. 이 단계에서는 교육과정 개발 상황을 구성하고 있는 외적 요인과 내적 요인으로 양분하여 분석한다. 외적 요인은 문화적 · 사회적 변화, 학부모의 요구와 기대, 지역사회의 가치, 부모와 자녀 간의 관계 변화, 이데올로기, 교과 성격의 변화 등이다. 내적 요인은 학생의 적성, 능력, 교육적 요구와 교사의 가치 태도, 기능, 지식, 경험, 강점 및 약점, 역할, 학교 풍토 및 정치적인 구조 등이다.

둘째, 목표설정(define objectives) 단계이다. 이 단계에서는 기대되는 학습 결과로서 교사와 학생의 행동을 구체화하는 목표를 설정하고 진술한다. 이 목표는 상황분석을 통하여 도출되는데, 여기에는 향후 교육활동의 방향성을 제시하는 가치와 판단이 포함되어 있다.

셋째, 프로그램 구성(design the teaching-learning programme) 단계이다. 이 단계에서는 교수 · 학습 활동 설계(교수 · 학습 내용 및 범위 선정, 계열성, 교수 · 학습 방법, 교수 ·

학습 구조 등), 필요한 수단과 자료 명세화(자원 및 교재 등), 교육환경 설계(강의실, 실험실 등), 교직원 인적 자원 역할 부여와 적절한 배치, 시간표 및 규정 계획 등을 구성한다.

넷째, 판단과 실행(interpret and implement the programme) 단계이다. 이 단계에서는 교육과정에 변화를 야기할 수 있는 문제들을 규명하고, 그 해결을 위하여 과거의 경험을 검토하고, 관련 연구와 이론을 분석하며, 예측을 통하여 문제를 해결한다.

다섯째, 모니터링 · 피드백 · 평가 · 재구성(assess and evaluate) 단계이다. 이 단계에서는 교육과정 개발 전반에 대한 지속적인 모니터링과 피드백 평가를 수행하고, 그 결과를 반영하여 다음 교육과정을 재구성한다. 이를 위하여 의사소통 체제를 설계하고, 평가 일정 및 계획을 수립하게 된다.

스킬벡의 학교중심 교육과정 개발 모형의 장점은 다음과 같다.

첫째, 교사들이 현실적으로 적용 가능하다.

둘째, 개발자의 의도에 따라 어느 단계에서부터든 교육과정 개발을 시작할 수 있다는 융통성, 자율성이 발휘될 수 있다.

셋째, 학교 현장의 교육적 상황을 잘 반영할 수 있다.

스킬벡의 학교중심 교육과정 개발 모형의 단점은 다음과 같다.

첫째, 시작 단계가 자율적이라는 부분에서 혼란을 일으킬 수 있다.

둘째, 타일러의 모형과 달리 목표설정이 선행되지 않는 점에서 방향성이 부족할 수 있다.

셋째, 상황분석 등을 포함하고 있어 교육과정 개발의 소요 시간이 비교적 길어질 수 있다(한국교육과정학회, 2017; 신경희, 2023).

7) 아이즈너의 예술적 교육과정 개발 모형

아이즈너(Eisner, 1994)는 미술과 미술교육 전문가로서 1960년 이후 다양한 저술 활동을 통해 예술교육과 교육과정 개발에 관한 독창적인 이론 및 모형을 제시하였다. 그는 1960년대 이후 지나친 행동적 교육목표와 전통적 학문 교과를 강조하던 학교 교육과정 풍토를 비판하였다. 당시 미국의 교육 연구자들의 연구 모형이었던 경험-분석 연구의 한계들을 지적하면서 질적 연구 개발(영 교육과정, 교육적 감식안, 교육비평 등)이 필요함을 강조하였다. 그는 저서 『교육적 상상력(The educational imagination)』(1979)에서 예술교육과 교육과정 개발에 대한 자신의 관심을 질적인 형태로 조합하여, 교육과정 개발의 인본주의적이고 심미적인 모형을 제안하였다.

〈표 5-2〉 아이즈너의 예술적 교육과정 개발 절차

단계	주요 내용(강조점)
1. 목표 설정	• 명백한 교육목표뿐만 아니라 잘 정의되지 않는 목표(목적, 목표, 학습목표 구분)도 고려함. • 목표의 중요성을 토의하는 과정을 중시함.
2. 교육과정의 내용 선정	• 교육과정 선택 시에 영 교육과정을 고려함.
3. 학습 기회의 유형	• 목표와 내용을 학생에게 의미 있는 학습활동으로 변형함.
4. 학습 기회의 조직	• 학생들의 다양한 학습기회를 유도할 수 있는 비선형적 접근방법을 강조함.
5. 내용 영역의 조직	• 다양한 교과들 사이를 꿰뚫는 내용 조직을 강조함.
6. 제시 양식과 반응 양식	• 학생의 교육 기회를 넓혀주는 다양한 의사소통 양식을 사용함.
7. 다양한 평가 절차의 활용	• 다양한 단계에서 종합적인 평가 절차를 사용함.

아이즈너의 예술적 교육과정 개발 모형에 대한 평가는 다양하게 나타나고 있다. 이 모형은 합리성에 기초하여 개발의 순서와 절차를 따라야 하는 것으로 보지 않고, 교육과정 계획 및 개발 과정을 끊임없는 계속되는 과정으로 보았다. 교육과정 개발을 진지한 숙의가 필요한 과정으로 보면서 개방적인 성격을 보인다.

아이즈너의 교육과정 개발 모형의 장점은 다음과 같다.

첫째, 교육과정 개발에 있어서 지나치게 합리주의적 방법으로 접근하는 태도에 대하여 비판을 하였다.

둘째, 교육과정 개발이 끊임없이 역동적이라는 사실을 강조하였다.

셋째, 교사의 전문성(교육적 상상력, 교육적 감식안, 교육비평 등 새로운 개념 제시)을 강조하였다.

아이즈너의 교육과정 개발 모형의 단점은 다음과 같다.

첫째, 교육과정 개발에서 지나치게 예술적인 관점에 편중되었다는 한계가 있다.

둘째, 기존 모형의 한계에 대한 실제적인 대안을 제시하지 못하고 있다(한국교육과정학회, 2017; 김병희 외, 2019; 홍후조, 2020, 강유정 외, 2020).

8) 위긴스와 맥타이의 백워드(Backward) 설계 모형

백워드(역방향) 설계는 위긴스(Wiggins)와 맥타이(Mctighe)가 2005년에 제안한 새로운 교육과정 개발 모형이다. 백워드 설계 모형은 타일러의 전통적인 교육과정 개발 기본모형을 포워드 설계(forward design)라고 보고, 용어의 변화 외에도 교육과정 개발 및 설계의 철학과 본질적인 변화에 대한 큰 물음을 던져주고 있다.

백워드 설계 모형은 그 명칭에서 이 모형이 가지는 특징을 확인할 수 있다. 위긴스와 맥타이는 대부분의 교육과정 개발자(교사 포함)들이 교육목표나 평가 기준으로부터 가르쳐야 할 단원이나 활동 등의 수단을 도출하기보다는 주어진 교과서의 단원이나 활동을 가지고 바로 수업활동을 전개한다고 보았다. 그러나 위긴스와 맥타이는 기존의 방식과 다르게 교사들이 바라는 결과, 즉 교육목표나 성취 기준으로부터 출발해야 한다고 주장하였다. '백워드'라는 표현은 교사들이 기존에 해 왔던 방식과 반대되는 순서로 교육과정에 접근해야 한다는 의미에서 사용된 것이다(이순덕 외, 2022).

위긴스와 맥타이는 백워드 교육과정 개발 모형을 제시하면서 다음 세 가지의 이론적 기반을 두고 있다.

첫째, 백워드 개발 모형은 목적지향적 교육과정 설계를 강조한다. 그들은 타일러의 교육과정 개발 모형이 자신들이 개발한 교육과정 개발 모형의 기반이라고 주장한다. 타일러는 교육과정의 개발에서 목표의 설정을 가장 중요한 과업으로 삼았으며, 교육 목적과 교육평가의 일관성을 주장하였다.

둘째, 백워드 개발 모형은 브루너(Bruner)의 학문 구조 이론의 영향을 받았다. 브루너는 지식의 구조, 즉 학문을 구성하고 있는 기본적인 아이디어, 개념, 원리를 가르쳐야 한다고 강조하였다. 백워드 개발 모형에서는 브루너가 제시한 지식의 구조에 해당하는 것을 영속적 이해(enduring understanding)라고 부른다. 영속적 이해란 학습자들이 비록 상세한 것을 잊어버린 이후에도 머릿속에 남아 있는 큰 개념 혹은 중요한 이해를 말한다.

셋째, 백워드 개발 모형은 교육과정 개발에서 평가의 기능과 역할의 중요성을 강조한다. 백워드 개발 모형에서는 학습경험 또는 구체적인 학습내용의 선정에 앞서 매우 구체적인 평가계획안을 마련한다. 이 모형에서 훌륭한 교사는 다양한 평가도구를 타당하고 신뢰할 수 있게 개발할 수 있는 평가 전문가의 역할을 수행한다(조재식, 2005; 강현석 외, 2008; 김대현, 2017).

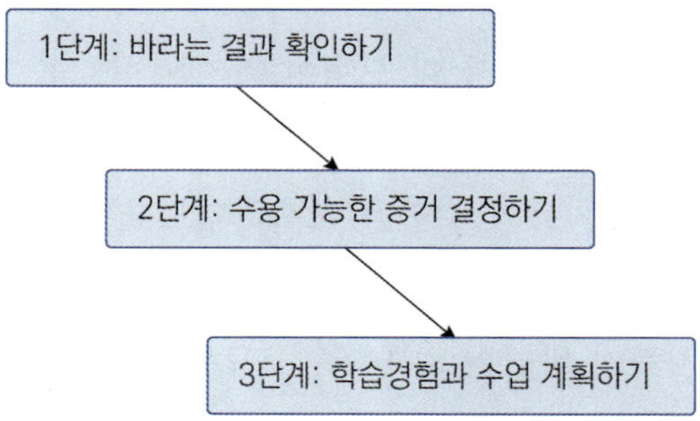

〔그림 5-8〕 백워드 설계 모형

백워드 개발 모형은 주요 3단계로 구성되어 있다. 각 단계는 다음과 같다.

첫째, 바라는 결과를 확인하기(목적 설정) 단계이다. 이 단계에서는 학생들이 무엇을 이해하고, 알아야 하며, 할 수 있어야 할까? 먼저 코스와 단원의 목표(내용 기준과 학습결과 등)를 설정해야 한다. 위긴스와 맥타이는 수업 내내 학습활동만 강조하여 이해 능력을 길러주지 못하는 활동중심(activity-based) 설계와 많은 내용을 가르치기에 급급하여 배운 내용을 이해하지 못하는 피상적인(coverage-based) 학습설계의 잘못을 지적하며, 교육과정 설계는 학생들이 배운 내용을 이해하는 데 초점을 두어야 한다고 강조하였다.

둘째, 수용 가능한 증거를 결정하기(평가계획의 수립) 단계이다. 이 단계에서 만약 학생들이 바람직한 결과를 성취했다면 당신은 그 사실을 어떻게 알 수 있는가? 학생들이 이해했다는 증거는 무엇일까? 백워드 설계 모형은 특정한 단원이나 단시 수업을 설계하기 전에 교사와 교육과정 계획자가 '평가자'처럼 사고하기를 요구한다.

셋째, 학습경험과 수업계획(교육과정과 수업활동 계획) 단계이다. 이 단계에서는 설정한 코스나 단원의 목표와 이해에 도달하도록 하기 위하여 학생들에게 어떤 경험을 하게 할 것인가를 계획하게 된다. 위긴스와 맥타이는 학습계획을 〈표 5-3〉과 같이 제시하였으며, 머리글자를 따서 WHERETO라고 제시하였다(조재식, 2005; 강현석 외, 2008; 김대현, 2017).

〈표 5-3〉 백워드 설계 모형의 학습계획 내용

학습활동
어떤 학습경험과 수업이 학생들이 의도한 결과를 성취하는 것을 가능하게 할 것인가? 어떻게 설계할 것인가? W = 단원이 어디로(where) 향하고 있는지, 무엇을(what) 기대하는지 학생이 알도록 도와주어라. 학생들이 어디로부터 오는지(예를 들어, 선행지식과 흥미로부터) 교사가 알도록 도와주어라. H = 모든 학생의 주의를 환기시키고(hook), 그들의 흥미를 유지(hold)시켜라. E = 학생들을 준비(equip)시키고, 주요 아이디어를 학생들이 경험(experience)할 수 있도록 도우며, 이슈를 탐험(explore)하도록 도와주어라.

R = 학생들이 이해와 작업을 재고(rethink)하고, 개정(revise)할 수 있는 기회를 제공하라.
E = 학생들이 그들의 작업과 그것의 함축적인 의미를 평가(evaluate)하도록 허락하라.
T = 서로 다른 요구와 흥미, 학생의 능력에 대해 맞추도록(tailor) 개별화하라.
O = 효과적인 학습뿐만 아니라 주도적이고 지속적인 참여를 최대화할 수 있도록 조직(organize)하라.

출처: 강현석 외 공역(2008), p.42.

요약정리

제5장 교육과정 개발의 이해와 교육과정 개발 모형에서는 교육과정의 개념, 유형, 구성요소들에 대한 공부를 마친 다음, 실제적으로 교육기관에서 학습자들에게 무엇을, 어떻게 가르치고, 평가할 것인가를 결정하는 과정을 살펴보았다.

교육과정 개발이란 교육과정을 구성하는 요소인 교육목적(목표) 설정, 교수 · 학습 내용의 선정 및 조직, 교수 · 학습 과정을 위한 교육방법, 교육평가, 그리고 교육활동 지원 방안 등에 대한 종합적인 계획을 세우는 활동을 말한다.

교육과정 개발 모형은 다양한 학자들에 의해 발전적으로 제안되었으며, 많은 학자들에 의해 구분되어 제시되었다. 타일러의 합리적 교육과정 개발 모형은 가장 기본적이고 전통적인 모형으로서 이후 등장한 모형의 기본 토대를 제시하였다. 타바는 단위학교에서 교사들 수준의 단원 개발 모형을 중심으로 교육과정 개발 모형을 제안하였다. 교육과정 개발의 선형적 형태를 극복하고자 휠러와 니콜스 & 니콜스 등이 순환적 개발 모형을 새롭게 제안하였다. 그 후 역동적인 스킬벡의 학교중심 교육과정 개발 모형(SBCD)이 등장하였다. 아이즈너는 다소 색다른 예술적 교육과정 개발 모형을 제시하였다. 최근 학교 현장에서 주목받고 있는 위긴스와 맥타이의 백워드 설계 모형까지 총 여덟 개의 교육과정 개발 모형을 살펴보았다.

참고문헌

강유정, 최성열, 신연희(2020). 교육과정. 서울: 창지사.

강현석, 이원희, 허영식, 이자현, 유제순, 최윤경 공역(2008). 거꾸로 생각하는 교육과정 개발-교과에 대한 진정한 이해를 목적으로-. 서울: 학지사.

교육부(2015a). 2015 개정 교육과정.

교육부(2015b). 2015 개정 교육과정 총론 해설서.

구병두, 최종진, 김부국, 김상남, 차승봉, 박균달, 정의식, 김경민, 이범석, 이경철, 구희진(2017). 교육과정. 파주: 양서원.

권낙원, 김민환, 한승록, 추광재(2016). 교사를 위한 교육과정론. 고양: 공동체.

권낙원, 민용성, 한희정, 최화숙, 이재철(2011). 교육과정. 서울: 동문사.

김대현(2017). 교육과정의 이해(제2판). 서울: 학지사.

김대현, 김석우(2020). 교육과정 및 교육평가(제5판). 서울: 학지사.

김병희, 정길영, 차상희, 은은숙(2019). 제4차 산업혁명 시대를 위한 교육과정의 이해(제2판). 고양: 공동체.

김인식, 정찬기오, 권요한(1996). 교육과정 및 교육평가. 서울: 교육과학사.

김재춘, 부재율, 소경희, 양길석(2012). 예비 · 현직 교사를 위한 교육과정과 교육평가(제4판). 파주: 교육과학사.

신경희(2023). 예비교사를 위한 교육과정. 서울: 북앤정.

이순덕, 권재환, 강지혜, 권충훈, 김대영, 임배, 임영희(2022). 교육학개론. 서울: 북앤정.

정찬기오, 문승한, 김훈희, 이광우, 정경옥, 박보영, 권충훈, 강재철, 김명호, 김성렬, 이명호, 이준우(2010). 교육과정 및 교육평가의 이해. 파주: 교육과학사.

조재식(2005). 백워드(backward) 교육과정 설계 모형의 고찰. 교육과정연구, 23(1), 63-94.

한국교육과정학회(2017). 교육과정학 용어 대사전. 서울: 학지사.

한민석(2020). 교육과정. 고양: 어우리.

홍후조(2011). 알기 쉬운 교육과정. 서울: 학지사.

Bobbitt, F. (1918). *The Curriculum*. Boston: Houghton-Mifflin.

Eisner, E. W. (1994). *The Educational imagination: On the Design and Evaluation of School Programs*. New York: Macmillan Flinders.

Nicholls, A. & Nicholls, A. H. (1976). *Development a curriculum: A practical guide(6th ed.)*. London: George Allen & Unwin.

Posner, G. F. (1998). Models of Curriculum Planning. In L. E. Beyer, & M. W. Apple, *The Curriculum: Problems, politics, and possibilities*. Albany: State University of New York.

Print, M. (1988). *Curriculum development*. Sydney: Allen & Unwin.

Print, M. (1993). *Curriculum development and design(2nd ed.)*. NSW: Allen & Unwin.

Skilbeck, M. (1984). *School-based curriculum development*. London: Harper & Row.

Schwab, J. J. (1969). The practical: A language for curriculum. *The School Review*, *78*(1), 1-23.

Tyler, R. W. (1949). *Basic principles of curriculum and instruction*. Chicago: University of Chicago Press.

Walker, D. F. (1971). A naturalistic model for curriculum development. *School Review, 80,* 51-65.

Wheeler, D. K. (1967). *Curriculum process*. London: University of London Press.

Wiggins, G., & McTighe, J. (2005). *Understanding by design(2nd ed.)*. Alexandria, VA: Association for Supervision and Curriculum Development.

CHAPTER

06

학교 수준 교육과정

학습목표

1. 학교 수준 교육과정의 개념과 필요성을 알 수 있다.
2. 학교 수준 교육과정의 역사와 주요 특성을 이해할 수 있다.
3. 학교 수준 교육과정의 편성과 운영의 기본 원리를 파악할 수 있다.
4. 학교 수준 교육과정 편성과 운영의 실제를 알 수 있다.

학습개요

학교 수준 교육과정은 국가 수준 교육과정 기준과 시·도의 교육과정 편성·운영 지침을 근거로 지역의 특수성과 학교의 실정 및 실태에 알맞게 학교별로 마련한 의도적인 교육실천 계획이다. 이러한 학교 수준 교육과정은 국가가 정한 교육과정을 효과적으로 운영하는 데 도움을 줄 뿐 아니라, 지역 및 학교의 실정을 반영하고 학생의 요구에 부응함으로써 교육의 적합성을 높이며, 교원들을 교육과정의 편성과 운영 과정에 참여케 함으로써 전문성 신장에 기여할 수 있다.

1 학교 수준 교육과정의 개념과 필요성

학교 수준 교육과정은 국가교육과정에 명시된 학교의 임무에 따라 국가교육과정과 시 · 도 교육청의 교육과정 편성 · 운영 지침을 토대로 하여 단위학교에서 편성한 교육과정을 말한다. 교육과정이 결정되는 사회체제를 교육과정 체제(curriculum system)라고 한다면, 교육과정 체제는 여러 수준으로 존재한다. 이상주(1974)는 교육과정 체제를 국가 수준, 지역 수준, 학교 수준, 교실 수준으로 구분하고, 각 수준에 따라 교육과정 체제의 권한과 책임, 구조와 과정, 기능과 역할이 다르기 때문에 각 수준을 분리해서 분석할 필요가 있다고 하였다.

그는 학습자와의 거리가 먼 상위 체제의 교육과정 결정은 일반성과 추상성이 높으며, 학생과 가장 가까운 하위 체제는 특수성과 구체성이 크다고 하였다. 예를 들어, 국가 수준 교육과정 체제는 학생과 가장 먼 체제로서 전체 사회의 요구와 이념에 따라 일반적인 교육정책이나 목적을 설정하거나 내용 영역을 규정하며, 학급 수준의 교육과정 체제는 학생과 가장 가까운 체제로서 학습집단의 요구를 감안하여 수업목표를 설정하거나 구체적인 학습활동을 선정한다는 것이다.

스킬벡(Skilbeck, 1984: 2)은 학교중심 교육과정 개발을 "학생들의 학습 프로그램을 학생들이 다니는 교육기관에서 기획하고 설계하며 실행하고 평가하는 과정"이라고 하였으며, 사바(Sabar, 1991)는 학교중심 교육과정 개발을 "학교 바깥에 의하여 강제되기보다는 학교와 학교가 속해 있는 지역사회 속에서 교육과정에 관한 계획, 설계, 운영, 평가와 관련하여 의사결정이 이루어지는 과정"으로 보았다.

우리나라에서 학교 교육과정과 관련하여 사용하는 용어로는 학교 수준 교육과정, 단위학교 교육과정, 개별 학교 교육과정, 학교중심 교육과정 등이 있다. 이들은 교육과정에 관한 주요한 의사결정이 학교에서 이루어진다는 것으로 의미상 큰 차이는 없다고 본다. 굳이 이들을 구분하자면, 학교 수준 교육과정은 교육과정의 의사결정이 다양한 수준에서 이루어지는데, 학교라는 기관에서도 교육과정의 의사결정이 이루어진다는 것을 나타내는 비교적 정치적으로 중립적인 의미를 지닌다. 단위학교 교육과정과 개별 학교 교육과정도 이 점에서 크게 다르지 않지만, 단위학교와 개별 학교 교육과정이란 특정한 어떤 학교를 상정하고 있는 것 같은 인상을 줌으로써, 학교에서 이루어지는 의사결정의 일반적인 특징을 탐색하고 제시하고자 하는 노력에는 방해가 된다. 마지막으로 학교중심 교육과정 개발은 사회 전반에 걸친 정치적 민주화 과정의 산물이면서 동시에 중앙집권적 교육과정 운영 체제의 비효율성을 줄이고자 하는 사회적 맥락에서 발전되어 왔다는 점에서 정치적인 의미를 갖는다고 볼 수 있다. 이러한 작은 차이점들이 있기는 하지만, 학교에서 교육과정에 관한 주요한 의사결정이 이루어진다는 핵심적인 의미에서는 다르지 않기 때문에, 이들 용어들을 엄격히 구분할 필요는 없다고 본다. 여기서는 학교 수준 교육과정이라는 용어를 주로 사용하며, 반드시 구별해야 할 경우에 한정하여 학교중심 교육과정 개발이라는 용어를 사용한다.

한편, 교육과학기술부(2008: 15-16)에서는 학교 수준 교육과정을 국가 수준 교육과정 기준과 시·도의 교육과정 편성·운영 지침을 근거로 지역의 특수성과 학교의 실정 및 실태에 알맞게 학교별로 마련한 의도적인 교육실천 계획이라고 규정하고 있다. 즉, 각 학교의 교육과정은 학교가 수용하고 있는 학생에게 책임지고 실현해야 할 교육목표, 내용, 방법, 평가 등에 관한 실천 가능한 구체적인 실행 교육과정이고, 특색 있는 당해 학교의 교육 설계도이며, 상세한 교육 운영 세부 실천 계획이라는 것이다.

또한 교육과학기술부(2008: 16-17)에서는 교육의 효율성, 교육의 적합성, 교원의 자율성과 전문성, 교육의 다양성, 학습자중심의 교육이라는 다섯 가지 측면에서 학교 수준 교육과정의 필요성을 제시하고 있다.

첫째, 교육의 효율성(effectiveness)을 높이기 위해 학교 교육과정이 필요하다. 학교 교육과정의 편성을 통하여 국가 수준 교육과정을 당해 학교의 실정에 알맞게 지속적으로 보완, 조정함으로써 학생의 실태에 적합한 학습자중심의 교육과정을 다양하게 운영할 수 있다. 전국 공통의 일반적인 국가 수준의 기준을 그대로 획일적으로 적용하게 되면 학생 개개인의 능력과 적성에 맞는 교육의 개별화, 다양화, 자율화를 꾀하기가 어려울 뿐만 아니라 융통성 있는 운영과 적극적인 교수·학습의 상호작용이 효율적으로 이루어질 수 없다.

둘째, 교육의 적합성(suitability)을 높이기 위해서 학교 교육과정이 필요하다. 지역이나 학교의 특수성, 교육의 실태, 학생 · 교원 · 학부모의 요구와 필요를 반영하여 해당 학교의 교육 중점을 설정, 운영함으로써 학교교육의 적합성을 높일 수 있다. 학교 교육과정의 편성 · 운영은 국가 수준의 공통성과 지역, 학교, 개인 수준의 다양성을 동시에 추구하는 교육과정이라는 성격이 있으므로 교원, 학생, 학부모가 함께 실현해 나가려는 교육적인 노력이 필요하다.

셋째, 교원의 자율성(autonomy)과 전문성(professional expertise)의 신장을 위해서 학교 교육과정이 필요하다. 학생들의 능력과 욕구를 가장 잘 이해하고 학교의 지역적인 특수성을 잘 아는 그 학교의 교사들이 학교 교육과정 편성 · 운영 과정에 능동적, 적극적으로 참여하도록 유도함으로써 자율성과 전문성을 신장할 기회를 가지도록 할 수 있다. 학교 교육과정의 편성 · 운영은 교원의 전문적인 업무다. 교원이 교육과정을 편성 · 운영할 수 있기 때문에 교직을 전문직이라고 할 수 있으며, 이 업무를 수행하는 일은 교원만의 고유한 전문 영역이다. 또한 지역이나 학교의 실정에 따라 그 학교의 교육과정을 특색 있게 운영하도록 자율 재량권이 부여되어 있기 때문에 교육청이나 교장, 교감은 교사들의 자율성이 발휘되도록 이를 보장하고 지원해 주어야 한다.

넷째, 교육의 다양성(diversity)을 추구하기 위해서 학교 교육과정이 필요하다. 우리나라의 초 · 중등교육은 획일성이 커다란 문제로 지적되어 왔다. 우리 교육이 이처럼 획일화된 교육내용과 방법, 교육환경을 탈피하여 학생, 교원, 학교의 실정에 알맞은 다양한 교육으로 변화되도록 하려면 단위학교중심 교육과정의 편성 · 운영이 필요하다. 즉, 획일적인 지식 주입식 교육을 탈피하여 학생 개개인의 적성에 따라 모든 학생이 성공할 수 있도록 개별 교육을 실천하려면 '교과서중심의 학교 교육체제'를 탈피하여 '교육과정중심의 학교 교육체제'로 전환되어야 학교교육의 다양성을 실현할 수 있다.

다섯째, 학습자중심의 교육을 구현하기 위해서 학교 교육과정이 필요하다. 학생들은 개개인의 적성, 능력, 흥미나 관심, 장래 진로에 따라 개인차가 있으므로 학생들의 다양한 요구와 흥미, 적성을 수용하고, 교육내용에 대한 학생의 선택권을 확대하려면 학생의 발달단계에 알맞은 당해 학교의 교육과정이 필요하다. 학교 교육과정의 편성 · 운영을 통하여 학생 개인의 특기, 관심, 흥미를 담은 새로운 영역과 내용을 설정함으로써 학습자중심의 교육과정이 융통성 있고 탄력적으로 운영될 수 있다.

2 학교 수준 교육과정의 역사와 주요 특성

우리나라에서 학교 수준 교육과정에 대한 실천과 논의가 '본격적으로' 이루어진 것은 1992년에 공포된 제6차 교육과정 시기부터라고 할 수 있다. 제6차 교육과정은 교육과정 개정의 중점을 교육과정 결정의 분권화, 교육과정 구조의 다양화, 교육과정 내용의 적정화, 교육과정 운영의 효율화 등 네 가지로 설정하였다. 이 중에서 교육과정 결정의 분권화를 통하여 교육과정 편성 · 운영에서 중앙정부, 시 · 도 교육청, 단위학교의 역할 분담 체제를 확립하였다.

즉, 제5차 교육과정 시기까지는 국가 수준 교육과정의 성격이 불명확했지만, 제6차 교육과정에서는 교육부 장관이 정하여 고시하는 것은 '국가 수준 교육과정 기준'이라는 점을 명확히 하였다. 교육부 고시의 '교육과정'은 국가 수준의 일반적, 공통적 기준이고, 그 기준에 의해서 시 · 도 교육청이 교육과정 편성 · 운영을 제시하고 각 학교가 학교 교육과정을 편성하고 운영해야 한다는 것을 명시하였다.

1997년 12월에 고시된 제7차 교육과정에서는 지역 및 학교의 실정과 요구에 부응하기 위하여 교육청과 학교의 교육과정 편성 · 운영의 자율성을 확대한다는 구성 방침을 통하여 학교 수준 교육과정의 범위를 더욱 확대하였다. 고등학교 2학년과 3학년을 대상으로 하는 선택중심 교육과정 체제의 구축, 재량활동의 시수 증대와 중등학교로의 확대 적용, 수준별 교육과정의 적용, 지역 교육청의 역할 명시와 단위학교의 교육과정 편성 · 운영 지침의 상세화 등은 학교 수준 교육과정 체제가 강화되었다는 것을 나타낸다.

2007년 2월에 고시된 2007 개정 교육과정을 포함하여 2009, 2015 개정 교육과정에서도 제7차 교육과정에서 제시된 교육과정의 이념 및 철학, 방향 등 기본 관점을 계승하면서 교육과정의 적용상에서 드러난 문제점을 보완하고 학교교육을 둘러싼 사회·문화적 변화 및 국가·사회적 요구를 반영하는 데 중점을 두었다. 따라서, 2015 개정 교육과정에서도 학교의 실정을 고려한 수준별 수업 운영, 교과 집중 이수제 도입, 고등학교 선택중심 교육과정 편성의 자율성 확대, 창의적 체험활동 편성·운영의 자율성 확대, 교과 수업 시수의 증감 운영 등을 통하여 단위학교별 교육과정 편성·운영의 자율권을 확대하고자 하였다.

한편, 외국에서 학교 수준 교육과정에 대한 논의는 1970년대 전후에 시작되었다고 볼 수 있다. 1960년대 이후 세계 각국에서 풀뿌리 민주화 운동의 전개로 사회의 제반 영역에서 직접 참여에 대한 요구가 커지고 중앙집권에 의한 행정의 효율성이 의심을 받으면서, 교육과정 영역에서도 학교와 교사의 역할이 교육과정 전달자(deliverer)에서 개발자(developer)로 바뀌게 되었다. 특히 OECD의 내부 기관인 CERI(Center for Educational Research and Innovation)가 학교 수준 교육과정의 발전에 큰 역할을 담당했다.

1970년대 이후 국내·외에서 전개되어 온 논의와 실천을 바탕으로 학교 수준 교육과정의 주요 특성을 정리하면 다음과 같다(김대현, 2021).

첫째, 학교에서 교육과정 편성과 운영이 이루어진다. 학교는 국가에서 개발한 교육과정을 단순히 실행에 옮기는 기관이 아니라 학생들의 교육적 경험을 이끌어 내기 위하여 교육과정을 편성하고 운영하는 곳이다. 물론 학교에서 이루어지는 교육과정의 의사결정은 학교 안팎의 다양한 힘들(법규, 제도, 권력 등)의 영향을 받는다. 우리나라의 경우 국가 수준 교육과정과 시·도 교육청의 편성·운영 지침으로 학교 수준 교육과정의 한계를 정하고 있다.

둘째, 학교 수준 교육과정은 학교 구성원들에 의하여 편성되고 운영된다. 교원(교사와 학교행정가)은 학교 수준 교육과정 편성과 운영의 가장 중요한 주체다. 그러나 학생, 학부모, 교육전문가, 학교 바깥의 교육행정 요원도 학교 수준 교육과정의 편성과 운영에 요구와 자문 등의 활동을 통하여 협력한다. 사바(Sabar, 1991)는 학교 수준 교육과정 개발에서 교사의 역할이 중요하기는 하지만, 교사들만의 교육과정 개발로 축소되어서는 안 된다고 하였다.

셋째, 학교 구성원들은 창안, 수정·보완, 선택 등 다양한 수준의 활동을 통하여 학교 수준 교육과정을 편성하고 운영한다. 구성원들은 학교에서 새로운 교육과정을 창안하거나, 주어진 것을 수정 또는 보완하거나, 주어진 것 중에서 선택할 수 있는데, 창안, 수정·보완, 선택 등의 범위와 한계는 학교 안팎의 힘들에 의하여 규정된다.

허경철(1998)은 ① 개발의 대상, ② 개발을 위한 활동의 성격을 두 축으로 하여 학교 수준 교육과정 개발의 성격을 규명하였다. 그는 개발의 대상을 크게 교과 편제(개설 교과목의 종류 및 과목별 시간 배당), 교과 교육과정(과목별 주요 학습내용 및 그 수준), 교수·학습 자료(교과 교육과정에서 제시된 주요 학습내용을 가르치기 위해 사용되는 교과용 요소를 포함한 제반 수업자료) 등으로 나누고, 개발을 위한 활동의 성격 또한 크게 자체 개발, 수정·보완, 선택 등으로 구별하였다. 개발의 대상과 개발 활동의 성격을 이렇게 구분한다고 할 때, 적어도 개념적인 수준에서는 학교 교육과정을 개발한다는 것의 의미를 〈표 6-1〉과 같이 아홉 가지 활동으로 나누어 볼 수 있다는 것이다.

〈표 6-1〉 학교 수준 교육과정 개발 활동

활동의 성격 / 개발의 대상	자체 개발	수정·보완	선택
교과 편제			
교과 교육과정			
교수·학습자료			

넷째, 학교 수준에서 이루어지는 교육과정 개발은 브래디(Brady) 등이 제시한 상호작용 모형을 따른다. 브래디는 교육과정을 구성하는 기본 요소를 목표, 내용, 방법, 평가로 보고, 목표 모형과 상호작용 모형은 구성요소 간의 관계를 달리한다고 보았다(Brady, 1995).

목표 모형의 교육과정 요소들은 목표 설정(목표) → 학습경험 선정(내용) → 학습경험 조직(방법) → 학습성과 평가(평가)로 연결된다. 목표 모형에 따르면 교육과정은 목표를 설정하고 학습경험을 선정하고 조직한 다음, 학습성과를 평가하는 고정된 순서를 따라 개발된다.

반면에 상호작용 모형은 교육과정 요소들이 특정한 계열의 관계로 연결되어 있지 않다. 교육과정 개발은 어느 요소에서든지 시작할 수 있으며, 개발 과정에서 그 순서가 바뀔 수 있는 융통성과 역동성을 지닌다. 예를 들면, 상호작용 모형은 방법 → 목표 → 방법 → 내용 → 평가나 내용 → 방법 → 목표 → 내용 → 방법 등의 다양한 형태로 교육과정을 개발할 수 있다. 또한, 상호작용 모형은 학교 수준 교육과정의 개발에 적용되는 효과적인 모형이다. 역동적인 성격으로 인하여 학교의 여건과 지역사회의 변화를 잘 수용하고 교사, 학생, 학부모의 다양한 요구를 적절한 때에 반영할 수 있다는 이점과, 융통적인 성격을 토대로 개발자들이 고정된 계열을 따라 교육과정을 개발하지 않아도 되기 때문에 심리적 압박감을 덜 느낀다는 장점으로 인하여 학교 수준 교육과정 개발에 더욱 적합한 모형이라고 할 수 있다.

다섯째, 학교 수준 교육과정은 지역과 학교의 실정을 반영하고 학생들의 요구를 수용한다. 국가 수준 교육과정이 전국의 학교를 대상으로 하여 개발되기 때문에 일반적이고 보편적인 성격을 갖는 데 반하여, 학교 수준 교육과정은 개별 학교가 처한 맥락 속에서 구성원들의 요구를 반영한다는 점에서 구체적이고 개별적인 특징을 지닌다. 이런 점에서 학교 수준 교육과정의 편성과 운영에서는 상황분석이 매우 중요하다. 상황분석은 교육과정이 적용되는 맥락을 세밀히 분석하여 그 결과를 교육과정 개발에 적용하는 과정을 가리킨다(Print, 1993). 프린트(Print, 1993)는 상황분석이 ① 맥락 속에서 문제를 확인하고, ② 문제와 관련된 요인들을 선정하며, ③ 자료를 수집하여 분석하고, ④ 분석의 결과를 바탕으로 권고안을 작성하는 등 4단계로 이루어진다고 하였다.

스킬벡(Skilbeck, 1975)은 〈표 6-2〉와 같이 상황분석의 요인들을 학교 외적 요인과 내적 요인으로 나누어 제시한 바 있다.

〈표 6-2〉 상황분석과 관련된 요인들

학교의 외적 요인	학교의 내적 요인
• 사회와 문화의 변화, 학부모의 기대, 고용주의 요구, 지역사회의 가치, 성인과 아동의 관계 변화, 사회의 이데올로기 • 정책 형성, 시험제도, 지역의 기대 · 요구 · 압력 · 교육과정 프로젝트, 교육연구 등과 같은 교육체제의 요구와 변화 • 가르칠 내용의 변화 • 교사 양성기관, 연구기관과 같은 교사지원 시스템 • 학교에 유입되는 교육자료	• 학생의 적성, 능력, 교육적 요구 • 교사의 가치관, 태도, 기술, 지식, 경험, 강점과 약점, 역할 등 • 권력, 권위, 순응과 일탈 등을 조정하는 학교의 풍토와 정치 구조 • 시설, 설비, 장비 등을 포함하는 각종 자원 • 현행 교육과정에 대한 문제와 약점 인식

출처: Skilbeck(1975).

프린트(Print, 1993)는 학교 수준 교육과정을 개발할 때 〈표 6-2〉에 제시된 모든 상황분석 요인들에 관한 자료를 수집하고 분석할 필요가 없다고 보았다. 학교에서 해결하고자 하는 문제나 요구들과 관계가 있는 요인들에 한정하여 자료를 수집하고 분석하면 충분하다고 하였다. 그는 요인별 자료 수집 방법을 〈표 6-3〉과 같이 제시하였다.

〈표 6-3〉 자료 수집 방법

요인	기법	수집된 자료
학생	면담 학교 기록 체계적인 관찰 질문지 외부 시험 심리사회적 환경 자기보고 척도	학생의 정보와 태도 배경과 성취자료 학생 행동 패턴 학생 태도(대규모 척도) 학생 수행 성적의 비교 학생의 학급 풍토 지각 학생 태도
교사	일화 기록 교직원 프로파일 질문지	교사의 행동과 태도에 관한 정보 교사의 기능 및 능력에 관한 기록 교사 태도
학교 풍토	체계적 관찰 심리사회적 환경 면접	학교 풍토에 관한 인상 누적된 학급 풍토 학생, 교사, 학부모의 태도

요인	기법	수집된 자료
자원	목록 체크리스트 체계적 관찰	학교 자원 일람표 학교의 제 자원들에 대한 인상

출처: 강현석 외 공역(2006). p.199.

또한 자료를 수집하고 분석하는 것은 통계적 처리를 통하여 어떤 결과를 얻는 데 목적이 있는 것이 아니라, 자료의 체계적인 분석과 종합을 통하여 어떤 패턴이 나타나는가를 파악하는 데 초점이 있다고 하였다. 그는 교육과정 팀에게 목표와 명세 목표, 내용, 학습활동, 평가 전략을 안내하는 데 도움이 될 수 있도록 상황분석의 결과를 바탕으로 권고안을 작성해야 한다고 하였다.

여섯째, 학교 수준 교육과정이 제대로 편성되고 운영되려면 이러한 활동을 지원하는 체제의 구축이 필요하다. 학내에서는 구성원들이 양질의 학교 수준 교육과정을 편성하고 운영하려는 목표 의식을 공유하고 전문적인 식견을 갖추며, 학교 행정을 교육과정 중심의 조직 체계로 개편하고, 민주적인 의사소통이 가능하도록 반권위주의적인 문화 풍토를 조성해야 한다. 학교 바깥에서는 학교 수준 교육과정의 편성과 운영이 제대로 이루어질 수 있도록 학교 당국과 교직원에 실질적인 권한을 부여하고, 교직원들의 교육과정 전문성 제고를 위하여 연수 기회를 제공하며, 효과가 입증된 개발 모형이나 우수 사례를 발굴하여 널리 보급하는 체제를 갖추어야 한다.

3 학교 수준 교육과정의 편성과 운영

1) 학교 수준 교육과정의 편성과 운영의 기본 원리

학교에서 교육과정을 편성하고 운영할 계획을 세울 때, 교육과정 운영의 기본 원리는 마땅히 존중되어야 할 행위의 규범임과 동시에 편성이나 운영 과정 또는 편성이나 운영을 통한 산출을 평가하는 준거의 역할을 하게 된다. 이러한 원리들을 제시하면 다음과 같다.

(1) 타당성의 원리

학교 교육과정의 편성과 운영 작업은 궁극적으로 학교의 교육목표를 달성하기 위한 일이다. 따라서 학교에서 교육과정을 편성하고 운영하는 경우에 가장 먼저 할 일은 학교가 설정한 교육목표가 타당한가, 만약 타당하다면 학교에서 편성하고 운영하는 교육과정이 이를 달성하는 효과적인 수단인가 하는 점을 주의 깊게 살피는 것이다.

(2) 적법성의 원리

학교 교육과정의 편성과 운영은 국가가 정한 법령의 테두리 속에서 진행된다. 학교는 교육과정과 관련하여 지닌 법적인 책무와 권한을 분명히 하고, 이러한 범위 내에서 의사결정 권한을 행사할 수 있다. 그러나 교육 관련 법들이 지나치게 학교 교육과정의 편성과 운영권을 제한할 경우 관련 법의 개정과 함께 현행법의 일관성 있는 해석과 적용이 요구되기도 한다.

(3) 전체성의 원리

학교 교육과정의 편성과 운영은 일부 교과의 각론을 개발하거나 교과들과 교과서의 내용을 재구성하는 것이 아니라, 말 그대로 학교의 전체 교육과정을 대상으로 한다. 따라서 학교에서 교육과정을 편성하고 운영할 때는 교육과정의 핵심 요소들(교육목표, 교육내용, 교과 체제, 교육방법, 교육평가, 특별활동 등)을 확인하고, 이들 요소들 간의 연관성을 높이는 방향으로 진행해야 하며, 이러한 작업이 성공적으로 이루어질 수 있도록 교사, 학생, 학부모, 학교 조직, 학교의 물리적 환경 등 제반 요소들을 종합적으로 고려해야 한다.

(4) 민주성의 원리

학교 교육과정의 편성은 학교교육에 관여하는 제 집단들의 광범위한 참여를 보장하고, 그들이 제시하는 의사가 공정하게 처리되도록 하며, 운영에 있어서는 권한의 이양을 통하여 독선과 전횡을 막는 장치를 필요로 한다. 학교에서는 이를 위하여 교장과 교사가 상호 존중하며, 각기 다른 역할을 분담해야 한다. 특히 교장은 교직원들의 광범위한 참여를 유도하고 민주적인 의사소통 체제를 구축하며, 교직원들의 책무와 권한을 명시하는 역할을 행사할 필요가 있다.

(5) 전문성의 원리

학교에서 교육과정을 합리적으로 편성하고 효과적으로 운영하기 위해서는 이를 전담하는 연구조직과 실행조직을 구성해야 하며, 작업에 참여하는 모든 교직원이 이에 관련된 전문적인 지식과 기술을 가져야 한다. 학교는 이를 위하여 학교의 조직을 교육과정 운영중심의 조직으로 재편성하고, 학교 직원들을 훈련하는 프로그램을 개발하여 지속적으로 운영해야 한다. 특히 직원 개발을 위한 프로그램의 내용은 매우 구체적이며 실습의 과정을 많이 내포하고 있어야 한다.

(6) 현실성의 원리

학교 교육과정의 편성과 운영은 주어진 현실의 바탕 위에서 출발한다. 따라서 학교 교육과정을 편성하고 운영할 때는 학생에 대한 이해와 현시점에서의 지역사회 요구를 잘 알고 있어야 하며, 이를 위하여 각종 조사를 실시함과 동시에, 조사 결과를 바르게 해석할 수 있어야 한다. 또한 교육과정의 편성과 운영이 이루어지는 학교라는 무대의 성격을 잘 이해하고 있어야 한다. 교사 조직의 특성, 학교의 물리적 환경, 외부 기관의 지원과 통제 등의 수준을 잘 알고 있어야 한다는 것이다.

2) 학교 수준 교육과정의 편성과 운영의 실제

학교 수준 교육과정은 학교의 특성, 지역의 실태, 학생과 학부모의 요구 등이 학교마다 다르므로 단일한 개발 모형을 제시할 수 없다. 학교마다 교육과정 개발의 범위가 다르며 적합한 개발 방식이 따로 있다고 말할 수 있다. 하지만 여기서는 이러한 학교들 사이의 차이점은 일단 접어 두고, 학교 수준 교육과정의 편성과 운영에 대한 일반적인 절차를 대략적으로 살펴보고자 한다.

학교 교육과정을 편성·운영하고 이를 개선하기 위한 절차는 ① 준비 단계, ② 편성 단계, ③ 운영 단계, ④ 평가 단계의 4단계로 나누어 볼 수 있으며, 각 단계에서 수행해야 할 과업의 일반적인 절차를 예시하면 다음과 같다(경상남도교육청, 2022).

(1) 준비 단계

- 학교 교육과정 위원회의 조직
  - 조직, 임무, 역할의 구체화
- 학교 교육과정 편성 계획 수립
- 국가 수준 교육과정과 지침, 법령 등의 내용 분석
  - 국가교육과정, 시·도 교육청의 교육 중점과 편성·운영 지침 분석
  - 관계 법령, 교육 시책, 지표, 과제의 분석
- 각종 실태 조사·분석과 시사점 유출
  - 교직원 현황, 학교 여건, 학생과 학부모 실태, 지역사회의 특성 조사·분석
  - 교원, 학생, 학부모의 요구 사항 조사·분석

- 교과, 특별활동, 재량활동의 운영실태 분석
- 학교 교육과정의 기본 방향 설정
  - 학교장의 학교 경영 방침 및 학교 교육목표 설정
  - 교과 · 영역 · 학년별 교육 중점 제시

(2) 편성 단계

- 학교 교육과정 시안 작성
  - 학교 특색을 알리는 창의적인 교육 계획 수립
  - 편제와 시간 배당, 수업 일수, 수업 시수 결정
  - 교과와 창의적 체험활동의 연간 운영 계획 수립
  - 목표, 내용, 수준, 지도 순서, 시간, 방법의 조정
  - 교육평가 계획 수립
  - 생활지도, 특수아 · 귀국자 · 다문화 가정의 자녀 지도
  - 교육자료 활용 계획의 수립
  - 교과전담 운영, 특별교실 · 운동장 활용 계획
  - 기타 학교 운영 전반에 필요한 계획 수립
- 학교 교육과정 시안의 심의 및 확정
  - 시안의 심의, 검토 분석
  - 추출된 문제점 반영, 시안의 수정 · 보완
  - 학교 교육과정의 확정

(3) 운영 단계

- 학교 교육과정의 운영
  - 지속적인 연수 시행, 교내 자율장학의 활성화

- 운영 과정의 문제점에 탄력적으로 대처
- 교내외 장학 협의를 통한 교육과정의 수정 · 보완
- 융통성 있는 운영(시간 운영, 장소 활용, 교사 조직, 주제 선정, 집단 편성 등)

(4) 평가 단계

- 학교 교육과정 평가와 개선
  - 교과, 특별활동, 재량활동의 운영 평가
  - 평가 기준에 따른 교육과정 평가
  - 개선점 추출, 다음 해의 편성 · 운영에 반영

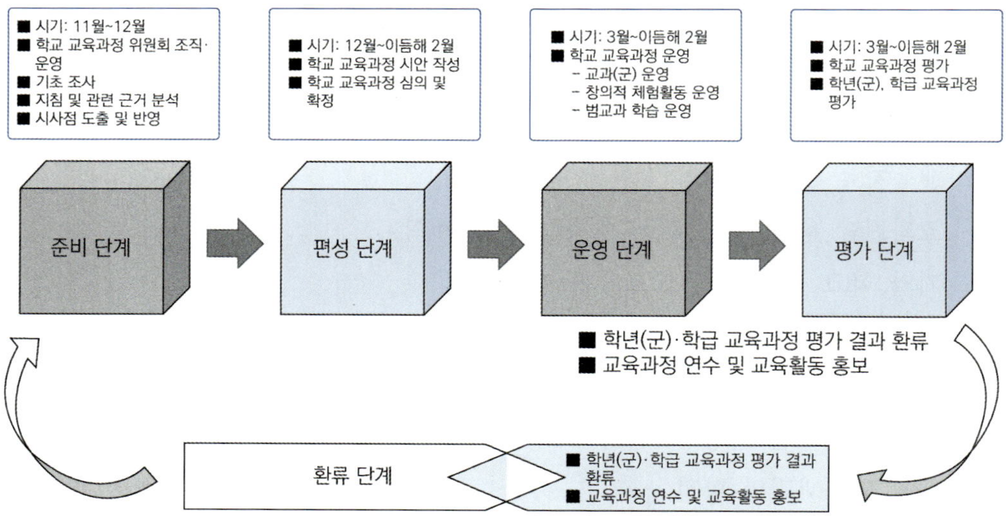

〔그림 6-1〕 학교 교육과정의 편성 · 운영 절차

요약정리

학교 수준 교육과정은 국가교육과정에 명시된 학교의 임무에 따라 국가교육과정과 시 · 도 교육과정 편성 · 운영 지침을 토대로 하여 단위학교에서 편성한 교육과정을 의미한다.

학교 수준 교육과정은 교육의 효율성, 교육의 적합성, 교원의 자율성과 전문성, 교육의 다양성, 학습자중심 교육이라는 측면에서 필요하다.

학교 수준 교육과정의 주요 특성은 여섯 가지로 정리할 수 있다. 첫째, 학교에서 교육과정 편성과 운영이 이루어진다. 둘째, 학교 구성원들에 의하여 편성되고 운영된다. 셋째, 학교 구성원들은 창안, 수정 · 보완, 선택 등 다양한 수준의 활동을 통하여 교육과정을 편성하고 운영한다. 넷째, 학교 수준에서 이루어지는 교육과정 개발은 브래디 등이 제시한 상호작용 모형을 따른다. 다섯째, 학교 수준 교육과정은 지역과 학교의 실정을 반영하고 학생들의 요구를 수용한다. 여섯째, 학교 수준 교육과정이 제대로 편성되고 운영되려면 이러한 활동을 지원하는 체제의 구축이 필요하다.

학교 수준 교육과정의 편성과 운영 시, 다섯 가지 원리를 고려해야 한다. 즉, 타당성, 적법성, 전체성, 민주성, 전문성, 현실성 원리이다.

학교 수준 교육과정을 편성 · 운영하고 이를 개선하기 위해서는 준비 단계 → 편성 단계 → 운영 단계 → 평가 단계의 4단계 절차를 따른다.

참고문헌

강현석 외 공역(2006). 교육 과정 개발과 설계. 파주: 교육과학사.

경상남도교육청(2022). 경상남도 중학교 교육과정 편성 운영 지침.

교육과학기술부(2008). 중학교 교육과정 해설(Ⅰ).

김대현, 김석우(2020). 교육과정 및 교육평가(제5판). 서울: 학지사.

김대현(2021). 교육과정의 이해(제2판). 서울: 학지사.

김춘일(1993). 학교중심 교육과정의 의의와 개발 · 운영을 위한 과제. 교육과정연구, 12(1), 17-38.

서울대학교 교육연구소 편(1998). 교육학대백과사전. 서울: 하우동설.

이상주(1974). 의사결정의 관점에서 본 교육과정. 교육과정연구, 0, 59-74.

전라북도교육청(2022). 2023학년도 초등학교 교육과정 편성 · 운영 도움자료.

정영근(2002). 한국의 학교 수준 교육과정 개발(SBCD) 유형 특징의 연구. 교육과정연구, 20(3), 45-75.

최호성(1996). 학교중심 교육과정의 과제와 전망. 교육과정 연구, 14(1), 78-105.

한국교육과정학회(2017). 교육과정학 용어 대사전. 서울: 학지사.

Print, M. (1993). *Curriculum Development and Design(2nd ed.)*. Allen & Unwin Pty Ltd.

Sabar, N. (1991). School-Based Curriculum Development. *The International Encyclopedia of curriculum* by A. Lewy(ed). 367-371. New York: Pergamon Press.

Skilbeck, M. (1975). *School-Based Curriculum Development and Teacher Education.* Mimeographed paper.

Skilbeck, M. (1984). *School-Based Curriculum Development*. London: Paul Chapman Publishing Ltd.

CHAPTER

07

교육목적의 설정과 진술

학습목표

1. 교육목적과 교육목표, 수업목표의 개념과 그 관련성을 알 수 있다.
2. 교육목적을 수립하기 위한 다양한 관점을 이해할 수 있다.
3. 교육목적에 따른 교육목표와 수업목표를 구분하고 수립할 수 있다.

학습개요

'왜 교육을 하는가'라는 질문을 던진다면, 교육의 목적을 생각해 보고 이야기할 수 있을 것이다. 교육은 수업을 통해 학생과 교사가 만나는 과정이며, 주어지는 일정한 시간 안에 사람을 변화시키고 성장시키기 위해서 이루어지는 것이다. 원대한 목적에 대한 현실적인 실현을 위해 수업 내용의 구성과 효과적인 전개를 미리 계획하고 준비하게 되는데 그 과정에서 교육의 목적을 규정하여 방향성을 정하는 것이 매우 중요하겠다.

그런데, 교육의 목적이라는 것이 말처럼 단순하지 않다. 우선, 교육이라는 개념이 단순히 배우고 가르치는 행위에 머무르지 않고, 인간에 대한 전인적 성장을 추구하는 중요한 것으로 구체적인 수업 행위 이외에도 많은 개입이 포함된다. 아울러 목적이라는 용어는 추구할 방향을 의미하는 것으로 그 용어 자체가 추상적이다. 여기서, 우리는 구체적, 가시적인 하나의 지점을 의미하는 목표라는 용어와 목적이라는 용어를 구분해서 사용하게 된다. 교육목적에는 인간에 대한 이해, 철학적 가치, 국가의 발전 방향 등을 포함하여 포괄적, 추상적 의미가 담겨 있다. 이에 큰 방향성을 정하는 의미에서 교육목적, 효과적인 수행과 결과 달성을 위한 목표 설정은 서로 밀접하게 연관된다. 교육목적이라는 용어가 담고 있는 의미로 인해 교육목적을 제대로 구체화하기 위한 노력이 필요하다.

제7장에서는 교육목적을 설정하기 위한 다양한 교육철학, 가치관적 배경을 살펴보고, 교육목적을 구체화하기 위해 학교급별, 혹은 학기별, 과목별 등으로 설정된 교육목표, 실제로 수업을 진행하는 교사들에게 유용하게 사용되는 수업목표를 차례로 살펴보며 각각의 관련성을 이해하고 실제로 교육목적에 따른 다양한 목표를 수립할 수 있는 능력을 함양하고자 한다.

1 교육목적의 개념

현장에서는 교육목적과 교육목표라는 용어를 구분하여 사용하고 있는데, 우리가 일반 학교나 학급을 대상으로 파악하는 것은 대개 목표에 해당하고, 교육부나 국가와 같은 정책 측면에서 확인 가능한 것은 목적 개념이다. 한편 교육목표와 수업목표는 명확하게 구분되지 않고 기관이나 교사 등 주체자에 따라 자연스럽게 혼용되고 있다. 이러한 실질적 상황을 이해하면서, 본 장에서는 교육목적, 교육목표, 수업목표로 구분하고 각각의 개념과 관련성을 다루어보고자 한다.

우선, 교육목적(aims of education)이란 교육이 추구하는 방향성을 의미한다. 즉, 교육을 통해 기대하는 성과를 의미한다고 볼 수 있다. 대개 이러한 교육목적은 국가, 기관 등 체제 가운데서 설정되는 거시적이고 장기적인 의미로 사용된다.

이에 비해 교육목표(goals of education)는 사용되는 맥락에 따라 다양하게 해석될 수 있는데, 개별 학교 교사 수준에서 설정하는 교과목의 한 학기 목표를 의미하거나 수업을 통해 달성하고자 하는 구체적인 수업목표(instructional objectives)까지 포함하기도 한다(김재춘 외, 2000). 교육목표는 거시적, 일반적인 교육목적과 구체적, 분명한 수업목표 사이에 존재하는 것으로 교육목적보다는 구체적이지만, 수업목표보다는 일반적 형태를 띠게 된다. 앞서 언급한 바와 같이, 학교 현장에서는 일반적으로는 교육목적, 교육목표, 수업목표가 상황에 따라 혼용되고 있으므로(소경희, 2018), 사용 맥락에 따라 어떤 의미인지를 파악할 필요가 있다. 좀 더 구체적인 정리는 〈표 7-1〉과 같다.

〈표 7-1〉 교육목적의 개념

구분	의미	주체	성격
aims of education	교육목적	국가, 체제	거시적, 장기적, 일반적, 광범위 ▲ ▼
goals of education	교육목표	교사 협의, 교사	
instructional objectives	수업목표	개별 교사	구체적, 단기적, 구체적 행동이 드러나는 진술

앞서 살펴본 교육목적을 나타내는 용어들을 적용 범위, 적용 기간, 구체적 수단 여부에 따라 교육의 목적, 교육의 일반적 목표, 교육의 구체적 목표의 세 가지로 구분하는 입장도 있다. 여기서 교육의 목적은 교육목적, 교육의 일반적 목표는 교육목표, 교육의 구체적 목표는 수업목표로 이해할 수 있다. 이들의 차이를 그림으로 나타내면 [그림 7-1]과 같다.

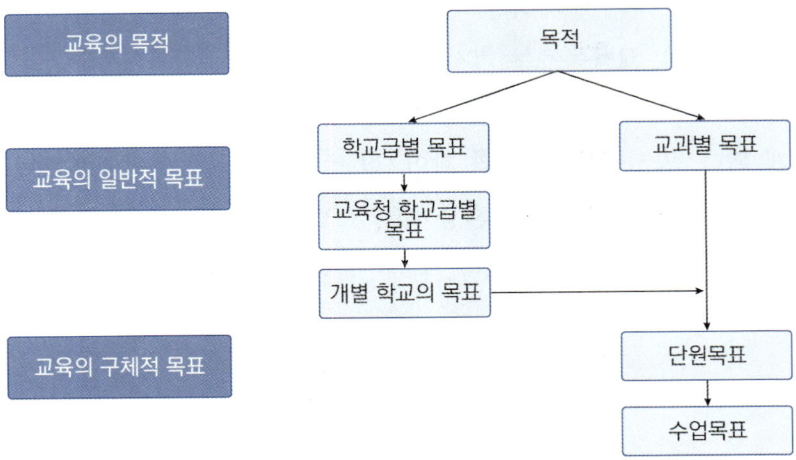

출처: 김대현, 김석우(2020).

〔그림 7-1〕 교육의 목적, 교육의 일반적 목표, 교육의 구체적 목표의 관계

이러한 관계에서 보면 교육의 목적은 교육의 일반적 목표를 설정하는 근거와 기준이 된다. 또한 교육의 일반적 목표는 교육의 구체적 목표를 설정하는 근거와 기준으로 작용한다. 위에 있는 목적과 하위 목표 간에 논리적 연계성이 있어야 하며 일관성, 관련성이 높아야 한다. 교육목적이 설정되면, 교육목적은 다시 구체적인 하위 목적이나 교육목표로 세분화되어 구체적으로 명시되어야 한다. 교육목적과 목표를 설정할 때 염두에 두어야 할 점들은 다음과 같다(이정표, 2020).

첫째, 교육목표는 학습경험의 결정과 교수 지도에 명확한 방향성을 제시할 수 있도록 구체적이고 명료한 용어로 제시되어야 한다.

둘째, 교육목적은 인간 특성을 폭넓게 포함하고, 변화를 충분히 설명할 수 있도록 포괄적이어야 한다.

셋째, 설정된 교육목표들 간에는 일관성이 있어야 한다.

넷째, 교육목표는 실현가능성이 있어야 한다.

다섯째, 교육목표들은 교사들의 교육 행위에 포함되어 있어야 한다.

여섯째, 설정된 교육목표는 그 타당성이 정기적으로 평가, 비판되어야 하고, 필요에 따라 수정 가능해야 한다.

이에 따라 교육의 목적 및 목표가 지니는 기능을 정리하면 다음과 같다.

첫째, 교육과정을 전개하는 교사의 입장에서 무엇을 달성해야 하는지, 어떤 학습경험을 계획해야 하는지를 명확하게 알려준다. 일정한 교육곡적을 달성하기 위해 어떤 학습경험을 마련하고 제공할지를 계획하는 데 도움이 된다.

둘째, 교육목적은 그것을 달성하고자 하는 학생들에게 일종의 촉진제 역할을 한다. 인간은 자신의 행동에 의미가 있고 목표가 있을 때 동기부여가 된다. 학생들이 지금 하는 수업의 의미를 교육목적을 통해 깨닫게 될 때 학습에 더욱 집중할 수 있게 된다.

셋째, 교육목적과 목표는 수업이 끝나고 난 뒤, 평가의 중요한 지표 역할을 한다. 실제로 측정된 평가 결과를 통해 초기에 수립한 교육목적을 어느 정도 달성했는지 판단할 수 있다. 이러한 결과는 피드백 자료로 활용되어 보다 나은 교육과정을 계획할 수 있도록 돕는다.

2 교육목적 설정에 대한 관점

교사는 수업을 앞두고 무엇을 가르칠 것인지, 수업을 통해 학생들이 얻어가야 할 것은 무엇인지 생각하게 된다. 이처럼, 교육과정 설계에 가장 기본이 되는 것이 교육목적과 목표를 세우는 것이다. 목적 및 목표 설정에 따라 수업의 형태와 내용이 매우 달라지게 된다. 교육목적을 설정하기 위해서는 교육에 대한 가치관, 바람직한 인간상, 미래 시대의 대비 등 세상에 대한 폭넓은 고려가 필요하므로, 개별 교사가 구체적으로 수립하는 것과 성격이 다르다. 교육을 일종의 개입(intervention)으로 보고, 교육과정 개발 절차를 과학적, 기술적으로 보는 입장과 교육은 교수자와 학습자가 주제를 가지고 만나는 장면에서 발생하는 배움 그 자체가 중요하다고 강조하는 자연주의적, 예술적 관점으로 보는 입장에 따라 교육목적 설정 과정에 차이가 난다. 각 입장에 따른 교육목적 설정 과정을 살펴보면 다음과 같다.

1) 과학적, 기술적 관점에서의 교육목적 설정

이 접근의 특징은 교육을 통해 바람직한 결과를 산출하는 것이 중요함을 강조한다. 모든 수업은 교육목표 달성에 연관되는 수단이어야 하며, 그것이 이루어지지 않을 때는 과감히 수정해야 한다고 주장한다. 대표적인 학자로 타일러(R. Tyler)가 있다. 타일러는 교육목적을 설정하는 것을 가장 중요시하였다. 교육목적을 통해 교육 전 과정의 절차가 수립되고 진행되기 때문이다. 그는 사회의 요구, 학습자에 관한 연구, 교과 전문가의 제언을 통해 교육목적을 설정해야 한다고 주장하였다(Tyler, 1949). 그리고 이 과정에, 학습심리학적 이해와 교육철학이 통합되어 학습자에게 적절한 것인지, 그 목적을 추구할 타당한 가치가 있는지를 따져보아야 한다. 여기서 주장하는 교육목적 설정에 필요한 자원을 정리하면 〈표 7-2〉와 같다.

〈표 7-2〉 교육목적 설정 자원

구분	내용
사회의 요구	사회 전체가 추구하는 이념, 사회의 직접적인 요구. 사회에서 전통적으로 합의해 온 가치관, 생활양식, 급변하는 사회에 대한 대응
학습자에 관한 연구	학습자의 발달 수준, 학습심리학적 자원, 관심사, 개인차
교과 전문가의 제언	교과의 성격, 교과 전문가의 견해, 반드시 학습되어야 할 기본 내용, 교과의 최근 동향, 교과 전문가들 간의 협의와 의견 수렴

한편, 위긴스(G. Wiggins)와 맥타이(J. McTighe)는 대부분의 교사들이 주어진 교과 내에서 활동이나 이론의 내용으로 바로 뛰어드는 경향이 있다고 지적하며, 이렇게 될 경우 학생들이 궁극적으로 도달해야 할 학습목표를 이루기 어렵고, 주어진 시간과 맥락에서 타협하여 적절한 수준의 성취에 도달한다는 한계를 지적하였다. 이에 이들은 지금까지 해왔던 교육목적 설정 방식을 뒤집는 백워드 모형을 제안하였다(McTighe & Thomas, 20C3). 교사들이 수업을 통해 궁극적으로 바라는 결과, 즉 교사 협의로 설정된 목표와 목적을 기준으로 교육과정을 설계해야 한다고 주장하였다. 교과를 기준으로 목표를 설정하는 것이 아니라, 궁극적인 교육목적하에 교과와 수업 내용을 선정해야 한다는 것이다.

궁극적인 교육목적을 수립하기 위해서는 학생들이 반드시 알아야 할 것, 반드시 이해해야 할 브분, 반드시 할 수 있어야 하는 것은 무엇인가 밝히는 것이 중요하다. 이 단계에서 교사들은 국가 수준의 교육목적을 확인하고 그 기준에 비추어 자신들의 교육과정에서 무엇을 다룰지 목표를 설정한다. 여기서 교사들의 교육목표에는 단순하거나, 구체적, 일시적인 내용이 아니라 학생들의 영속적 이해를 돕는 사고 기능의 함양, 전체에 대한 큰 개념, 상세한 것은 잃어버려도 기본적인 가치가 남아 있는 보편적 아이디어 등이 포함된다. 이러한 목표를 설정하게 되면 교실 밖에서도 지속되는 학습자의 진정한 성장을 위해 지속적인 가치가 있는 지식을 찾고, 학생의 참여를 적극적으로 유도하는 수업 방식을 선택하게 된다. 이러한 백워드 모형의 가장 중요한 특징은 교육과정이 궁극적으로 도달할 목표를 확인한 후, 수업을 시작한다는 것이다. 즉, 교육목표 설정을 교육과정의 시작점으로 잡는 것으로 수업이 어디로 가는지, 현재 수업이 어느 위치에 있는지를 알게 해 준다. 이 모형은 거시적 교육목적하에서 수업을 진행하는 교사들에게 방향을 알려주는 역할을 하여 실질적 도움을 줄 수 있다는 측면이 있다.

지금까지 살펴본 과학적, 기술적 접근의 교육목적 및 목표 설정 과정을 비교해 보면 〈표 7-3〉과 같다.

〈표 7-3〉 과학적, 기술적 접근의 교육목적 및 목표 설정 과정

학자	교육목적 및 목표 설정 과정
타일러	사회의 요구 학습자에 관한 연구 교과 전문가의 제언 → 잠재적 교육목적 → 학습심리학적 기준 교육철학적 기준 → 교육목적 설정
위긴스 & 맥타이	거시적, 장기적으로 제시된 궁극적 교육목적 확인 → 학생들의 성과 달성을 판단할 근거 마련(구체적 교육목표 수립과 평가계획) → 수업과 학습 경험을 계획

다만, 지금까지 살펴본 과학적, 기술적 접근에서의 교육목적 설정은 수업을 투입 대 산출의 개입으로 규정하고, 기준이나 목표가 달성되지 않으면 수업 자체를 거부하거나 그 가운데 경험된 잠재적 교육과정을 무시할 가능성이 높다. 또한, 목표 달성 확인을 위한 평가가 중시되므로 평가 의존적 수업을 진행할 수도 있으며, 학생의 개인 관심사와 개인차를 깊이 고려하지 못한다는 한계가 있다. 이에 대한 대안으로 자연주의적, 예술적 접근이 제안된다.

2) 자연주의적, 예술적 관점에서의 교육목적 설정

앞서 살펴본 과학적, 기술적 접근은 학습자에게 필요한 수업 경험과 과정을 처방(prescriptive)하는 성격이 있다. 그러나 실제 교육현장에서 이루어지는 과정을 살펴보면, 기존 교육과정이 놓치는 부분들이 존재한다. 교육목적 설정을 개방적이고 유연하게 함으로써 있는 그대로의 교육을 인정하고 이해하기 위해 노력하는 접근이 자연주의적, 예술적 접근이다.

우선, 자연주의적 접근의 워커(D. F. Walker)는 교육목적을 설정할 때 교육과정에 참여하는 사람들이 실제로 하는 것 그 자체에 관심을 기울였다. 앞서 타일러는 정해진 순서와 절차를 제대로 수행할 때 보다 나은 교육목적을 수립할 수 있다고 주장하였으나, 워커는 교육과정에서 발생하는 복잡성을 제대로 이해해야 한다고 주장하였다(Walker & Soltis, 2004). 실제로, 그는 타일러가 제안한 절차가 현장에서는 잘 이루어지지 않음을 발견하고, 실제 상황과 맥락에 집중해야 한다고 하였다. 이러한 근거로 주장한 "자연주의적 모형"은 교육과정 개발에 참여하는 모든 참여자들의 의견 통합을 토대를 플랫폼으로 설정하고 그 위에 다양한 대안들에 대한 협의와 숙의를 통해 도출된 실천 가능한 것을 구체화하여야 한다는 의미를 지닌다. 교육과정 개발 참여자들의 의견, 신념, 교과적 이론, 궁극적 목표, 가치관, 교육 절차들이 포함된 토대, 즉 플랫폼을 형성하는 것과 플랫폼을 토대로 협의, 숙의하는 모든 과정에 함께 해야 하고, 그 과정에서 발생하는 모든 것들이 교육과정이자 목표가 될 수 있다고 하였다(Marsh & Willis, 1995).

워커의 주장은 교육현장을 실제적으로 수용하고 그 토대 위에 목표를 설정한다는 의미가 있으나 다음과 같은 한계가 있다.

첫째, 이 이론은 프로젝트성 연구 결과로 도출된 이론이므로, 실제로 교육과정 개발 참여자들의 적극적 참여 여부뿐만 아니라 그들의 의견을 모두 통합하는 것이 의미가 있는지 논란이 있으며, 그들 간에 협의와 숙의 과정이 적절하게 이루어질 수 있을지 확신할 수 없다는 것이다.

둘째, 교육목적 수립 및 교육과정을 어떻게 계획할 것인가에만 초점이 맞춰져 있다는 점이다. 즉, 교육과정이 모두 이루어진 이후에 어떻게 마무리할지에 대한 언급이 부족하다. 실행과 평가 방안에 대한 언급이 부족하여 실제로 적용하기에는 한계가 있다(소경희, 2018).

한편, 아이즈너(E. Eisner)는 미술 등 예술교육에 관심이 많았던 사람으로, 타일러를 비롯한 과학적, 기술적 접근으로서의 교육목적 설정을 신랄히 비판하였다. 교육과정은 예술가의 작업과 유사하게 진행되는 과정이므로, 예술가들이 작품을 통해 현실에 대한 자신의 관점을 투사하듯이 교육과정도 수업이라는 매개체를 통해 실제 현실에서 요구되는 교과들이 표상되는 것이라고 하였다. 그러므로, 교육과정은 계획대로 이루어질 수 없으며 교육과정의 계획과 실행, 경험된 교육과정이 모두 다르고, 수업에 임하는 교사는 매 수업이 자신의 작품이 되는 것과 같이 다양한 표상 수단을 사용하게 되어 고정된 수단과 순서가 없고, 계획한 것 외에도 많은 일들이 발생하고 경험될 수 있다고 말하였다.

〈표 7-4〉 자연주의적, 예술적 접근에서 보는 교육목적 및 목표 설정과 그에 따른 교육과정

구분		내용
자연주의적 접근	교육목적	• 교육과정 개발 참여자들의 의견, 신념, 교과적 이론, 궁극적 목표, 가치관, 교육 절차들이 포함된 토대, 즉 플랫폼을 형성함.
	교육과정	• 플랫폼을 근거로 어떠한 사실이 필요한지 도출하고 여러 교육적 대안을 도출하며, 다양한 결과를 고려하고, 비용과 결과를 검토하는 등 숙의하며 실행하는 전 과정
예술적 접근	교육목적	• 명백하게 정의할 수 있는 교육목표뿐만 아니라 정의할 수 없는 영역의 목표까지도 포함함. • 교육목적에서 무엇이 우선순위인지에 대한 심사숙고가 필요함.
	교육과정	• 교육목적과 목표는 학생에게 의미 있는 것으로 변형 • 교육과정에는 다양한 선택지가 존재함. • 영(null) 교육과정을 고려해야 함. • 학생들에게 다양한 기회를 주되 비선형적으로 제공함. • 교육내용은 융합, 범교과적으로 구성함. • 학생 간 충분한 의사소통

아이즈너의 접근은 교육과정에 대한 지나친 과학적, 기술적 접근을 비판하고 있지만 그에 대한 대안으로서는 다소 부족하다. 예술이 하는 은유가 과연 교육과정에 적합한 것인지 논란이 있으며, 명쾌하지 않다. 그럼에도 불구하고 교육목적 설정은 미리 정해진 틀로 한정할 수 없으며, 교육과정 가운데 지속적인 숙의와 고찰이 있어야 함을 주장한 것은 매우 의미가 있다.

지금까지 살펴본 자연주의적 접근과 예술적 접근으로서의 교육목적 및 목표 설정과 교육과정 개발은 〈표 7-4〉와 같다.

3 교육목적의 설정 과정

1) 교육목적의 설정 원리

교육목적은 무엇을 가르쳐야 할지에 대한 교육내용을 제공하고, 교육활동의 궁극적인 방향을 알려주기 때문에 설정에 세심한 주의를 기울여야 한다. 교육목적은 교육목표를 설정하는 데 근거와 기준이 되고, 교육목표는 교육의 구체적 목표, 즉 수업목표를 설정하는 데 기준이 된다. 상위에 위치하는 교육목적이 하위에 있는 교육목표의 근거와 기준이 되는 이 관계는 상호 간의 논리적 연결성, 일관성, 연계성을 갖추어야 함을 의미하게 된다.

특히 교육을 실행하는 데 있어 경험적 관련성이 확보되어야 한다. 예를 들면 다음과 같다. 만약 교육목적을 '수학적 사고방식을 기른다'라고 설정하였다면 교육목표는 '감수성 개발하기' 등과 같은 논리적 모순이 되는 내용을 세울 수 없다. 또, '심폐근력을 기른다'와 같은 무관한 내용도 목표로 제시될 수 없다.

또한, 교육목적, 교육목표, 수업목표 간의 논리성, 일관성을 고려할 때, 이를 원인과 결과의 관계로 인식하는 것은 잘못이다. 수업목표가 달성되면 교육목표가 이루어지고, 교육목표가 이루어지면 교육목적이 달성된다는 식은 아닌 것이다. 만약 '덧셈의 원리를 안다', '삼각형의 원리를 안다' 등과 같은 수업목표는 '수학적 사고방식을 기른다'라는 교육목적과 논리적으로 모순되지 않고, 경험적 일관성도 있다. 그렇지만, 그러한 목표를 성취한다고 하여 수학적 사고방식을 기르는 것을 충분히 했다고 단정 지을 수 없는 것이다.

정리하면, 교육목적, 교육목표 그리고 수업목표 간에는 논리적 일관성이 있어야 하고, 경험적 관련성이 높아야 하지만, 수업목표를 달성하며 교육목표, 교육목적을 이룬다는 식의 인과적 관계로 이해하는 것은 아니라고 하겠다. 즉, 교육목적은 교육목표와 수업목표를 설정하는 데 있어 기본적인 기준과 근거로서 역할을 하는 것, 교육목표 또한 수업목표의 근거와 기준이 되는 것이 주요 기능이라고 할 수 있다.

교육목적을 설정하기 위해서는 일반적으로 교육에 대한 국가나 사회의 요구를 담아야 한다. 교육목적은 장기간에 걸친 교육에 대한 큰 계획으로 교육을 통해 얻을 것으로 기대되는 다양한 인간의 속성을 포함하게 된다. 그렇기 때문에 교육목적은 인본주의적 관점에서 접근하게 되는데, 현실적으로는 국가가 주체가 되어 목적을 수립하게 된다. 우리나라 교육목적은 「교육기본법」 제2조에 의해 규정되고 있다. 이 법은 우리나라 교육체계를 장기적 계획으로 접근하여 유치원, 초등학교, 중학교, 고등학교까지 이루는 일련의 과정의 근거가 된다.

교육목적을 살펴보면, 대체로 그 안에는 '인간의 지적능력 개발', '사회의 유지와 개선', '개인의 성장과 행복'이라는 개념이 포함되어 있다. 이 세 가지 목적은 교육이 추구해야 할 총체적 의미가 된다. 어느 하나에 집중하는 것이 아니라 모두 포함하여야 할 주요 핵심 개념이자 교육의 진실이라 말할 수 있다(김대현, 김석우, 2020). 이러한 개념을 생각하면서 〈표 7-5〉를 통해 우리나라와 다른 국가의 교육목적을 살펴보고 비교해 볼 수 있다(성태제, 2019). 국가가 추구하는 교육목적은 국가 형태와 이념에 따라 다르고, 그 나라의 배경, 역사, 철학 및 정치, 이데올로기와도 무관하지 않음을 알 수 있다. 일반적으로 교육목적이 인간에 대한 궁극적인 선을 추구한다고 여겨지나, 결국 구체화하고 현실화하는 과정에서 사회적 맥락요인이 개입될 수밖에 없는 것이다.

〈표 7-5〉 국가별 교육목적의 비교

국가	내용	근거	특성
우리나라	교육은 홍익인간 이념 아래 모든 국민으로 하여금 인격을 도야하고 자주적 생활능력과 민주시민으로서 필요한 자질을 갖추게 함으로써 인간다운 삶을 영위하게 하고 민주국가의 발전과 인류공영의 이상을 실현하는 데에 이바지하게 함을 목적으로 한다.	교육기본법 제2조	포괄적
미국	1) 건강 2) 기본능력의 습득 3) 가족구성원으로서 가치 4) 직업 5) 시민정신 6) 여가의 가치 7) 윤리적 특성	일곱 가지 원리 (seven principle)	개인중심, 구체적
일본	제1조: 교육은 인격의 완성을 꾀하고 평화적인 국가와 사회의 형성자로서 진리와 정의를 사랑하며, 개인의 가치를 존중하고, 근로와 책임을 중히 여기며, 자주적 정신이 가득한 심신과 함께 건강한 국민을 육성해야 한다. 제2조(교육의 방침): 교육의 목적은 모든 기회와 모든 장소에서 실현되어야 한다. 이 목적을 달성하기 위해서는 학문의 자유를 존중하고 실제 생활에 부응하며, 자발적 정신을 기르고, 자신과 타인의 공경, 경애와 협력에 의하여 문화창조와 발전에 공헌하도록 노력하여야 한다.	교육기본법 제1조, 제2조	포괄적, 권리와 의무

이러한 내용을 토대로 교육목적을 설정하는 원리를 살펴보면 다음과 같다. 우선, 교육에 있어 학습자를 고려하는 것이 우선시되어야 한다. 즉, 학습자의 발달 수준, 학습자의 행복과 서로 간의 협력이 잘 이루어지는 것인지가 중요하다. 아울러, 그 나라의 교육철학이 주요 근간이 된다. 교육에 대한 가치관과 세계관이 실제로 교육에서 어떻게 실현되어야 하는지를 고려하게 된다. 또한, 가치관과 세계관을 실현하는 데 있어 타당성을 고려해야 할 것이다. 아무리 좋은 말이라 하더라도 현실적 타당성과 가능성이 없다면 의미가 없기 때문이다.

한편, 한번 설정된 교육목적이라도 시대의 요구와 흐름에 따라 언제든지 조정하고 바꿀 수 있다는 유연함이 필요하다. 그것이 궁극적인 가치를 현실적으로 구현하는 방안이 되기 때문이다. 이러한 점을 고려하면서 교육목적 설정에 필요한 몇 가지 기준을 정리하면 〈표 7-6〉과 같다.

〈표 7-6〉 교육목적의 설정 기준

	특성	내용
1	학습자 활동과 협력	교육목적은 학생의 긍정적 활동과 공동체적 협력이 가능하도록 해야 한다.
2	교육철학	교육목적의 대상은 인간이므로, 인간의 삶에 대한 가치관과 궁극적인 인간 실현에 대한 깊은 고찰이 담겨 있어야 한다.
3	현실 타당성	문화, 지역성, 시대 가치, 현실성, 필요성 등의 요건을 미루어 볼 때 교육목적은 타당하고 합리적이어야 한다.
4	학습자 발달 수준	학습자의 능력과 요구를 토대로 설정되어야 한다. 학습경험을 선택할 근거를 마련해야 하고, 학습심리에 비추어 합당해야 한다.
5	연계성	하나의 목적이 달성되면 그 결과에 따라 연계되는 목적과 목표들이 존재해야 한다. 각 목적의 하위 목표들이 모순되지 않도록 해야 한다.
6	학습자 복지	교수자가 가르치고 싶은 내용을 주장하는 것이 아닌 학습자에게 중요하다고 여겨지는 지식, 기능, 태도, 행동 유형을 제시해 주어야 한다.
7	유연성	상황과 경우에 따라서 수정 가능한 것이어야 한다. 지속적으로 수정 보완해 나갈 수 있어야 한다,

교육목적이 설정되면, 그에 따르는 교육목표를 설정해야 한다. 교육목표는 교육목적을 토대로 도출되는데, 교육목적에 비해 포괄성과 적용 기간이 축소되는 경향이 있다. 교육목표 설정의 일반적인 절차를 살펴보면 다음과 같다(구병두 외, 2017).

우선, 교육목표를 설정할 연구 집단을 구성한다. 연구 집단은 때에 따라 몇 개의 소분과로 나누기도 한다. 분과 협의를 통해 목표의 구체성과 실현가능성을 면밀하게 따져보고 보다 좋은 목표를 세우기 위해 노력한다. 보통 분과별로 6~12명이 참여하여 협의하게 된다.

둘째, 교육목표 설정을 위한 자원을 확보한다. 분과별로 교육목표에 필요한 자원들을 수집하고 확보한다. 필요한 자원이란, 주로 학습자에 대한 연구 결과, 사회의 요구, 교과 전문가들의 협의 내용이 된다.

셋째, 전 단계에서 수집한 각종 자원을 활용하여 바람직한 교육목표를 추출하는 작업을 한다. 교육목표를 추출하기 위해서 교사는 교과 전문가, 학습심리 전문가 등과 함께 통찰력과 창의력을 발휘하며 보다 나은 목표를 수립한다. 아울러, 교사 자신의 교육철학이 반영되게 된다.

넷째, 추출된 교육목표들을 종합하고, 분석, 검증한다. 추출된 목표 가운데 유사한 것은 묶고, 상호 모순되는 것이 있는지, 대립되는 것이 있는지 확인한 후 조정한다. 다시 한 번 보면서 교육적 가치가 높지 않다고 생각되는 목표가 있다면 삭제하거나 수정한다. 이러한 작업은 분과별로 수행한 후 종합적 검토를 하여 여러 차례 검증한다.

마지막으로 교육목표를 진술한다. 각 분과별로 대표자 한두 명과 특히 문장 구성을 잘하는 사람을 통해 교육목표를 효과적으로 진술하고 교육목적 기준에 맞게 진술하도록 한다.

이러한 교육목표는 학교급별, 기관별, 교과별로 나누어 설정하게 된다. 우선, 학교급별 목표는 국가 수준에서 결정하는 유치원, 초등학교, 중학교, 고등학교의 교육목표를 의미한다. 학교급별 목표를 설정하기 위해서는 학습자의 발달 특성과 사회적 요구를 통합적으로 검토하고 분석하게 된다. 국가 수준에서 학교 수준으로 주체가 축소됨에 따라 교육목적에 비해 덜 포괄적이고 기간도 짧아진다. 〈표 7-7〉은 우리나라 국가 교육과정 정보센터에서 제공하는 중학교 및 고등학교 급별에서 제시하는 교육목표이다. 둘을 비교해 보면 학생의 발달단계를 고려하여 연령에서 요구되는 발달과업을 반영하고 있으며, 공통적으로 자기 자신의 성장과 건강한 믿음, 올바른 판단력과 깊이 있는 사고를 갖추고, 국가와 사회에 봉사하고 헌신하며 자신에게 주어진 역할을 하기 위해 준비하는 것을 강조하고 있다.

〈표 7-7〉 중학교 및 고등학교의 교육목표

중학교 교육목표
중학교 교육은 초등학교 교육의 성과를 바탕으로, 학생의 일상생활과 학습에 필요한 기본 능력을 기르고 바른 인성 및 민주시민의 자질을 함양하는 데에 중점을 둔다. 1) 심신의 조화로운 발달을 바탕으로 자아존중감을 기르고, 다양한 지식과 경험을 통해 적극적으로 삶의 방향과 진로를 탐색한다. 2) 학습과 생활에 필요한 기본 능력 및 문제해결력을 바탕으로, 도전정신과 창의적 사고력을 기른다. 3) 자신을 둘러싼 세계에서 경험하는 내용을 토대로 우리나라와 세계의 다양한 문화를 이해하고 공감하는 태도를 기른다. 4) 공동체 의식을 바탕으로 타인을 존중하고 서로 소통하는 민주 시민의 자질과 태도를 기른다.
고등학교 교육목표
고등학교 교육은 중학교 교육의 성과를 바탕으로 학생의 적성과 소질에 맞게 진로를 개척하며 세계와 소통하는 민주 시민으로서의 자질을 함양하는 데에 중점을 둔다. 1) 성숙한 자아의식과 바른 품성을 갖추고 자신의 진로에 맞는 지식과 기능을 익히며 평생학습의 기본 능력을 기른다. 2) 다양한 분야의 지식과 경험을 융합하여 창의적으로 문제를 해결하고, 새로운 상황에 능동적으로 대처하는 능력을 기른다. 3) 인문, 사회, 과학기술 소양과 다양한 문화에 대한 이해를 바탕으로 새로운 문화 창출에 기여할 수 있는 자질과 태도를 기른다. 4) 국가 공동체에 대한 책임감을 바탕으로 배려와 나눔을 실천하며 세계와 소통하는 민주 시민으로서의 자질과 태도를 기른다.

출처: https://ncic.re.kr

다음으로 기관별 교육목표는 각 교육청이나 개별 학교에서 설정하는 교육목표를 의미한다. 교육청이나 각 학교는 자체 교육목표를 설정하고 있다. 기관은 교육목적을 토대로 자신들만의 핵심적인 교육목표를 수립하여 특별한 교육 개입을 계획, 시도하는 특성을 갖는다. 그러한 목표가 특성화되지만 전체적인 교육목적을 벗어날 수 없으므로 학습자는 큰 범주 안에서 자신에게 맞는 교육목표를 탐색하고 선택할 수 있는 기회를 갖게 된다.

실제로 우리나라 지역 교육청 홈페이지를 보면 각 지역의 특색이 반영된 교육목표와 각종 시책을 제시하고 있음을 볼 수 있다. 예로, 경상북도 영천시는 효과적인 교육 제공을 위한 최신 기술 도입, 교육인구에 대한 혜택을 강조하는 차원에서 "꿈이 되는 미래교육"에서 각종 디지털 교육을 강조하고, "따뜻함을 더하는 교육"에서 교육비 부담을 덜어주는 것, 평등한 출발선, 즉 기초 학습 능력 관리 등을 구체적인 교육목표로 강조하고 있다. 자세한 내용은 [그림 7-2]와 같다.

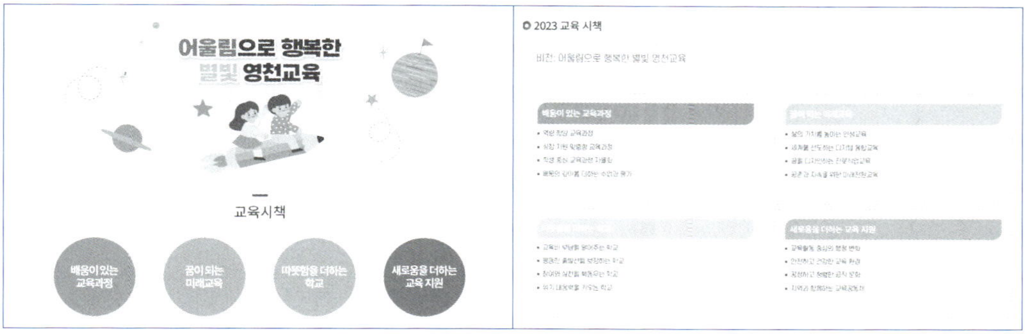

출처: https://www.gbe.kr/yc/main.do

〔그림 7-2〕 경상북도 영천교육지원청의 교육목표와 시책

또한, 학교 기관급에서도 제시하는 교육목표가 존재한다. 기관이 처한 특수한 사정을 적극적으로 반영하여 교육목적을 구체화하거나 앞서 제시한 학교급별 목표 가운데 일부를 선택하여 해당 학교만의 주요 교육목표를 수립할 수 있다. [그림 7-3]은 서울시 내 자율형사립고등학교와 특성화고등학교의 교육목표이다.

서울시 내 자율형사립고등학교 교육목표

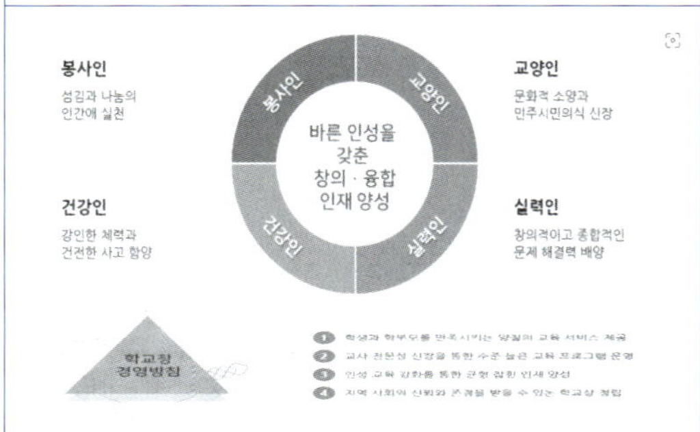

출처: https://www.sehwa.hs.kr

서울시 내 IT특성화고등학교 교육목표

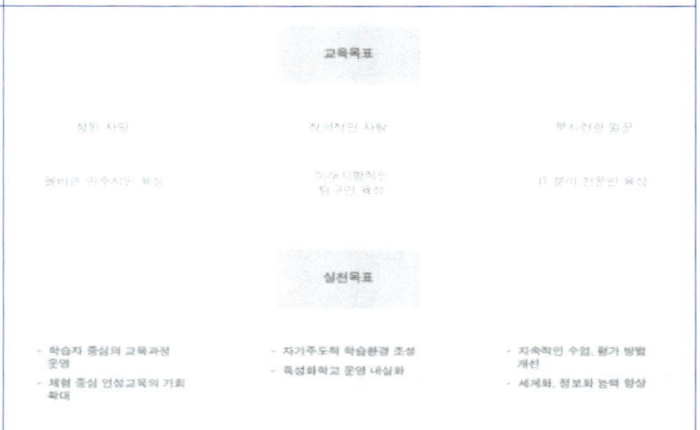

출처: https://sunrint.sen.hs.kr

〔그림 7-3〕 학교 기관급 교육목표

우리나라 일선 학교의 홈페이지에 방문해 보면 학교 소개에 교육목표가 반드시 제시되어 있다. 개별 학교는 교육목적을 자신들의 기관에 맞게 수정, 보완하고 기관의 특성을 포함하여 목표를 재구성하고 있다. 교육목표는 학교 방침에 주요하게 작용하여 학교 특성을 이루는 데 도움이 된다.

다만, 기관급의 교육목표가 대체로 교육목적을 토대로 구성되고 교육을 통해 성취할 것을 나름대로 구체화하여 표현하고 있지만 이를 달성하기 위해 치밀한 계획을 세우지 않는다면 성과를 기대하기 어렵다. 또한, 급변하는 사회의 요구에 부응하고 능동적으로 대처하는 데에 한계가 있을 수밖에 없다. 따라서 기관의 비전과 중점 과업을 중심으로 기관의 교육목표를 제시하는 것이 중요하며 그 목표를 이루기 위한 학교장의 경영방침, 구체적인 시책, 하위 조직 등을 구성하는 추가적인 노력이 필요하다. 실제로, 영천교육지원청에서는 "교육비를 덜어주는 교육정책" 등의 목표를 달성하고자 "영천영어타운"이라는 장소와 교육 프로그램 개발, 관련 조직 구축 등을 통해 학생들에게 제공하고 있다.

〈표 7-8〉 국가 수준 교육과정 목표

2022년 중학교 국어과 교육목표
국어 의사소통의 맥락과 요소를 이해하고 다양한 의사소통의 과정에 협력적으로 참여하면서 언어생활을 성찰하고 국어문화를 향유함으로써 미래 사회에서 요구되는 높은 수준의 국어 능력을 기른다. (1) 다양한 유형의 담화, 글, 국어 자료, 작품, 복합 매체 자료를 비판적으로 이해하고 자신의 생각을 창의적으로 표현한다. (2) 다양성에 대한 이해를 바탕으로 타인의 의견과 감정, 가치관을 존중하면서 협력적으로 의사소통한다. (3) 민주시민으로서 의사소통에 적극적으로 참여하여 개인과 공동체의 문제를 해결한다. (4) 공동체의 언어문화를 탐구하고 자신의 언어생활을 성찰하고 개선한다. (5) 다양한 사상과 정서가 반영되어 있는 국어문화를 감상하고 향유한다.

출처: https://ncic.re.kr

한편, 교과별 교육목표는 교과의 성격에 기본 바탕을 두고 설정한다. 각급 학교, 각 교육청에서 제시하는 교육목표는 결국 교과를 통해 달성된다고 볼 수 있다. 교과별 교육목표는 국가적 수준에서는 일반적 수준으로 제시되어 있으며 교육청, 각급 학교의 문서에는 교과특수성을 기반으로 구체적인 목표들이 제시된다. 〈표 7-8〉은 국가 수준의 교육과정 가운데 국어과 교육목표로 제시된 내용들이다.

2) 교육목적의 주요 영역

교육목적은 어떤 내용을 담아야 하는가. 또, 교육목적과 교육목표는 시대의 흐름에 따라 변화하는가. 목적이 포함하는 영역과 그 내용이 변하는 것이 아니라는 주장도 있는 반면, 사회와 시대의 요구에 따라 달라지는 것이 당연하다는 입장도 있다. 역사적으로 볼 때, 우리나라 조선시대와 지금의 교육목적을 비교하면 같다고 말할 수 없으나, 그 근본정신이 크게 변했다고 말하기도 어렵다.

이에 대해 1918년 미국의 중등교육 위원회가 제시한 "중등교육의 기본원리"를 참고할 수 있다. 그 안에는 건강, 읽기, 쓰기, 산수, 말하기 등에 대한 기초 능력 영역과 함께, 가족구성원으로서의 역할, 직업교육, 민주시민교육, 여가활동, 도덕성을 제시하였다. 이러한 영역 제시는 이후 학교에서 수립하는 교육목적과 목표의 기초가 되었다 (김대현, 김석우, 2020).

교육목적과 목표를 분류할 때 교육목표 분류학을 참고할 수 있다. 교육목표 분류학이란 교육목적과 목표가 담고 있는 추상성을 해소하고, 목표가 포함하는 의미를 명확히 전달하기 위해 만들어진 분류체계이다. 즉, 목표 안에 어떠한 영역이 포함되어야 하는지를 제시하는 것으로 크게 인지적, 정의적, 신체적 영역으로 나누어 목적과 목표를 제시하도록 한다.

(1) 인지적 영역에 대한 교육목표 분류

인지적 영역에서는 합리적, 지적 사고작용과 관련된 학습을 주관한다. 인지적 수업목표 분류는 블룸(Bloom, 1956)이 제시한 여섯 가지 수준으로 나누어 〈표 7-9〉에서 살펴볼 수 있다. 여섯 가지 수준은 단순성-복잡성의 수준에 따라 나뉜다.

〈표 7-9〉 Bloom의 인지적 수업목표

수준	내용	예
지식	각각의 정보를 구분하고 습득하며 필요한 경우 회상할 수 있음.	• 상대성 원리란 무엇인가. • 이 소설의 배경은 무엇인가.
이해	학습자는 정보 간의 관계를 알고, 정보를 통해 추가 사항을 알아차릴 수 있음.	• 왜 이런 현상이 발생하는가. • 이 주인공은 왜 이런 행동을 했는가.
적용	하나의 상황에서 학습한 정보를 다른 상황에도 개입시키고 적용해 나갈 수 있음.	• 수학 공식을 이용하여 서술형 문제 풀기. • 이론을 통해 사례 풀기.
분석	대규모 현상에 대해 부분을 나누어 검토하고 추론하며 그 현상이 왜 그러한지를 설명할 수 있음.	• 저출산 문제의 원인은 무엇인가. • 이 학생은 왜 이러한 문제행동을 보이는가.
종합	내용의 각 요소를 모아 새로운 전체로 통합하고 온전한 결과물을 만들어 냄.	• 우리 학교 학생의 진로학습 계획을 수립하라. • 도덕성 함양 교훈이 담긴 동화를 만들자.
평가	완성도를 구성하는 일정한 기준들을 바탕으로 결과물을 판단하고 판단에 대한 증거를 제시함.	• 경제적 원리에 비추어 금융정책을 평가하라. • 학습자 요인을 기반으로 수업계획을 평가하라.

(2) 정의적 영역에 대한 교육목표 분류

정의적 영역은 태도나 가치에 대한 것을 의미한다. 여러 학자들의 분류가 있으나 가장 많이 쓰이는 것은 크래스홀(Krathwohl, 1993)이 제안한 다음 네 가지 수준의 목표이다.

〈표 7-10〉 Krathwohl의 정의적 영역 목표

수준	내용	예
수용	열린 마음으로 새로운 내용을 학습하고자 하는 자발성, 선입견이나 적대감 없이 열린 마음으로 대함.	• 새로 배우는 단원에 대한 호기심과 흥미
접근	내용에 대한 선평가, 선입견을 최대한 뒤로 유보하고 장점에 비중을 두고 받아들이려는 학습자의 자발성	• 수학이 어렵고 힘들어서 거부하는 것이 아니라 경제 부분에서 꼭 필요한 부분이 있겠다고 생각하며 배움
결정	학습자의 선이해, 선판단을 배제하고, 개별 주제의 장점을 습득한 뒤 개인적 의사결정을 내리는 것	• 통계학이 이런 면에서 장점이 있음을 알고 어떤 식으로 배우고, 적용하겠다는 것을 결정함.
공유	자신이 내린 개인적 결정을 다른 사람과 공유하려는 의향	• 영어의 장점과 필요성을 주변에 설득하고 그 사람도 같이 학습의 단계에 들어오기를 적극 공유함.

(3) 신체적, 운동기술적 영역에 대한 교육목표 분류

신체적, 운동기술적 학습 영역에 대한 교육목표 분류가 있다. 사실 모든 학습은 신체운동적 부분을 포함한다. 예로, 수학 공부를 한다고 해도 글씨를 쓰기 위한 손가락 근육, 책을 보는 시력, 잘 모르는 부분이 있다면 질문을 하기 위해 누군가에게 말하는 행동, 필요한 자료를 얻기 위해 일어나서 찾는 행동 등 무의식중에 신체 부분이 우리의 학습에 지대한 영향을 미친다.

신체적 학습 영역의 분류에 대해 많은 학자들이 제안했으나 그 타당성은 논란이 많은 것으로 알려졌다(서울대사범대학교육연구소, 2011). 가장 많이 인용되는 암스트롱(Armstrong, 1989)의 분류는 다음과 같다.

〈표 7-11〉 Armstrong의 신체적 영역 목표

수준	내용	예
지각	학습자의 신체적 과제가 어떻게 수행되어야 하는지를 바르게 기술함. 인지적 학습의 지식 수준과 유사함.	• 공을 던질 때의 모습을 표현하라.
개별적 구성요소	복잡한 신체 활동을 한꺼번에 요구하는 것이 아니라, 각 부분으로 나누어 알려줌.	• 골프 칠 때 손의 모양은 이래야 한다. 다음으로 다리는 어떻게 해야 한다.
통합	각 구성요소를 충분히 학습하는 것에 멈추지 않고 전체를 통합하여 익힘.	• 신체운동의 각 부분 연습을 한 후, 한 번에 해보라고 지시함.
자유 연습	교사의 지시 없이 스스로 활동하며 익히는 것. 여러 번의 과정을 통해 내면화시킴.	• 만들기 설명서를 보고 지시한 대로 수행해 보라.

(4) 교육목표 분류의 이해

살펴본 바와 같이, 교육목적과 목표에 대한 영역별 분류는 학습자로 하여금 분명한 학습 및 수업의 의도를 이해하게 하며, 앞으로 내가 무엇을 얻을 수 있는지에 대해 구체적으로 기대하게 돕는다. 그러나 한계도 존재한다. 인지, 정서, 행동 영역은 밀접하게 연관되어 있으므로 이렇게 분류한다는 것은 매우 인위적이고 현실적이지 못한 측면도 있다. 또한 수업 진행 가운데 목표 외의 것도 얼마든지 성취될 수 있으나 이에 대한 고려가 부족하여 수업의 생동감을 저해할 수 있다.

그러므로 교육목표 분류학을 이해할 때, 세목을 꼭 지켜야 한다는 절대 지침으로 받아들이지 말고 이러한 영역들이 달성될 가능성이 있다는 식의 포괄적 이해가 중요하다. 또한 교사의 취향에 따라 한 가지 부분의 목표만을 강조할 수 있는데 다양한 영역의 목표가 있음을 알고 교사가 폭넓게 수업하도록 지침을 삼는 것이 좋다.

4 교육목적과 목표의 진술

1) 교육목표 진술의 특성

교육목적은 교육을 통해 얻을 것으로 기대하는 성과를 의미한다. 교육현장에서 처음에 의도하는 것과 실제로 얻어지는 것이 꼭 일치하는 것은 아니지만, 교육과정이 유목적적 활동으로서 가치를 지니기 위해서는 목적을 설명하는 것이 매우 중요하다. 교육목적을 진술하는 것은 거시적, 장기적 관점에서 일반적이고 당위성을 지니는 용어로 많이 서술된다. 일반적 범주의 서술은 다양한 교육활동을 계획하게 하며, 반대로 다양한 교육활동이 큰 그림으로 연결되도록 도울 수도 있다.

반면, 교육목표의 진술은 보다 구체적이고 분명하게 밝혀야 한다. 달성해야 할 것을 분명하게 하면 교육활동의 짜임새를 높일 수 있다. 목표를 구체적이고, 상세하게 표현하기 위한 다양한 방법들이 있다. 자세히 살펴보면 다음과 같다.

첫째, 관찰 가능한 행동을 규명하여 행위동사로 진술한다. 교육목표를 통해 달성할 것으로 보이는 학생의 행동을 도출하고, 관찰 가능한 행동으로 규명하는 것이 필요하다. 학생들의 학습경험이 결과로서 보이도록 유도하고, 분명한 행동 변화를 이끌 수 있다는 장점이 있다.

둘째, 내면적, 인지적인 서술어는 피하도록 한다. 명확하고 분명한 성격이 드러나지 못하고, 성취 여부에 대한 기준이 개인 내면에 있으므로 교육목표 달성을 가시화하기에 한계가 있기 때문이다.

셋째, 행동 목표를 설정함으로써 수업 시간에 무엇을 다루어야 할지 분명히 알려줄 수 있어야 한다. 구체적인 행동이 목표로 설정되면 수업 시간에는 이와 관련된 활동을 중점적으로 다룰 수 있다. 아울러 성취가 되었는지에 대한 여부 또한 확인 가능하므로, 필요한 경우 개별 지도나 보충 수업을 계획할 수 있다. 교육목표가 학습 과정에 긴밀하게 연관될수록 유용한 진술이라 할 수 있다.

그러나, 이러한 지침에도 불구하고 구체적이고 명확한 진술로 이루어지는 교육목표는 한계를 지닌다. 우선, 수업을 통해 기대되는 결과를 미리 제한함으로써 학생들의 자율성을 침해할 수 있다. 수업 성과를 몇 개의 목표로 정함으로써 이와 동등한 가치를 가지는 다른 활동의 가치를 떨어뜨릴 수 있으며, 의도하지 않게 얻어지는 다양한 학습경험을 사전에 교육목표로 설정할 수 없기에 수업을 제대로 담아내기에 한계가 있다. 행동적으로 기술된 수업목표가 교과에 따라 유용할 수도 있지만 미술, 문학 등과 같은 과목은 활동에서 발현되는 정서와 감정, 기능 등에 무한한 개인차와 가능성이 있기 때문에 유용하지 않을 수 있다. 구체성과 명확성을 기준으로 볼 때, 교육목표로 진술 가능한 서술어와 그렇지 않은 서술어가 존재하게 되는데, 그에 대한 구체적인 예는 〈표 7-12〉에서 살펴볼 수 있다.

〈표 7-12〉 교육목표로 진술 가능한 서술어와 피해야 할 서술어

교육목표로 진술 가능한 서술어	교육목표 진술로 피해야 할 서술어
쓴다(write) 구분한다(distinguish) 계산한다(compute) 열거한다(list) 배열한다(arrange) 편집한다(edit) 그래프를 그린다(graph) 인용한다(cite) 번역한다(translate) 식별한다(discriminate) 설계한다(design) 재구성한다(reconstruct) 선택한다(choose) 비교한다(compare) 등	인지한다(recognize) 인식한다(appropriate) 안다(know, be aware) 배운다(learn) 이해한다(comprehend, understand) 깨닫는다(realize) 좋아한다(like) 인정한다(admit) 수용한다(accept) 동의한다(agree) 등

2) 교육목표 진술에서 고려할 수업 구성 원리

수업 내용은 교육목표에 의해 진술된 내용에 의해 직접적 영향을 받기 때문에, 교육목표를 진술할 때 수업 내용 구성까지 고려해야 한다. 전통적으로 볼 때, 교육내용을 경험적으로 구성할 것인지, 지식 위주로 구성할 것인지에 대해 많은 논란이 있는데(소경희, 2018), 경험과 지식 중에 무엇을 강조하느냐에 따라 교육목표 진술이 달라질 수 있다. 최근에는 경험과 지식뿐만 아니라 역량이라는 개념이 도입되어 교육목표 진술

〈표 7-13〉 교육목표 진술 시 고려할 수업 구성 원리

원리	내용	교육목표의 예
범위 (scope)	• 수업이나 교육과정에서 다룰 내용의 폭과 깊이. 특정 학년이나 수업에서 어느 분량을 어느 수준으로 다룰 것인지, 해당 주제가 포함하는 모든 내용을 다룰 것인지 일부를 다룰 것인지 등을 의미.	• 독소불가침조약이 독소전쟁으로 이어지는 과정에서 소련의 국제적 위치 변화를 분석하고 그 특징을 열거할 수 있다.
통합 (integration)	• 교육과정 내용으로 포함할 수 있는 모든 유형의 지식, 경험을 서로 연결 짓는 것. 지식과 경험을 통합하여 제시함으로써 학습자 이해를 도울 수 있음.	• 우리나라 경주의 대표적인 유적지와 그에 관련된 역사적 사실을 설명할 수 있다.
계속성 (continuity)	• 특정 지식, 학습은 시간이 흐르면서 동일 개념이나 기능을 반복적으로, 점차 심화하면서 다루어야 함을 의미.	• 초1) 한 자리 수, 두 자릿수 덧셈을 할 수 있다. • 초2) 세 자릿수끼리 덧셈을 할 수 있다.
계열 (sequence)	• 학습내용, 경험을 접하게 되는 순서를 의미하는 것으로 교육내용을 수직적, 종적으로 조직하거나 학년 수준에 따라 다르게 조직함을 의미.	• 역사적 사건을 다룰 때 연대기 순으로 진행 • 단순한 주제에서 복잡한 주제로 진행
연계 (articulation)	• 맞물리는 두 개의 학급이나 학년의 지점에서 특정 내용의 요소, 유사한 내용들을 자연스럽게 연결시킴을 의미.	• 초등학교 마지막 역사수업 내용과 중학교 역사 첫 수업의 관련성
균형 (balance)	• 교육과정에서 다루는 여러 측면의 내용을 각기 적절한 비중으로 조화롭게 담아내는 것을 의미.	• 학습 목표의 지식, 기술, 태도 영역의 비중을 균등화 • 개인적, 사회적, 지적인 목표의 균형

에 많이 활용되고 있다. 역량 함양은 경험과 지식을 통합적으로 다루고 적용능력을 키우는 부분을 강조하므로 교육목표 진술도 그런 식으로 표현된다.

교육목표나 수업목표를 진술할 때는 수업 내용에서 학년에게 요구된 목표들 가운데 무엇을 먼저 다룰 것인지에 대한 배열 문제, 이전 시간과의 연관성 및 내용의 지속성, 기본과 심화 학습의 연계성과 같은 횡적 부분뿐만 아니라, 유사 주제에 대한 학년별 배열 문제, 학년 간 연계성과 심화성 등 종적 부분도 고려해야 한다. 이러한 전반적인 측면에 대한 고려를 〈표 7-13〉과 같이 몇 가지 원리로 정리해 볼 수 있다.

요약정리

교육목적이란 교육이 추구하는 방향성을 의미한다. 교육을 통해 기대하는 성과로서 국가, 기관 등 체제 가운데에서 설정되는 거시적, 장기적 의미로 사용된다. 교육목표는 사용되는 맥락에 따라 다양하게 해석하는데, 개별 학교 교사 수준에서 설정하는 교과목의 한 학기 목표에서부터 수업을 통해 달성하고자 하는 구체적인 수업목표까지 포함한다. 여기서 교육목표와 수업목표를 구분할 수 있는데, 교육목표는 일반적인 교육목적과 구체적이고 분명한 수업목표 사이에 존재하는 것으로 볼 수 있다.

교육목적과 목표를 설정할 때 염두에 두어야 할 점들이 있다. 첫째, 교육목표는 학습경험의 결정과 교사 지도에 명확한 방향성을 제시할 수 있어야 한다. 둘째, 교육목적은 인간특성을 폭넓게 포함하고 변화를 충분히 설명할 수 있어야 한다. 셋째, 설정된 교육목표 간에는 일관성이 있어야 한다. 넷째, 교육목표는 실현가능성이 있어야 한다. 다섯째, 교육목표는 교사의 교육행위에 포함되어야 한다. 여섯째, 설정된 교육목표의 타당성은 정기적으로 평가, 비판받아야 하고 필요에 따라 수정, 보완되어야 한다.

교육목적을 설정하는 관점은 크게 두 가지가 있다. 첫째, 과학적, 기술적 관점에서 수립하는 교육목적이다. 이 관점은 교육을 통해 바람직한 결과가 산출되어야 함을 강조한다. 모든 수업은 교육목표 달성에 연관되는 수단이어야 하며 그것이 이루어지지 않으면 과감히 없애라는 입장이다. 이 관점에서 교육목적을 수립할 때는 사회의 요구, 학습자에 대한 연구 결과, 교과 전문가의 제언을 참고한다. 이 관점으로 수립된 교육목적은 수업이 어디로 가는지, 현재 수업이 어느 위치에 있는지를 알게 해주고 거시적 교육목적하에 수업을 구체적, 현실적으로 도와주는 역할을 한다. 그러나, 수업에서 결과 산출을 지나치게 강조하여 목표가 달성되지 않으면 수업을 거부하기 때문에 잠재적 교육과정을 등한시하는 한계가 있다. 둘째, 자연주의적, 예술적 관점에서 수립하는 교육목적이다. 이는 교육목적이 교육과정에 참여하는 사람들이 실제로 하는 것을 포함해야 한다고 강조한다. 교육과정에서 나타나는 복잡성을 제대로 이해하여 실제 상황과 맥락을 포함하고, 교육과정에 참여하는 모든 참여자들이 의견을 통합하여 교육목적을 수립할 것을 제안한다. 다만 현실성이 부족하고 협의 과정이 적절히 진행될지에 대해 확신하기 어렵다.

상위에 위치한 교육목적은 하위의 교육목표에 근거와 기준이 되어야 하며 이 둘은 논리적 연결성, 일관성, 연계성을 갖추어야 한다. 교육목적은 교육에 대한 국가나 사회의 요구가 담겨 있으므로 다양한 인간의 속성을 포함한다. 우리나라 「교육기본법」 제2조에는 궁극적인 교육목적이 제시되어 있다. 교육목적이 수립되면 그에 따르는 교육목표가 설정된다. 교육목표는 교육목적에 비해 포괄성과 적용기간이 축소된다. 교육목표는 학교급별, 기관별, 교과별로 나누어 살펴볼 수 있다. 학교급별이란 유치원, 초등학교, 중학교, 고등학교의 교육목표를 의미하며 기관별이란 각 교육청이나 개별학교에서 수립하는 교육목표이다. 교과별 교육목표는 교과의 성격에 기본 바탕을 두고 있다. 각급 학교, 각 교육청에서 제시하는 교육목표는 결국 교과를 통해 달성된다.

교육목적은 다음의 세 가지 영역을 포함할 수 있다. 첫째, 인지적 영역이다. 이 영역에서는 합리적, 지적 사고작용과 관련된 학습을 주관한다. 둘째, 정의적 영역이다. 태도나 가치를 의미한다. 셋째, 심동적 영역이다. 신체적, 운동기술 영역에 대한 내용이 포함된다.

교육목적 진술은 거시적, 장기적 관점에서 당위성을 지니는 용어를 사용하게 된다. 반면, 교육목표의 진술은 보다 구체적이고 분명한 용어를 사용한다. 행위동사를 사용하고 내면적, 인지적 서술어는 피하며, 행동목표를 설정하게 된다.

교육목표를 진술할 때는 수업 내용 구성원리를 고려해야 한다. 수업 내용은 범위, 통합, 계속성, 계열, 연계, 균형의 원리로 조직되므로 이를 고려한 교육목표를 수립할 수 있어야 한다.

참고문헌

구병두, 최종진, 김부국, 김상남, 차승봉, 박균달, 정의식, 김경민, 이범석, 이경철, 구희진(2017). 교육과정. 파주: 양서원.

김대현, 김석우(2020). 교육과정 및 교육평가. 서울: 학지사.

김재춘, 부재율, 소경희, 채선희(2000). 예비·현직 교사를 위한 교육과정과 교육평가. 파주: 교육과학사.

서울대사범대학교육연구소(2011). 교육학용어사전. 서울: 하우동설.

성태제(2017). 교육평가의 기초. 서울: 학지사.

소경희(2018). 교육과정의 이해. 서울: 학지사.

이정표(2020). 교육학개론. 파주: 교육과학사.

Armstrong, D. G. (1989). *Developing and documenting the curriculum.* Boston: Allyn and Bacon.

Bloom, B. S. (1956). *Taxonomy of educational objectives 1, 2.* New York: Longman.

Krathwohl, D. R. (1993). Methods of educational and social science research: An integrated approach Longman/Addison wesley Longman.

Marsh, C. J., & Willis, G. (1995). *Curriculum: Alternative approaches, ongoing issues.* Englewood Cliffs, NJ: Merrill.

McTighe, J., & Thomas, R. S. (2003). Backward design for forward action. *Educational leadership, 60*(5), 52-55.

Tyler, R. W. (1949). Trends in professional education. *The American Journal of Nursing,* 50-56.

Walker, D. F., & Soltis, J. F. (2004). *Curriculum and aims.* New York, NY: Teachers College Press.

CHAPTER

08

교육내용의 선정과 조직

학습목표

1. 교육내용의 성격을 설명할 수 있다.
2. 교육내용의 선정 원리를 설명할 수 있다.
3. 교육내용의 조직 원리를 설명할 수 있다.

학습개요

학교교육을 통해 우리는 다양한 교육내용을 때로는 피상적으로 때로는 추상적으로 학습해 왔다. 학습자들에게 교육내용 하면 얼핏 교과서에 제시되어 있는 내용(사실, 개념, 이론 등)으로 인식되어 왔으며, 학습자들은 학교교육을 통해 교과서의 내용을 기억하는 학습을 해왔다. 이러한 학습을 하면서 교과서의 내용을 왜 배워야 하는지, 이것이 어떤 의미가 있는지 등에 대한 반문을 하기도 했을 것이다. 또한 학교에서 배웠던 교육내용은 학교를 졸업한 이후에 활용하기도 어렵고, 시간이 지나면서 의미가 없어지는 경우도 있었을 것이다. 본 장에서는 교육내용이 어떻게 선정되고 조직되는 것인지에 대한 고찰을 통해 우리가 그간 교육내용을 학습하고 경험하면서 느낀 현상들에 대한 답을 찾고자 한다.

1 교육내용의 성격

1) 교육내용의 의미

교육내용을 무엇으로 할 것인가는 학교교육에서 중요한 문제이다. 교육내용을 무엇으로 할 것인지는 학자에 따라, 교육과정을 보는 관점에 따라 다르다. 일반적으로 가장 보편적이고 대표적인 교육내용은 지식으로 보는 경향이 많다. 하지만 지식만이 교육내용이 되는 것은 아니다. 지식을 비롯하여 기능, 가치 등도 교육내용으로 규정하고 있다(Hyman, 1973). 하이먼(Hyman)에 의하면 교육내용은 사실, 설명, 원리, 정의 등과 같은 지식 영역을 비롯하여 읽기, 쓰기, 셈하기, 비판적으로 사고하기, 의사결정하기 등과 같은 기능 및 과정 영역, 좋다, 나쁘다, 착하다, 악하다, 아름답다, 추하다 등과 같이 어떤 대상이나 현상에 대해 가치를 판단하는 가치 영역으로 구성된다(강현석, 주동범, 2004: 152). 이 외에 인류가 오랜 역사를 통해 의미 있고 가치로운 것들을 체계적으로 조직해 놓은 교과를 교육내용으로 보기도 하며, 이 교과 내에 지식, 기능, 가치적인 측면들이 포함되어 있다고 본다.

교육과정 관점에 따라 교육내용을 보는 시각은 다르게 전개되어 왔다(김경자, 2000: 237-290). 교과중심 교육과정에서 교육내용은 그 가치가 증명되고 보장된 문화유산 중에서 가장 본질적이고 핵심적인 것으로부터 선정된다. 이에 가장 영구적이고, 확정적이며, 객관적인 사실, 개념, 법칙, 가치들이 교육내용으로 선정된다. 여기에는 '교육받은 다른 사회성원들과 의사소통에 필요한 용어와 이름 익히기', '생산적인 사회성원이 되기 위해 필요한 일련의 기본 기능, 즉 읽기, 쓰기, 계산 등에 대한 숙달', '사회가 원만하게 기능하는 데 필요한 일련의 기본 가치, 즉 정직과 권위 등의 존중'을 강조하는 내용이 포함된다. 경험중심 교육과정에서 교육내용이란 아동이 경험을 통해 이전의 경험을 재구성한 것이 된다. 경험중심 교육과정 관점은 성인의 지식을 아동에게 일방적으로 전달하는 교육에 반대하고 그 대신 지식이 얻어지는 과정, 즉 아동이 경험을 통해 기존의 경험을 재구성한 것을 교육내용으로 강조한다. 즉, 교육내용을 경험이라는 교육의 과정으로 설명한다. 학문중심 교육과정에서 교육내용은 교과이다. 그리고 모든 교과는 기본 구조를 가지고 있으며, 교과의 구조란 그 교과를 구성하는 학문의 일반적 아이디어, 기본 개념, 법칙과 원리들 간의 상호 관련성을 의미한다. 인간중심 교육과정은 학생의 정서를 중요시하며 교육을 생활을 위한 준비가 아니라 삶 그 자체로 간주한다. 따라서 인간중심 교육과정에서 교육내용은 학생의 흥미와 생활의 필요를 바탕으로 자연스럽게 형성되는 활동들로 구성된다.

위와 같이 교육과정 관점에 따라 교육내용의 특성이 다양하게 전개되어 왔지만. 교과·학문을 비롯하여 기능, 과정, 경험과 함께 자존감, 자아실현 등과 같은 정의적인 측면들이 교육내용의 구성요소로 포함되어 왔다. 지식, 과정 및 기능, 가치 등이 교육내용을 구성하는 요소로 작용하여 왔으나 전통적으로 지식은 기능 및 과정, 가치 측면에 비해 상대적으로 교육내용에서 강조되어 왔다. 그러나 최근 들어 교육내용으로서 지식 못지않게 기능 및 과정, 가치 및 태도 측면들이 강조되고 있다.

2) 교육내용의 구성요소

(1) 지식

우리가 학교에서 가르치는 교과를 이루고 있는 내용은 지식이다. 교과를 잘 가르치기 위해서는 지식이 무엇인지에 대한 이해가 필요하다. 넓은 의미에서 지식이란 사물이나 사건에 관한 개개의 단편적이고 사실적인 경험적 인식을 뜻한다. 엄밀한 뜻에서 보면 객관적인 타당성에 의해서 입증된 개념이나 원리들이 논리적이며 체계적으로 조직된 하나의 통일체를 이루고 있다. 교과의 내용을 이루는 것은 바로 엄밀한 의미에서의 지식이다(김경배 외, 2001: 45). 이러한 지식은 하나의 구조를 지니고 있다.

① 지식의 구조

지식의 구조를 학문 혹은 교과를 기반으로 특히 사실적 지식을 기반으로 이야기할 수 있다. 브루너(Bruner, 1960)는 교육내용을 지식의 구조 차원에서 접근하였다. 이홍우(1992: 72-82)는 지식의 구조를 세 가지 의미로 설명하고 있다.

첫째, 지식의 구조는 해당 학문의 기저를 이루고 있는 기본 개념과 원리이다. 지식의 구조는 학문의 기저를 이루고 있는 일반적인 아이디어, 기본 개념, 일반적인 원리 등과 같은 의미로 사용되고 있다. 특정 교과 혹은 교육내용의 지식의 구조는 그 교과를 잘 나타내주는 학문의 가장 근본적인 개념과 원리인 셈이다.

둘째, 지식의 구조를 사물이나 현상이 관련되어 있는 방식으로 보고 있다. 지식의 구조가 단지 가르쳐야 할 단편적인 지식이나 토픽이 아니라 현상을 보는 눈이며, 사고방식이라는 의미이다. 여러 사실이 따로 떨어져서 존재하는 것이 아니라 일반적 원리와 관련되어 있으며, 특히 브루너는 이 점을 일반적 전이가 일어날 수 있는 개념이나 원리로 설명하고 있다. 이런 점에서 볼 때, 특정 학문의 지식 구조를 파악한다는 것은 특정 학문의 현상을 이해하는 것이고, 그것은 곧 일반적 전이가 일어나서 특정 학문의 현상을 이해할 수 있게 해주는 개념이나 원리를 파악하는 것이다.

셋째, 지식의 구조는 네 가지 이점이 있다. '기억하기 쉽고', '이해하기 쉽고', '학습 사태에서 배운 내용을 학습 사태 이외의 사태에 적용하기 쉽고', '초등지식과 고등지식 사이의 간격을 좁힐 수 있다'는 것이다. 이러한 이점들은 교육내용의 선정 및 조직에 있어서 교과 내용이 일반적인 원리를 중심으로 관련을 맺을 수 있도록 하고, 기본 개념을 중심으로 개념의 유효성이 발휘될 수 있도록 하며, 전이 가능성을 최대화할 수 있게 하고, 해당 학문의 성격을 충분히 반영하여야 함을 함축한다.

한편 에릭슨(Erickson, 2002)은 개념을 기반으로 하는 지식의 구조를 설명하고 있는데 사실, 개념, 일반화라는 측면에서 학습 내용을 구조화하고 위계화하여 제시한다. 에릭슨은 매우 간단명료하고 강력한 시각자료를 사용하여 지식이 어떻게 구조화되는지, 사실적 지식과 개념적 이해 사이에 어떠한 상호작용이 있는지 알게 한다. [그림

8-1]은 우리가 가르치는 주제와 사실들, 그 주제와 사실들로부터 도출된 개념, 그리고 두 가지 이상의 개념이 결합하여 만들어지는, 시간이나 문화 그리고 상황을 넘어서서 전이되는 이해에 도달하도록 하는 일반화와 원리들 간의 관계를 보여준다(Erikson, Lanning & French, 2017; 온정덕, 윤지영 공역, 2020: 57-62).

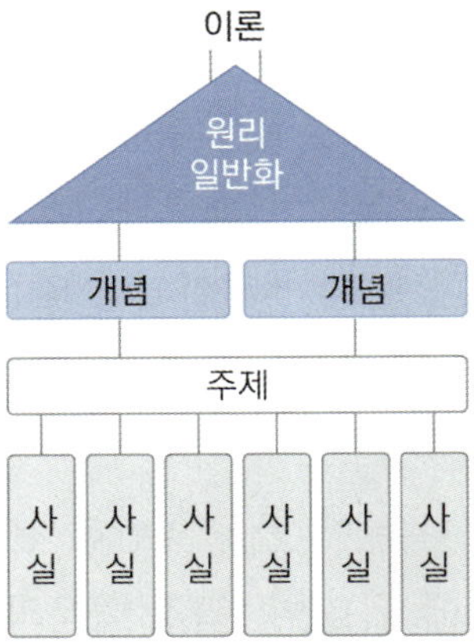

출처: Erickson(2008).

[그림 8-1] Erickson의 지식의 구조(Structure of Knowledge)

사실(Facts)은 인물, 장소, 상황 혹은 물건의 구체적인 예로서 원리와 일반화를 뒷받침한다. 사실은 전이되지 않으며 시간, 장소, 상황에 한정적이다.

주제(topics)는 구체적인 인물, 장소, 상황 혹은 물건과 관련된 일련의 사실에 틀을 제공한다. 주제는 단원을 학습할 때 맥락을 제공하지만 전이되지는 않고 구체적인 사실적 사례들을 관련시킨다. 예컨대, '아마존 우림 내 생태계', '최근의 피난민 위기에 대한 유럽의 대응', '수학에서 식과 방정식', '피카소의 예술과 그것이 미치는 영향' 등을 들 수 있다. 주제들은 일련의 사실들을 구성한다. 주제와 사실들은 모두 시간, 장소, 상황에 따라 고정되어 있으며, 종종 사고 기능(식별하다, 분석하다, 평가하다, 해결하다 등)과 짝을 이루어 제시되기도 한다(임유나 외 공역, 2022: 8).

개념(Concepts)은 주제로부터 추출된 지적 구성체로서 시간에 제한을 받지 않고 복잡하고 다양한 상황으로 전이된다(Erickson & Lanning, 2014: 33). 한두 단어 혹은 짧은 구로 이루어지며 보편적이고 추상적이다. 개념은 주제보다 추상화의 수준이 더 높으며 큰 개념 혹은 작은 개념으로 존재할 수 있다. 개념의 예로 시스템, 체제, 서식지, 가치, 선형 함수 등을 들 수 있다.

일반화(Generalizations)는 하나의 문장으로 두 개 이상의 개념 간 관계를 진술한 것이다. 추상적이고 시간에 제약을 받지 않으면서 여러 문화 및 여러 상황에 걸쳐서 보편적으로 적용된다. 일반화는 개념적 이해를 의미하며, 영속적 이해 혹은 핵심적인 이해, 빅아이디어라고 칭하기도 한다. 일반화는 사실에 비추어 검증하고 사실에 의해 지지되어야 한다. 일반화의 예로 '유기체는 생존하기 위해 변화하는 환경에 적응한다', '개인이나 사건은 역사에서 핵심 전환점을 만들어 낼 수 있다', '합성수는 소수의 결합으로 표현될 수 있다' 등을 들 수 있다.

원리(Principles)는 수학에서의 정리나 과학에서의 법칙 등과 같이 학문에서 기초를 이루는 진리로 간주된다. 보편적인 일반화처럼 원리 또한 영속적인 이해 혹은 핵심적인 이해 또는 빅아이디어로 칭하기도 한다. 원리의 예로 '공급이 감소하면 가격이 올라간다, 공급이 증가하면 가격이 내려간다', '물체에 힘이 작용하지 않으면 정지한 물체는 계속 정지해 있고, 일정한 속도로 운동하고 있는 물체는 현재의 속도로 운동을 유지한다', '직선은 제한 조건이 없으면 무한히 확장된다' 등이 있다.

이론(Theories)은 현상이나 실천 양상을 설명하기 위해 사용되는 개념적인 아이디어의 집합 혹은 가정이다. 이론은 절대적인 사실들보다는 최선의 증거에 의해서 뒷받침된다. 이론의 예로 상대성 이론, 우주의 근원에 대한 빅뱅이론, 대륙이동설 등이 있다.

지식의 구조에서 개념적 관계 수준으로 볼 수 있는 원리와 일반화의 중요성은 아무리 강조해도 지나치지 않다. 학생이 자신의 이해를 새로운 상황으로 전이할 수 있도록 하는 것은 에릭슨의 지식의 구조에서 일반화 또는 원리로 알려진 두 개 이상의 개념 간의 관계이다. 학생들은 두 개 이상의 개념을 이해하고 서로를 관련지어 설명할 수 있어야 한다. 만약 학생이 변화 또는 패턴을 식별하고 정의할 수는 있지만 다른 보편적 또는 학문적 개념과 관련지어 이해하지 못하는 경우, 학생은 앞으로도 변화나 패턴과 관련된 복잡한 문제를 해결하는 데 있어서 계속 어려움을 겪게 될 것이다(임유나 외 공역, 2022: 8; Stern, Lauriault, & Ferraro, 2018).

② 지식의 유형

지식은 우리가 교육을 통해 알아야 할 것으로 보통 교육과정 문서의 내용, 즉 학년별 · 교과별로 구분하여 제시된 교과 지식이다. 통상적으로 교육내용으로서 지식이라고 할 경우, 인지적인 측면을 강조하는 경향이 있다. 블룸(Bloom) 등은 교육목표분류학의 지적 영역에서 '지식'이란 용어, 준거, 원리, 이론 등을 기억해 내는 것을 의미한다고 하였으며, '이해', '적용', '분석', '종합', '평가'는 이들 지식을 활용하는 지적 기능으로 설명한다(김경배 외, 2001: 134).

앤더슨(Anderson)과 그의 동료들(2001)은 지식을 사실적 지식, 개념적 지식, 절차적 지식, 메타인지 지식 등 네 가지로 제안하였다. 사실적 지식은 사실, 요소 등에 관한 것이다. 개념적 지식은 사실을 넘어서는 지식, 영속적 이해의 대상인 빅아이디어, 다른 것들의 기반이 되는 아이디어 등을 의미한다. 절차적 지식은 탐구, 기능, 기술, 전략 등 학생이 기능을 수행하기 위해서 알아야 하는 방법에 관한 것이다. 메타인지 지식은 자신이 뭘 하는지 판단하는 사고 과정에 관한 것으로 이는 최상의 학습방법을 깨닫는 것과 관련된다.

지식은 여러 방식으로 정의될 수 있으나 최근에는 역량 교육의 관점에서 교육내용으로서 지식에 대해 다음과 같이 언급하고 있다. OECD 교육 2030 프로젝트에서 지식은 세계의 특정 양상에 대한 사실, 개념, 아이디어, 이론 등을 포함하는 것으로 본다. 지식은 특정 과업을 수행하는 경험에서 나온 실천적 이해뿐만 아니라, 이론적 개념과 아이디어를 포함하는 것으로 정의된다(OECD, 2019a: 3). OECD 교육 2030 프로젝트에서는 지식을 학문적 지식, 간학문적 지식, 인식론적 지식, 그리고 절차적 지식 등 크게 네 가지 유형으로 구분하고 있다(최수진 외, 2019: 53-55).

학문적 지식은 이해의 가장 기본적인 요소로서 다른 유형의 지식을 학습하는 데 핵심적인 구조와 기초 개념을 제공한다. 학생들이 가장 기본적인 수준의 학문적 지식을 학습해야 보다 전문적 지식으로 발전시킬 수도 있고 새로운 지식을 만들어 낼 수 있다는 것이다. 학문적 지식에서 다루는 교과 특수 개념과 세부적인 내용은 고정된 것이 아니라 시대 변화에 따라 달라질 수 있다. 예컨대, OECD는 최근 인공지능에 대한 관심이 높아짐에 따라 AI에 관한 기본 개념, 디지털리터러시, 온라인 환경에서의 안전 문제, AI로 인한 윤리적 문제 등도 학문적 지식의 일환으로 중요하게 다루어질 수 있다고 제안한다(OECD, 2019a: 5-6). 학문적 지식은 소위 "강력한 지식(Knowledge of the power)"(Young & Muller, 2016; OECD, 2019a: 6)이라고 불리기도 한다. 이것을 배우는 것은 학생들이 살아가면서 필요한 가장 기본적인 이해와 안목을 키워주는 강력한 힘을 발휘한다는 점에서 계층 격차가 발생하지 않도록 모든 학생에게 형평성 있게 배울 기회를 부여해야 한다는 것이다.

간학문적 지식은 실생활 문제와 현상과 이슈들을 서로 다른 학문을 통해서 바라볼 수 있는 능력을 의미한다. 간학문적 지식의 획득은 학문적 지식의 획득에 의존적인 것이어서 학생들이 각 학문의 지식, 가치, 규칙, 개념 등에 친숙하게 되면 다른 학문들에 적용할 수 있는 특정 학문의 핵심 패턴을 인지하게 될 수 있다(이상은 외, 2018: 103). 복잡한 문제에 대한 해결책을 다양한 각도에서 생각해 보기 위해서는 여러 학문에 걸친 간학문적 지식이 필요하다. 간학문적 지식은 학생들이 한 상황에서 습득한 지식을 다른 상황에 전이시킬 수 있도록 돕는다(최수진 외, 2019: 53). OECD 교육 2030 프로젝트에서는 학생들이 간학문적 지식을 학습할 수 있도록 교육과정을 설계할 때 고려해야 할 점 다섯 가지를 소개하고 있다(OECD, 2019a: 6).

첫째, 학생들은 핵심 개념 혹은 빅아이디어를 배움으로써 다른 장면에 적용시킬 수 있다.

둘째, 학생들은 여러 학문에 걸친 다양한 개념을 통해 상호관련성을 파악하는 것을 학습할 수 있다.

셋째, 학생들은 주제 학습을 통해 서로 다른 학문을 연결시키는 법을 학습할 수 있다.

넷째, 간학문적 학습은 관련되는 교과를 합치거나 새로운 교과를 신설하는 방식을 통해 조직될 수 있다.

다섯째, 간학문적 학습을 촉진시키는 방법 중 하나로 교육과정 내에 프로젝트 기반 학습을 할 수 있는 여지를 마련할 수 있다.

인식론적 지식은 실천 장면에서 전문가처럼 사고하고 행동하는 방법에 관한 학습을 의미한다. 이것은 학생들이 자신이 하고 있는 학습의 적절성과 목적을 이해하는 데 상당히 중요하다. 인식론적 지식은 수학자, 공학자, 역사학자와 같이 사고하는 법을 배우는 것과 관련된다. "나는 이 과목에서 무엇을 배우고 있으며, 왜 배우는가?", "나는 이 지식을 내 삶에서 어떻게 활용할 수 있는가?", "이 분야의 전문가는 어떻게 사고하는가?", "의사, 공학자, 과학자 등과 같은 전문가들은 어떤 행동 윤리를 따르는가?" 등의 질문이 인식론적 지식과 관련되는 물음들이다. 인식론적 지식은 학문적 지식을 확장하여 문제를 푸는 데 학생들의 이해를 활용하고, 가치 있는 미래의 목표를 위해 나아갈 수 있도록 돕는다. 이것은 학문적 지식을 학생들의 삶의 관심사와 연결시킴으로써 학습하는 내용의 실제성을 높이도록 만든다. 지식을 실제 삶의 문제와 연결시키는 것은 학생들의 학습 동기를 촉진하는 데에도 도움이 된다.

절차적 지식은 목표를 성취하기 위해 취하는 일련의 단계나 행위와 관련된 것으로서 무언가가 어떻게 행해지거나 만들어지는지를 이해함으로써 습득되는 것이다(이상은 외, 2018: 106). 이러한 지식에는 영역-특수적인 것(예: 수학의 절차적 지식)도 있고 여러 영역에 걸쳐 전이 가능한 것도 있다. 절차적 지식은 대개 실생활의 문제를 해결해 보려는 실천을 통해 발달한다. 학생들이 실생활의 이슈를 발견하고 이들 이슈에 대한 해결책을 찾도록 도울 수 있는 사고 패턴을 가르치는 것이 중요하다. 절차적 지식의 예로 시스템 사고와 디자인 사고를 들 수 있다(OECD, 2019a: 9). 시스템 사고는 목적을 위해 시스템이 어떻게 구성되어 있는지를 볼 수 있는 능력이다(Mobus, 2018; OECD, 2019a: 9). 시스템 사고를 할 수 있는 학생은 학문적 지식을 실제 세계의 시스템을 이해하고 파악하는 데 전이할 수 있다는 것이다. 디자인 사고는 좀 더 정교화된 해결책을 통해 문제를 해결하도록 돕는 일련의 과정이다. 단순히 과정과 절차를 가르쳐 주는 것을 넘어서서 학생들에게 공감능력 발달, 팀 협력에의 참여, 자기 효능감, 실패 원인

규명 및 재도전 등과 같은 경험을 제공하는 것을 목적으로 한다(Goldman, 2017; OECD, 2019a: 9).

③ 교육내용의 우선순위

교육내용은 학문의 발달, 학습자의 관심, 국가 · 사회적 요구에 따라 가변적일 수 있다. 교육과정 개발자의 관점에서 볼 때, 어떤 내용은 학습자에게 꼭 필요한 내용이라고 하지만, 정작 학습자의 입장에서 볼 때 필요하지 않을 뿐만 아니라 불필요한 내용을 학습함으로써 교육과정 내용의 과부하를 경험하게 된다. 최근에는 적게, 깊이 있게(The Less is The More) 가르치는 것이 중요하게 부각되고 있다. 학교에서 가르쳐야 할 무수한 내용 중 무엇을 우선순위로 둘 것인지에 대한 고민이 필요한 이유이다.

위긴스와 맥타이(Wiggins & McTighe, 2005)는 교육내용을 크게 '친숙해져야 할 사실과 정보들', '중요한 개념과 기능들', '빅아이디어', '영속적 이해 혹은 일반화'로 범주화한다. 이러한 접근은 교과를 통해 가르치고자 하는 학습내용에 우선순위를 부여하는 접근방식이기는 하지만 교사가 많은 내용을 가르칠 때에 무엇이 더 중요한지를 생각하게 한다. 방대한 양의 내용을 똑같이 중요한 것처럼 동일한 수준에서 가르친다는 생각에 변화를 주는 것이다(김경자 외, 2017: 131).

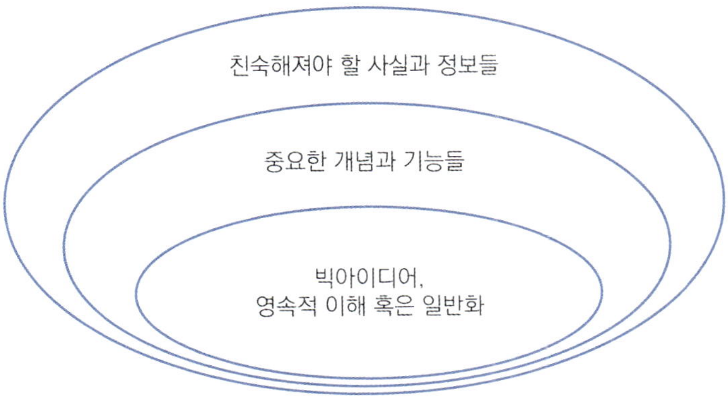

출처: Wiggins & McTighe(1998). p.15.

[그림 8-2] Wiggins와 McTighe의 교육내용의 우선순위

교육내용에 있어서 가장 우선순위가 높은 것은 영속적 이해이다. '영속적 이해'는 학생들이 사실들을 모두 잊어버려도 남아 있는 가장 일반적이고 포괄적인 수준의 일반화/원리이다. 단편적인 사실들이 모여서 개념을 이루며, 개념들은 다시 일반화나 원리로 묶인다. 영속적이라는 표현을 사용하는 이유는 학생들의 마음속에 남아서 필요할 때마다, 또는 어떤 새로운 상황에 부딪쳤을 때 다시 불러 올 수 있는 아이디어이기 때문이다(김경자 외, 2017: 132). 예컨대, '연대표를 만드는 것'은 단편적 이해라고 볼 수 있지만, '역사적 사건의 의미는 여러 관점에서 해석될 수 있다'는 영속적 이해에 해당한다.

중요한 개념과 기능들은 사실들 간의 관계를 구조화한 것으로서 학습자가 영속적 이해에 도달하는 데 필요한 지식과 기능이다. 예컨대, 역사에서 여러 사료들을 해석하는 것, 정책의 주요한 이슈에 대해서 논쟁하는 것 등은 교과가 기반하는 학문에서 중요하게 다루어지는 기능이다. 친숙해져야 할 가치가 있는 사실과 정보들, 중요한 개념들과 기능들은 모두 궁극적으로 빅아이디어, 영속적 이해 혹은 일반화를 이해하도록 돕기 위해 선정되는 것이다.

(2) 기능 · 과정

교육내용으로서 기능은 가르쳐야 할 것이면서 지식을 습득하는 과정이라고 할 수 있다. 교사는 교과의 지식을 다루지만 학생들이 그것을 기억하는 데 그치지 않고 다양한 사고기능과 탐구 과정을 이용하여 교과의 지식을 습득하고 활용할 수 있도록 도와주어야 한다(김경자 외, 2017: 143). 이러한 기능에는 해독 및 그리기와 같은 기본기능, 의사소통기능, 사고기능, 학습기능, 인간관계기능, 탐구기능 등이 있다. 이경섭(1999)은 교육내용으로서 과정 혹은 기능을 학교에서 어느 정도까지 수용해야 하는지를 3R, 교과, 미래 사회의 필요 관점에서 논의하였다. 즉, 과정 혹은 기능으로서 쓰기, 정보 찾고 정보 활용하기, 가설 세우기, 모형화하기, 일반화하기, 복잡한 상호 관계 이해하기, 타인과 함께 작업하기 등이 교육과정 내용에 포함될 수 있다는 것이다(이경섭, 1999: 254-255). 최근에는 이러한 기능들이 역량 교육 및 미래 사회의 필요 관점에서 많은 관심을 받고 있다. 우리나라의 경우, 2015 개정 교육과정에서부터 교육내용으로서 기능・과정이 자리매김하게 되었다.

드레이크와 번스(Drake & Burns, 2004)는 지식과 기능은 상호 독립적으로 존재하는 것이 아니며 지식의 위계에서 위로 올라갈 때 필요한 사고 과정으로 본다. 예를 들어 높은 수준의 지식을 학습하면서 낮은 수준의 기능을 적용하는 것은 지양해야 한다. 높은 수준의 지식의 구조를 학습할 때는 점차 고차적인 수준의 기능을 활용해야 한다. 지식과 기능은 상호작용하여 기능은 언제나 지식과 연결되어야 한다. 기능은 지식을 습득하는 데 활용되는 과정이면서 동시에 그 자체로 학습되어야 할 절차적인 지식이다(김경자 외, 2017: 148).

또한, 드레이크와 번스는 기능 및 과정이 특정 교과에 국한되는 경우도 있지만 대체로 교과를 넘나들며 활용된다고 보았다(Drake & Burns, 2004). 이들은 기능을 '낮은 수준의 기능'과 '복합적인 수행기능', 그리고 '학문 분야의 기능'으로 범주화한다. 낮은 수준의 기능은 지식을 열거, 회상, 확인, 기술하는 것으로 이 기능을 수행하는 학습자는 지식의 소비자가 된다. 그리고 복합적인 수행기능은 하나 이상의 교과 영역에서 나타나며 실생활 맥락에서 유용한 것으로 복잡한 수행을 요구하며, 이러한 기능을 수행하는 학습자는 지식의 생산자가 된다. 복합적인 수행기능에 포함되는 것으로는 정보관리, 연구, 비판적 사고, 의사소통, 문제해결 등이 있다. 드레이크와 번스는 낮은 수준의 기능과 복합적인 수행기능 사이에 특정 학문 분야의 기능을 둔다(Drake & Burns, 2004). 예를 들면, '각 나라의 쌀 요리 방법의 특징을 비교・분석한다', '시에 관한 지식을 장르를 이해하고 해석하는 데 활용한다' 등이다. 이러한 기능은 특정 학문 분야 내에서 이루어지는 낮은 수준의 기능과 복합적인 수행기능 사이에 위치한다(김경자 외, 2017: 144).

학생들은 예측하기 힘든 미래 사회 환경에 그들이 가지고 있는 지식을 적용시켜야 하며, 이를 위해서는 폭넓은 범위의 기능을 갖출 필요가 있다. OECD 교육 2030 프로젝트에서는 학교의 교육과정에서 다루어야 할 세 개의 기능, 즉 '인지적・메타인지적 기능', '사회・정서적 기능', '신체적・실천적 기능'을 제시하고 있는데 이들 기능은 상호

의존적으로 발달된다는 것이다(이상은 외, 2018: 55: 최수진 외, 2019: 55-56).

인지적 기능은 언어, 수, 추론, 지식 등을 활용할 수 있도록 만드는 일련의 사고 전략이라고 할 수 있으며 비판적 사고력, 창의적 사고력 등이 포함된다. 메타인지적 기능은 자신의 지식, 기능, 태도 및 가치를 파악할 수 있는 능력으로서 학습에 대한 학습, 자기 조절 등이 포함된다. 미래 사회의 불확실성, 단순 반복 작업에서 창의성을 요구하는 직업 세계로의 변화 등과 같은 사회적 요구에 대응하기 위해 인지적·메타인지적 기능을 습득하는 것이 중요하다.

사회·정서적 기능은 "자신을 발달시키고, 가정, 학교, 직장, 지역사회에서 관계를 형성하며, 시민으로서의 책임감을 다할 수 있도록 만드는 사고, 감정, 행동 등을 일관된 패턴으로 나타날 수 있도록 하는 개인적 능력"을 의미한다(OECD, 2019b: 3). 공감능력, 자기효능감, 책임감, 협동심, 자기통제, 호기심, 정서적 안정 등이 포함된다.

실용적·신체적 기능과 관련하여 신체적 기능은 물리적 도구, 작동법, 기능을 활용할 수 있는 일련의 능력을 의미한다. 정보통신 기기를 사용할 수 있는 능력, 새로운 기계를 활용할 수 있는 능력, 악기를 다룰 수 있는 능력, 미술 작품을 만들 수 있는 능력, 운동을 할 수 있는 능력 등이다. 실용적 기능은 특정 결과에 도달하기 위해서 자원, 도구, 기기 등을 조작하고 활용할 수 있는 능력을 가리킨다(OECD, 2019b: 3). 옷을 입을 수 있는 능력, 음식을 준비하는 능력, 깨끗하게 청소할 수 있는 능력 등과 같이 일상 생활 속에서 요구되는 기능이 포함된다. 음악과 미술 등을 통해 신체적 기능을 발달시키는 것은 인지적·메타인지적 기능 함양에도 도움을 줄 수 있다.

(3) 가치·태도

가치란 어떤 것의 바람직함, 적절함, 선함에 관한 것이다. 어떤 것이란 개인, 사람의 집단, 사물, 장소, 사건, 아이디어, 행동 등이 될 수 있다. 가치의 진술은 어떤 것이 좋으냐 나쁘냐, 잘했느냐 서툴게 행했느냐, 적당하냐 적당하지 않느냐로 나타내어진다(Thomas, 1988: 169-170; 이경섭, 1999: 257).

이경섭(1999)은 교육과정 내용으로서 가치를 '본래 존재하지 않는 것', '모든 내용에 지식 및 과정이 공존해 있다는 것', '별도로 독립해 있다는 것' 등 세 가지 시각에서 논의하였다.

첫 번째 시각은 가치를 다루는 내용은 별도로 존재하는 것이 아니고 지식 및 과정적인 내용을 계속 학습해 가는 과정에서 어떤 가치관이나 신념이 부수적으로 자연히 형성된다는 데서 유래한다고 본다. 다시 말하면 어떤 대상을 감지하고 그것을 스스로 감수해 가면 그 대상에 주의가 집중되고, 그런 주의 집중을 계속해 가면 그것에서 감수한 것대로 이유 없이 행동하게 되며, 스스로 그런 행동을 적극적으로 계속해 가면 자기만족을 느끼게 된다. 이런 만족스러운 행동을 계속 수용해가면 더욱 선호하거나 더욱 값지다고 생각되는 것을 선택하게 되고, 이런 선호나 선택이 결국 확신이라는 신념 또는 가치관으로 이어진다는 것이다.

두 번째 시각은 가르칠 수 있는 모든 내용 자체가 인지적, 정의적, 심리·운동적 측면을 공유하고 있으나, 그 비율이 상이하다는 데서 출발하므로 가치나 신념을 다룰 수 있는 내용은 모든 대상에서 추출되고 인지적, 정의적인 내용과 함께 병기될 수 있다고 보는 것이다. 토머스(Thomas, 1988)는 가치적인 내용은 인지적, 정의적인 내용이 공존해 있다고 본다. 가치 교육은 인지적, 정의적인 측면과 항상 병행 지도할 수 있으므로 가치 교육을 활성화할 수 있다는 것이다.

세 번째 시각은 가치를 가르치는 내용을 교육과정 내용으로 규정하면 독립된 내용이 될 수 있다는 생각에서 유래한다(이경섭, 1999: 258). 예컨대, 유명 화가의 작품 또는 유명 작곡가의 특정 곡을 학생들이 '감상'토록 의도할 경우, 그 감상 내용 부분은 극대화하고 인지적, 심리·운동적 영역에 속할 내용은 극소화하도록 진술하여 그것을 교육과정의 내용으로 규정한다면 내용으로서의 가치가 독립된 내용으로 존립할 수 있다는 것이다. 이런 시각은 첫 번째 시각과는 정반대되고 두 번째 시각에서 파생된 것이라고 할 수 있다. 두 번째 시각에서 파생된 것이라는 것은 모든 내용은 인지적, 정의적, 심리·운동적 영역의 탐구 대상을 공유하고 있다는 것을 시인하면서 가치적인 측면을 극대화한 시각이라는 의미이다.

최근 각국의 교육과정 개발에서 가치나 태도적인 측면을 강조하고 있는데 이는 앞의 두 번째, 세 번째 시각과 관련되어 있는 것으로 보인다. 많은 나라들은 공식적인 교육과정에서 학교교육에서 다룰 특정 가치를 명료화하고 있으며 이를 교육과정 설계에 고려하고 있다. 예컨대, 싱가포르는 존경, 책임감, 회복탄력성, 정직, 보살핌, 조화 등과 같은 가치를 배워야 할 교육내용으로 강조한다. 에스토니아의 새 국가 교육과정에도 학생들이 함양해야 할 가치가 명시적으로 제시되어 있다. 뿐만 아니라 노르웨이에서 최근 개정된 새 교육과정에도 인간의 존엄성, 인권, 윤리적 의식 등과 관련된 태도 및 가치가 중요하게 포함되어 있다.

한편 OECD 교육 2030 프로젝트에서는 가치와 태도를 연계하여 설명하고 있는데, 태도와 가치를 "웰빙이라는 교육목적을 추구하는 과정에서 학생의 선택, 판단, 행동에 영향을 미치는 원리이자 신념"으로 정의한다(OECD, 2019c: 3; 최수진 외, 2019: 57). 가치란 사람들이 사적, 공적 영역에서 선택을 할 때 중요하다고 믿는 것에 내재되어 있는 원리를 의미한다. 가치는 판단의 우선순위를 결정하며, 개선을 위한 노력을 이끌어낸다. 한편 태도는 가치와 신념에 의해 결정되며 행동에 영향을 미친다. 사물이나 사람에 대해 긍정적으로 혹은 부정적으로 반응하는 성향에 태도가 반영되어 있다.

태도와 가치를 일컫는 용어는 사회적, 문화적 맥락에 따라 다양하게 사용된다. 문화권에 따라 '정의적 성과', '적성', '기질', '신념', '성향', '윤리', '도덕성', '사회적·정서적 기능', '소프트 스킬', '덕', '인격' 등과 같은 용어로 표현되기도 한다. 맥락에 따라 중요하다고 선정된 태도와 가치는 다를 수 있으나, 대체적으로 인간의 존엄성, 존중, 평등, 정의, 책임감, 글로벌 마인드, 문화적 다양성, 자유, 관용, 민주주의 등과 같은 요소들이 포함된다.

OECD 교육 2030 프로젝트에서는 지역적 차이를 고려하여 가치를 개인적 가치, 사회적 가치, 사회관습적 가치, 인류적 가치 등 네 가지 범주로 유형화한다(OECD, 2019c: 3). 개인적 가치는 한 사람으로서 나는 누구이고, 어떤 목적을 추구하며, 무엇이 의미 있는 삶이라고 생각하는지와 관련된다. 사회적 가치는 사람들 간의 관계의 질에 영향을 미치는 원리와 신념을 가리킨다. 예컨대, 타인에게 어떻게 행동해야 하는지, 갈등을 포함한 타인과의 상호작용을 어떻게 관리할 것인지 등이다. 사회관습적 가치는 사회적 질서와 제도화된 삶을 특징짓는 원리로서, 문화와 사회의 우선순위를 의미한다. 인류적 가치는 국가와 문화를 초월하여 인류의 안녕을 위해 적용되는 가치로 인권 선언이나 지속가능한 발전과 같은 비전 등이 포함된다.

2 교육내용의 선정

학교에서 가르칠 교육내용을 선정하는 작업은 매우 의미 있고 중요한 일이다. 교육내용으로 어떤 내용들이 선정되어야 하는가에 대해서는 학자들에 따라 다양한 입장을 견지하고 있다. 자이스(Zais, 1976)는 교육내용이 유의미한 것, 타당한 것, 사회적 적절성을 가진 것, 유용한 것, 교수·학습이 가능한 것, 학습흥미를 고려한 것이어야 한다고 주장한다. 돌(Doll, 1974: 108-109)은 교육과정 내용의 선정 준거로 학문적 지식으로서의 타당성과 중요성, 범위와 깊이의 적절한 균형, 학습자의 욕구와 흥미에 대한 적절성, 영속성, 주된 아이디어 및 기본 개념과의 논리적 관계, 학습 가능성, 타 교과로부터 자료를 끌어올 가능성 등을 제시하였다. 브래디(Brady, 1992: 111-116)는 타당성, 중요성, 흥미 및 관심, 학습 가능성, 사회적 실재와의 일치성, 유용성 등을 교육내용 선정 시 고려해야 한다고 하였다. 한편, 국내의 교육과정 학자들은 사용하는 용어에 있어 다소 차이를 보이지만 교육과정 내용 선정 준거로 교육목표와의 일관성의 원리, 균형성의 원리, 타당성의 원리, 확실성의 원리, 중요성의 원리, 사회적 유용성의 원리, 인간다운 발달의 원리, 흥미의 원리, 학습 가능성의 원리, 사회적 적절성, 사회적 긴급성, 개인적 유의미성, 개인적 효용성, 학문의 효용성, 교육 가능성 등을 제안하였다(김대현, 김석우: 2000: 120-122; 홍후조, 2017: 329-332; 강현석 주동범, 2004: 156-160; 박창언, 2017: 166-167). 이하에서는 국내·외 학자들의 의견을 참고하여 교육과정 내용 선정 기준 혹은 원리에 대해 살펴보았다.

1) 교육목표와의 일관성

교육내용은 교육목표 달성을 위한 수단적 역할을 한다. 교육목표는 교육을 위해 필요한 내용을 결정하는 기준이 된다. 교육과정에서 추구하는 교육목표를 제대로 구현하기 위해서는 이에 적합하고 타당한 교육과정 내용이 존재하여야 한다. 교육과정 목표와 내용은 논리적인 일관성을 유지하여야 한다는 것이다. 이러한 일관성을 유지하기 위해서는 내용에서 진술된 교육목표를 반영해야만 한다. 교육목표에서 진술한 내용과 교육과정에서 선정한 내용이 서로 연관성이 없고 다르다면 그것은 교육목표에 부합하는 타당한 교육내용이라고 할 수 없다. 예컨대, 교육목표가 학생들로 하여금 정치적 구조를 이해하도록 하는 것이고 그에 수반된 내용은 단지 하나의 정당만을 다룬다면, 그 내용은 교육목표와의 일관성을 타당하게 반영하지 못하는 것이다(강현석, 주동범, 2004: 157).

2) 중요성

중요성은 내용이 학문 또는 주제에 필수적이며 기본적인 것을 선정해야 한다는 의미이다. 학습되는 내용은 기본 아이디어 및 개념, 원리, 일반화, 교육과정의 전체적인 목적 등에 기여하는 정도에 따라서 중요성을 지닌다. 내용은 또한 학습 능력 및 기능, 과정, 태도 형성의 개발을 고려해야 한다. 타바(Taba)는 학습자의 인지적 측면에 근거를 둔 내용만 선정하는 것이 아니라 정의적 차원에 근거를 둔 내용도 선정해야 한다고 주장하였다. 교육내용의 선정과 관련하여 중요성이 교육과정 설계자에게 핵심적 위치를 차지하고 있지만, 정작 무엇이 중요한 것인가 대해서는 의견이 일치하지 않을 때가 많다(Ornstein & Hunkins, 2004). 예컨대, 교과중심의 설계를 선호하는 사람들은 어떤 지식이 학생에게 전달될 필요가 있는가 하는 측면에서 중요성을 고려한다. 학습자중심 설계를 선호하는 사람은 지식이 어떻게 유의미한 경험에 기여하는가 하는 측면에서 중요성을 고려한다. 또한 어떤 사람들은 사회적 · 정치적 · 경제적 관점에서 중요성을 고려하기도 한다. 리드(Reid)는 교육내용은 문화적 중요성을 중심으로 선정되어야 한다고 주장한다(장인실 외 공역, 2007: 350). 예컨대, 학습되거나 구성되는 내용은 국가나 집단의 전체 문화를 반영하고 있는가 등의 관점에서 고려한다.

3) 타당성

타당성은 선정된 내용이 얼마나 믿을 만한 것인가와 관련된다. 이는 대체로 교육과정 내용의 정확성 여부를 의미한다고 할 수 있다. 정보가 폭증하는 오늘날 학교교육 내용으로 선정된 지식은 급속하게 쓸모없고 부정확한 것이 되어 버린다. 새로운 지식이 발견되기 때문에 타당하다고 생각되었던 내용은 잘못된 것이거나 허위로 판명될 수 있다. 타당성은 교육과정 내용이 처음 선정될 때에 확인되어야 하지만, 원래의 내용이 계속 타당성을 가지는가를 결정하기 위해서는 교육과정의 프로그램이 진행되는 동안 정기적으로 검증될 필요가 있다. 내용의 타당도를 검증하는 중요한 방법 중의 하나는 그 내용의 영속성을 살펴보는 것이다(강현석, 주동범, 2004: 157). 이렇게 급변하는 세계에서 교육과정 개발자와 교육과정 운영자는 내용의 영속성 문제에 끊임없이 직면하게 된다. 교육과정 개발 당시에 정확하고 타당한 내용이라고 하더라도 지식의 생명 주기가 짧으며, 지식이 폭증하는 지식 정보화 시대의 요구를 충족하기 힘든 낡고 쓸모없는 내용이 될 수 있음을 간과해서는 안 된다. 교육내용 선정에서 장기적으로 지속가능한 항구적이고 영속적인 것을 선정하는 것이 중요한 이유이기도 하다. 내용이 타당한가는 교육목표와의 관련성 측면에서도 측정될 수 있다. 즉, 타당한 내용이 되기 위해서는 그 내용이 진술된 교육목표를 반영해야 한다.

4) 사회적 적절성

사회적 적절성은 교육내용이 사회적으로 적절해야 함을 의미한다. 이는 교육내용이 개인이 속해 있는 사회의 발달에 적절한가 하는 문제와 관련된다. 사회적 적절성은 그 사회의 전통과 규범에 부합해야 하고, 그 사회의 좋은 전통은 유지하되 결함을 극복할 수 있는 내용을 담은 것이어야 한다. 교육내용이 사회의 지속 가능성을 위한 재생산과 안정에 기여하는가와 관련된다. 교육내용의 사회적 적절성 측면에서 우리 사회를 발전시키는 데 어떤 교육내용을 담아야 할 것인가는 매우 중요하다. 이 기준은 도덕적 가치, 이상, 사회적 문제, 논쟁적인 문제 등과 관련이 있다. 즉, 어떤 기준으로 사회적 적절성을 판단할 것인가 하는 점에서 다양한 이슈가 발생되고 이는 교과 내용의 선정에 영향을 미치게 된다.

5) 유용성

유용성은 교육내용이 얼마나 활용되고 쓸모 있으며 의미 있게 작동할 것인가와 관련된다. 학생이 성인 생활을 준비하는 데 얼마나 교육내용이 유용한가?, 교육내용이 실세계의 적절성을 유지하는 데 얼마나 가치로운 것인가? 등과 같은 질문과 관련된다. 우리가 유용성을 어떻게 볼 것인가는 우리가 지니고 있는 철학적 견해와 선호하는 교육과정 설계의 영향을 받는다. 예컨대, 교과중심 설계를 선호하는 사람들에게 유용성은 학습된 내용이 직업 상황이나 그 밖의 다른 성인 활동에서 활용될 수 있도록 할 것인가의 관점에서 판단된다. 학습자중심의 입장에 있는 사람에게 유용성은 학습된 내용이 개인으로 하여금 자신의 정체성을 정확하게 지각하도록 하고 자신의 생활에서 의미를 찾을 수 있도록 할 것인가와 관련된다.

유용성 측면에서 교육과정 의사결정자들은 현재의 유용성과 미래의 유용성이라는 두 가지 유용성 모두를 고려해야 한다. 학생이 현재 성공적으로 생활하는 데 직접적으로 중요한 내용이나 과정이 있을 수 있다. 이러한 내용과 과정 중에는 학생의 희망이나 미래의 포부와 관계없이 모든 학생에게 유용성을 가지는 것도 있을 수 있다. 또한 어떤 내용은 특별한 요구나 희망을 가진 학생들에게만 유용성을 가지기도 한다. 현재는 유용성을 가지지 않아도 학생들의 미래를 준비시키는 데 유용성을 가지는 내용도 있다. 이러한 내용은 학생들이 미래의 자신을 생각해 보도록 하고 미래를 계획하고 사건을 예견하여 현재의 추세가 미래에 어떤 결과를 가져올 것인가를 사정하도록 한다는 점에서 유용성을 가지게 된다. 교육과정 의사결정자들은 다양한 방향으로 급격하게 전개되는 미래 상황에서 학생에게 어떤 내용과 과정, 기능, 태도를 제공할 것인가에 대해 고려하여야 한다(Ornstein & Hunkins, 2004: 장인실 외 공역, 2007).

6) 흥미

흥미는 학습자가 지니고 있는 학생의 요구뿐만 아니라 학생의 개별성을 고려하여 교육내용을 선정하는 것과 관련된다. 학습자가 흥미를 갖지 않는 교육내용은 교육적 효과가 떨어진다. 교육내용은 학습자의 흥미를 유발하기도 하고, 흥미를 해소해 주기도 하여야 한다(박창언, 2017: 167). 흥미는 학습자중심의 교육과정 설계를 선호하는 사람에게는 핵심적인 기준이다. 이러한 사람들은 지식이 자기 자신의 생활에 유의미할 때는 학습자 내부에 존재한다고 생각한다. 반대로 지식이 유의미하지 못할 때는 교육을 비인간적인 것으로 만든다. 흥미라는 기준은 1920년대 아동중심 교육 이후 현대에 이르기까지 교육과정 결정의 주요한 자원으로 여겨져 왔다. 교육과정의 내용은 학생의 흥미를 고려하여 선정되어야 하고 학생의 흥미를 고려하는 데서 나아가 그것을 확장시켜 주어야 한다. 그러나 학생의 흥미가 무조건적으로 반영되어야 하는 점은 경계해야 한다. 현재 학생이 가지고 있는 흥미는 학생과 사회 모두에게 지속적인 가치를 가지는지를 염두에 둘 필요가 있다. 그래서 학생의 흥미라는 기준은 학생의 성장 및 이전 경험, 학생이 지니고 있는 교육적 · 사회적 가치, 그리고 학생이 사회 내에서 상호작용할 것으로 기대되는 점 등을 고려하여 어떤 부분에 중점을 둘 것인가 하는 조정과정도 필요하다. 궁극적으로 교육내용은 학생의 복지에 기여해야 한다. 고객으로서 학생이 가지는 고유성은 존중되고 특별하게 취급되어야 한다.

7) 학습 가능성

학습 가능성은 학생들이 학습할 수 있는 내용을 선정한다는 것을 의미한다. 학습자의 발달단계, 능력 수준 등 학습자의 특성을 고려하여 적합한 내용을 선정해야 학습의 가능성과 효과가 높아지게 된다는 뜻이다. 이를 통해 교육활동에서 소외 집단을 없애거나 최소화할 수 있는 방향으로 교육이 전개될 수 있다(박창언, 2017: 167). 어떤 내용은 특정 학생의 경험 밖에서 선정되기 때문에 전혀 불가능한 것은 아니지만 학습하기 어려운 것도 있다. 더욱이 선정된 내용들은 때로는 학생이 학습하기 어려운 방식으로 배열되어 제시되는 경우도 있다. 교육과정에 제시된 교육내용에 대해 비판론적인 입장을 취하는 사람들은 흔히 선정된 내용이 중류 계층의 편견을 반영하고 있고, 수렴적 사고에 익숙한 학습 유형을 지니고 있는 학생들에게 유리하도록 조직되어 있다는 점을 지적하기도 한다. 학습 가능성의 기준은 내용의 최적 배치와 적절한 조직, 계열화와 관련된다. 나아가 그것은 학생과 관련하여 내용의 적절성 여부라는 쟁점을 야기할 수도 있다.

8) 실행 가능성

실행 가능성은 교육내용이 실질적으로 교육 가능해야 한다는 것을 뜻한다(홍후조, 2017: 332). 교육과정 의사결정자는 할당된 시간과 활용 가능한 자원, 교육과정 개발자와 실행자의 전문성, 정치·사회적 분위기, 현행 법규, 가용한 자원과 시설·설비 등 실질적으로 교수·학습 가능성을 고려하여 교육내용을 선정해야 한다. 교육과정 개발자들은 자신들이 교육내용 전체를 통제한다고 생각할 수 있지만, 교육내용 실행에는 한계가 있다. 예컨대, 학교 수업 일수 및 수업 시수는 가르칠 수 있는 내용을 제한한다. 교실의 크기와 학교 직원도 마찬가지이다. 교육내용은 경제적, 사회적 측면에서 봉착하게 되는 실제적인 맥락을 고려하여 선정되어야 하는 것이다. 프랫(Pratt)은 교육과정은 정치적·경제적 실행에 얼마나 제한성이 있느냐에 의해 지배되고, 실행 불가능성은 제한성의 크기에 기인한다고 주장하였다(장인실 외 공역, 2007: 352). 즉, 교육내용이 정치적 · 경제적으로 실행 가능성이 높을 경우, 그 교육과정의 제한성은 낮아지고 교수 · 학습의 가능성은 높아진다는 것이다.

3 교육내용의 조직

교육내용의 조직은 선정된 교육내용을 어떻게 배열하고 체계적으로 제시할 것인가의 문제이다. 선정된 교육내용을 어디에, 왜 배치하여야 하는가라는 질문에 답하는 것이다. 따라서 동일한 내용이라고 하더라도, 교육내용을 어떻게 조직하느냐에 따라 전혀 다른 학습 성과를 야기할 수 있다. 교육내용 조직의 원리와 관련하여 학자에 따라 다양한 관점을 제시하고 있다. 타일러(Tyler, 1950)는 계속성, 계열성, 통합성을, 슈레이더(Schrader, 1972)는 계속성, 나선성, 일관성, 통합성을, 브릭스(Briggs, 1967)는 수직적 구조, 위계적 구조, 평면적 구조 등을 제시하였다. 한편, 국내의 교육과정 학자들은 사용하는 용어에 있어 다소 차이를 보이지만 교육내용의 조직 원리로 범위, 계열성, 연계성, 통합, 균형성 등을 제안하였다(이경섭, 1999: 274-279; 홍후조, 2017: 337-338; 강현석, 주동범, 2004: 160-167; 박창언, 2017: 174-179). 이하에서는 위의 내용을 참조하여 교육내용 조직에서 고려되어야 하는 기준 혹은 원리에 대해 살펴보았다.

1) 스코프

스코프(scope)는 특정한 시점에서 학생들이 배우게 될 내용의 폭과 깊이를 의미한다. 교육자들이 어떤 하나의 교육과정을 고려할 때는 반드시 그 교육과정 내용의 폭과 깊이, 즉 교육과정의 스코프를 다루어야 한다. 스코프와 관련하여 교육과정 의사결정자들은 어떤 시점에서 학생들이 배워야 할 내용이 무엇이고 그것들을 얼마나 깊이 있게 배워야 하는가를 결정하게 된다. 타일러는 스코프가 내용, 주제, 학습경험, 그리고 교육계획을 구성하는 조직 요소로 이루어진다고 보았다. 자이스는 스코프가 내용 영역의 범위뿐만 아니라, 각 영역이 다루어져야만 하는 깊이의 정도까지를 포함하는 것으로 보았다(Zais, 1976: 338).

스코프는 좁게는 핵심주제나 활동의 목록을 가리키기도 하고, 넓게는 학생들에게 제공되는 내용의 깊이와 넓이뿐만 아니라 학생을 학습에 참여시키기 위해서 만드는 학습경험의 다양성과 유형을 지칭하기도 한다. 중요한 점은 교육과정 개발자들이 교육과정에 어떤 내용이 포함되어야 하고 그 내용을 얼마나 상세화할 것인지 결정하는 것이다. 현재 직면하고 있는 지식의 폭발 문제는 다양한 방식으로 스코프 문제를 제기하고 있다. 또한 학생 사이에서 발견되는 다양성은 교사에게 교육과정에 포함시켜야 할 내용과 활동의 스코프에 관하여 생각하게 만든다. 어떤 교사는 교육과정에 포함시켜야 할 주제와 내용의 스코프가 단순히 너무 넓기만 하다고 생각한다. 어떤 교사는 교육과정에서 특정 내용을 무시하거나 새로운 내용을 포함시키지 않는 방식으로 내용 과부하 문제를 해결한다. 어떤 교사들은 여러 소주제를 관련시켜 교육과정의 대표 주제를 뽑아내기도 한다(Ornstein & Hunkins, 2004).

우리는 스코프를 고려할 때 학습의 인지적 · 정의적 · 심동적 영역 각각에 주목할 필요가 있다. 각 영역 내에 무엇이 포함되어야 하고, 무엇이 상세화되어야 하는지는 물론 어느 영역을 가장 중요하게 강조해야 할지를 결정해야 하기 때문에 스코프 문제는 더욱 복잡해진다. 예컨대, 전통적으로 인지적 영역이 지식의 영역과 관련하여 가장 많이 강조되었다. 중등학교 수준에서 흔히 우리는 교육과정의 스코프를 결정하기 위하여 각 학문적 지식과 그 주요 개념에 의존하고 있다. 그러나 최근에 와서는 가치와 태도를 다루는 정의적 영역과 운동적 기능 및 각 기능 간의 협응을 다루는 심동적 영역도 강조되고 있다.

2) 시켄스

시켄스(sequence)는 일정 기간에 걸쳐 학습자들이 연속적으로 학습할 수 있도록 내용이 제시되는 순서를 의미한다. 즉, 학년에 걸쳐 연속되는 교육내용의 시간적 배열이나 순서로서 교육내용을 누적적으로, 지속적으로 학습하도록 교육내용 요소를 배열하는 것이다. 교육과정 전문가의 입장에서 볼 때, 학생이 교육과정에 대한 이해를 연계하고 심화하는 기회를 가질 수 있도록 내용과 경험을 어떻게 구성하고 재구성하는가를 결정해야 하는 것과 관련된다.

내용과 경험의 계열화와 관련하여 교과의 논리적 구조에 따라 이루어져야 하는지, 학습자가 지식을 습득하는 방식에 따라 이루어져야 하는지의 쟁점은 오래된 논쟁거리이다. 최근 뇌과학에 기반한 학습과 관련하여 교육내용을 생산적인 계열로 조직하고자 할 때, 학습자 개인이 발달하고 학습하는 순서를 무시할 수는 없다. 그러나 내용의 본래적 구조나 논리 역시 무시할 수 없다.

내용 계열화와 관련하여 교육과정학자들이 보편적으로 수용하고 있는 네 가지 학습원리, 즉 단순한 학습에서 복잡한 학습으로, 선행필수 학습, 전체 학습에서 부분 학습으로, 연대순으로 배열된 학습을 제시하면 다음과 같다(Ornstein & Hunkins, 2004; 장인실 외 공역, 2007: 386).

첫째, 단순한 학습에서 복잡한 학습으로의 원리이다. 내용이 간단한 하위 구성요소 혹은 요소에서 이들 구성요소 간의 상호 관계를 설명해 주는 복잡한 구성요소로 진행해 가는 계열을 말한다. 이것은 학생에게 쉬운 내용 혹은 때로는 구체적인 내용을 제시하고 그 다음에는 더 어려운 내용 혹은 때로는 추상적인 내용을 제시해 줄 때, 최적의 학습이 일어나게 될 것이라는 아이디어에 근거한 것이다.

둘째, 선행필수 학습의 원리이다. 부분 학습에서 전체 학습으로 진행하는 것과 유사하다. 이런 부류의 학습에 있어서는 어떤 학습은 다른 학습이 이루어지기 전에 반드시 이해되지 않으면 안 된다는 가정하에서만 효과를 발휘할 수 있다.

셋째, 전체 학습에서 부분 학습으로의 진행이다. 내용이나 경험을 개괄적인 형태로 제시함으로써 학생이 정보나 상황에 관한 일반적인 아이디어를 가질 수 있도록 교육과정이 배열되어야 한다는 것이다. 이는 인지심리학자들의 지지를 받고 있는 원리이다.

넷째, 연대순으로 배열하는 원리이다. 교육내용을 사건들의 연대나 순서에 따라 제시하는 것을 의미한다. 역사, 정치학, 세계사는 연대순으로 조직될 때가 많다. 교육과정학자는 이러한 조직의 유형을 '세계 관련적'이라고 말한다. 내용이 세계 속에서 일어나는 순서대로 계열화되는 것이다.

3) 계속성

계속성(continuity)은 교육과정 구성요소의 수직적 조직 혹은 반복을 의미한다. 예컨대, 타일러(Tyler, 1949: 86)는 읽기 기능이 하나의 중요한 목표가 된다면 이 기능이 연마되고 발달될 수 있도록 순환적이면서도 계속적인 기회가 제공되어야 한다고 지적한 바 있다. 이러한 사실은 시간이 경과함에 따라 동일한 종류의 기능을 계속적으로 조직해 줄 필요가 있다는 것을 의미한다.

계속성은 학생들이 교육과정 전체에 걸친 지식의 깊이와 폭을 넓혀 가도록 하기 위해서는 어떤 주요한 아이디어 혹은 기능을 반복할 필요가 있다는 것을 의미한다. 학생들은 가능한 많이 중요한 개념과 기능을 재학습할 기회를 가져야 한다. 예를 들어 읽기를 능숙하게 잘하려는 사람이 되려면 다양한 형태의 읽기 자료를 지속적으로 접해야 한다. 학생들이 교육과정의 다양한 지점에서 점차 정교화되도록 해주는 실험적 활동에 지속적으로 참여하지 않는다면, 실험적 활동의 수행 방법에 대해 학습하지 못할 것이다. 학생은 사고하는 것과 질문하는 것이 지속적으로 심화될 수 있게 해주는 수많은 사례를 체험함으로써 깊이 있게 사고하는 것을 학습한다(Hunkins, 1995).

계속성은 브루너의 '나선형 교육과정'의 개념 속에 가장 분명하게 나타나 있다. 브루너는 교육과정은 각기 주요 학문에 관한 기본적인 아이디어 간의 상호 관계 혹은 구조에 따라서 조직되어야 한다고 강조하였다(Bruner, 1960: 52). 학생들이 이들 기본적인 아이디어와 구조를 파악할 수 있기 위해서 기본적인 아이디어와 구조가 학생들이 학년을 진급해 올라가는 것처럼 깊이와 폭에서 나선형으로 배열되고 재배열되어야 한다.

4) 통합성

통합성(integration)은 교육과정 계획 내에 포함된 모든 형태의 지식과 경험을 연결하는 것을 말한다. 즉, 가르칠 내용들을 하나의 전체로 묶는 의미를 담고 있다. 학습자 개인이 내용을 원자화된 것보다는 통합된 지식으로 이해할 수 있도록 하기 위하여 교육과정의 모든 부분과 요소를 밀접하게 관련시킨다는 것은 교육과정 설계의 근본적인 아이디어다. 그것은 모든 해당 지식 영역과 관련된 다양한 내용과 주제 간의 수평적인 관련성을 강조한다.

타일러에 따르면 통합적인 내용 조직은 학습자로 하여금 사물을 통합적인 관점에서 보게 하고, 학습내용과 행동을 통합시키도록 하는 것이다(Tyler, 1949: 85). 특정 교과에서 배운 기능이 다른 교과 학습에 어떻게 활용될 수 있는지를 내용 조직에서 고려한다. 한 교과의 개념이나 기능이 다른 교과의 개념이나 기능에 어떻게 관련되고 반영되는지를 염두에 두는 것이다.

교육내용 조직에서 교육과정 통합은 교육과정 의사결정자에게 지속적으로 관심을 받아왔다. 교육과정 통합은 하나의 교육과정 설계 차원과 더불어 하나의 사고방식이라고 할 수 있다. 교육과정 통합을 옹호하는 사람들은 학생들로 하여금 내용을 따로따로 떨어진 방식으로 보게 하고 세상을 여러 칸막이로 보게 하는 교육과정 설계를 지지하지 않는다. 즉, 지식을 인위적으로 구분된 상자들로 보는 것을 지지하지 않는다. 이들은 교육과정이 실생활의 관심사를 중심으로 세계의 주제를 활용하며 조직되어야 한다고 주장한다. 여기에서 교과 간 혹은 학문 간 구분은 제거된다. 포스트모더니즘, 구성주의, 후기 구조주의 등에서 강조하는 교육 동향은 통합에 대한 논의를 더욱 진척시키고 있다. 모든 지식은 실제와 분리되지 않는다는 점, 사람들은 자신의 탐구에서 그 자신을 분리시킬 수 없다는 점, 그리고 교육과정은 따로따로 분리된 부분으로 구성되지 않는다는 점이다.

5) 연계성

연계성(articulation)이란 교육과정의 여러 가지 측면의 상호 관련성을 말한다. 이때의 상호 관련성은 수직적인 것일 수도 있고 수평적인 것일 수도 있다. 수직적 연계성은 어떤 교육과정의 측면이 해당 프로그램의 계열상 나중에 나타나는 과제, 주제, 코스와 맺는 관계를 가리킨다. 예컨대, 교사는 대수 수업 시간에 있었던 개념이 기하학 코스에 들어 있는 주요 개념과 관련되도록 개론적인 기초 대수나 9학년 대수를 설계해야 한다. 연계성을 수직적으로 본다면, 그것은 흔히 한 학년 수준에서 다른 학년 수준으로 내용을 계열화하는 것을 말한다. 수직적 연계성을 말하는 핵심적인 이유는 학생들이 교육과정에서 후속 학습에 대해 선행 요건이 되는 학습을 받는 것을 보장하기 위해서다.

수평적 연계성이란 동시적으로 일어나고 있는 양자 요소 간의 혹은 여러 요소 간의 관련성과 연합을 의미한다. 예컨대, 수평적 연계성이란 교육과정 설계자들이 8학년 사회과목과 8학년 영어과목 사이의 상호 관련성을 밝히려고 할 때 일어난다. 수평적 연계성은 흔히 말하는 상관성과 동일한 개념이다. 수평적 연계성을 고려할 때 교육과정 의사결정자들은 교육 프로그램의 한 부분을 그것과 비슷하거나 논리적인 관련을 가진 다른 내용과 혼합하고자 한다. 전체 교육과정에서 사고의 개발이 강조되는 경우, 우리는 수학에서의 사고와 과학에서의 사고를 수평적으로 연계시킨다.

연계성은 쉽게 달성할 수 있는 것이 아니며 교과 내 혹은 교과 간 다양한 상호 관련성을 명확하게 정의하는 절차가 개발되어 있는 경우도 매우 드물다(Ornstein & Hunkins, 2004). 연계성을 확보하는 것이 어려운 이유는 여러 교과 간의 상호 관련성이 무엇인가를 결정하는 자체가 어렵다는 데 있다. 분과학문으로 구성되어 있는 교육과정의 경우 우리는 교과 간 상호 관련성에 신경을 쓰지 않는 경우가 많다. 연계성을 달성하기 어려운 또 다른 이유는 교육과정 개발 단계에서 논의될 수 있는데 실제로 교육과정 개발을 위해 관련 교과 간에 협동적으로 함께 작업하는 것이 어렵기 때문이다.

6) 균형성

교육자가 교육과정을 설계할 때 교육과정 왜곡이 일어나지 않도록 설계의 각 측면이나 단계에 골고루 비중을 두어야 한다. 즉, 어느 한 측면만 과도하게 강조해서는 안 되며, 모든 측면을 골고루 중요하게 취급해야 한다. 균형 잡힌 교육과정이란 학생들이 지식을 완전히 습득하고 내면화하여 자신들의 개인적 · 사회적 · 지적 목적에 맞는 적절한 방향으로 그 지식을 이용할 수 있는 기회를 갖게 해주는 교육과정을 말한다.

교육과정 설계의 구성요소가 균형을 이루어야 한다는 말은 쉽게 하지만 실제 실행은 어렵다. 굿래드(Goodlad, 1963: 29)에 의하면 교육과정은 교과와 학습자 사이에서 균형을 유지해야 한다. 또한 그는 교과와 학습자 중 어느 하나를 강조하고 다른 하나는 배제하는 설계는 고려할 만한 가치가 거의 없다고 언급하고 있다. 그러나 우리가 좀 더 주의를 기울여 살펴보면 학교교육의 실제에서 교과와 학습자 중 어느 하나를 강조함으로써 다른 하나를 배제하는 경우를 쉽게 발견할 수 있다고 말한다.

교육과정에서 균형성(balance)을 달성하는 것이 복잡한 이유는 오늘날에는 균형적인 것으로 해석될 수 있는 것이 미래에는 불균형적인 것으로 이해될 수도 있기 때문이다. 학교는 항상 변화의 시대에 놓여 있으며, 학교에서 강조되어야 하는 것들은 항상 유동적인 상태에 처해 있다. 교육과정 전문가들은 여러 압력이나 유행에 굴하지 않고 교육과정의 균형을 이루도록 노력해야 한다. 교육과정의 균형을 유지하기 위해서는 특정한 사조나 유행 혹은 대중적 장단에 좌지우지되지 않는 철학과 학습심리학에 대한 균형 잡힌 견해를 가지고 있어야 할 뿐만 아니라 교육과정에 대한 섬세한 점검과 조정의 노력을 지속적으로 기울여야 한다.

요약정리

교육내용은 교육을 통해 학습해야 할 것으로 지식, 기능 · 과정, 가치 · 태도 측면을 포함한다. 지식은 객관적인 타당성에 의해서 입증된 개념이나 원리들이 논리적이며 체계적으로 조직된 하나의 통일체를 이룬다. 지식을 논의할 때 지식의 구조는 매우 중요한 의미를 지닌다. 브루너는 교육내용을 지식의 구조 차원에서 논의하였다. 지식의 구조는 해당 학문의 기저를 이루고 있는 기본 개념과 원리이다. 에릭슨은 개념을 기반으로 지식의 구조를 설명하였는데, 사실, 개념, 일반화라는 측면에서 학습내용을 구조화하고 위계화하였다.

학교에서 가르칠 교육내용을 선정하는 작업은 매우 의미 있고 중요한 일이다. 교육내용을 선정할 때, 교육목표와의 일관성, 중요성, 타당성, 사회적 적절성, 유용성, 흥미, 학습 가능성, 실행 가능성 등을 고려해야 한다. 교육내용을 선정하고 난 이후에는 선정된 교육내용을 어떻게 배열하고 체계적으로 제시할 것인가를 고민하게 된다. 교육내용을 조직할 때는 스코프, 시퀀스, 계속성, 통합성, 연계성, 균형성 등을 고려해야 한다.

참고문헌

강현석, 주동범(2004). 현대 교육과정과 교육평가. 서울: 학지사.

김경배, 김재건, 이홍숙(2001). 교과교육론. 서울: 학지사.

김경자(2000). 학교교육과정론. 서울: 교육과학사.

김경자, 온정덕, 이경진(2017). 역량 함양을 위한 교육과정 설계 – 이해를 위한 수업. 서울: 교육아카데미.

김대현, 김석우(2000). 교육과정 및 교육평가. 서울: 학지사.

박창언(2017). 현대교육과정학. 서울: 학지사.

온정덕, 윤지영 공역(2020). 생각하는 교실을 위한 개념기반 교육과정 및 수업. 서울: 학지사.

이경섭(1999). 교육과정 쟁점 연구. 서울: 교육과학사.

이상은, 김은영, 김소아, 유예림, 최수진, 소경희, 신연재(2018) OECD 교육 2030 참여 연구: 역량의 교육정책적 적용 과제 탐색. 한국교육개발원 연구보고 RR 2018-08.

이홍우(1992). 교육과정탐구(증보판). 서울: 박영사.

임유나, 한진호, 안서현, 이광우 공역(2022). 개념기반 교육과정과 수업 – 개념적 이해와 전이를 위한 전략과 도구. 서울: 피와이메이트.

장인실, 한혜정, 김인식, 강현석, 손민호, 최호성, 김평국, 이광우, 정영근, 이흔정, 정미경, 허창수 공역(2007). 교육과정: 기초, 원리, 쟁점. 서울: 학지사.

최수진, 김은영, 김혜진, 박균열, 박상완, 이상은, 장암미(2019). OECD 교육 2030 참여 연구: 미래지향적 역량교육의 실행 전략 탐색. 한국교육개발원 연구보고 RR 2019-06.

홍후조(2017). 알기 쉬운 교육과정. 서울: 학지사.

Anderson, L., Airasian, P., Cruikshank, K., Krathwohl, D., Mayer, R., & Wittrock, M. C. (2001). *A taxonomy for learning, teaching and assessing: A revision of Bloom's taxonomy of educational objectives*. Boston, MA: Allyn and Bacon.

Brady, L. (1992). *Curriculum development(4th ed.)*. Sydney: Frentice Hall.

Bruner, J. S. (1960). *The Process of Education*. Cambridge: Harvard Univ. Press.

Doll, R. S. (1974). *Curriculum Improvement-Decision Making and Process(3rd ed.)*. Boston: Allyn and Bacon, Inc.

Drake, S. & Burns, R. (2004). *Meeting Standards through intergrated Curriculum*. Alexandria, Virginia: Association for supervision and Curriculum Development.

Drake, S. M., Reid, J. L. & Kolohon, W. (2014). *Interweaving Curriculum and Classroom*

Assessment: Engaging the 21st-Century Learner. Canada: Oxford University Press.

Erickson, H. L. (2002). *Concept-based curriculum and instruction: Teaching beyond the facts*. CA: Corwin Press.

Erickson, H. L. (2008). *Stirring the head, heart and soul: Redefining curriculum and instruction*. Thousand Oaks, CA: Corwin Press, Inc.

Erikson, H. L., Lanning, L. A. & French, R. (2017). *Concept-Based Curriculum and Instruction for the Thinking Classroom(2nd ed.)*. Thousand Oaks, CA: Corwin Press, Inc.

Goodlad, J. I. (1963). *Planning and Organizing for Teaching*. Washington, D.C.: National Education Association.

Goldman, S. (2017). Design thinking. In Peppler, K. (ed.), The SAGE Encyclopedia of Out of School Learning, Sage Publishing. http://dx.doi.org/10.4135/9781483385198.

Hunkins, F. P. (1995). *Teaching Thinking through Effective Questioning*. Norwood, Mass: Christopher Gordon.

Mobus, G. (2018). Teaching systems thinking to general education students. *Ecological Modeling, 373*.

Ornstein, A. C. & Hunkins, F. P. (2004). *Curriculum: Foundations, Principles, And Issues(4th Ed.)*. Pearson Education, Inc.

Stern, J., Lauriault, N., & Ferraro, K. (2018). *Tools For Teaching Conceptual Understanding*, Thousand Oaks, CA: Corwin Press, Inc.

Thomas, R. M. (1988). Value Goals and Affective Goals in General Education. In Westbury, I. and Purves, A. C. (ed.), *Cultural Literacy and the Idea of General Education. Eighty-Seventh Yearbook of the National Society for the Study of Education, Part* Ⅱ. Chicago: The Univ. of Chicago Press.

Tyler, R. W. (1949). *Basic Principles of curriculum and instruction*. Chicago, IL: The University of Chicago Press.

Wiggins, G., & McTighe, J. (1998). *Understanding by design*. Alexandria, Virginia: Association for supervision and Curriculum Development.

Wiggins, G., & McTighe, J. (2005). *Understanding by design(2nd Ed.)*. Alexandria, Virginia: Association for supervision and Curriculum Development.

Young, M. & Muller, J. (2016). *Curriculum and the specialization of knowledge*. Abingdon:

Routledge.

Zais, R. S. (1976). *Curriculum: Principles and Foundations*. New York: Harper & Row.

OECD (2019a). OECD future of Education and skills 2030-Concept note: Knowledge for 2030. http://www.oecd.org/education/2030-project/teaching-and-learning/learning/knowledge/Knowledge_for_2030_concept_note.pdf

OECD (2019b). OECD future of education and skills 2030 - Concept note: Skills for 2030. http://www.oecd.org/education/2030-project/teaching-and-learning/learning/skills/Skills_for_2030_concept_note.pdf

OECD (2019c). OECD future of Education and skills 2030-Concept note: Attitudes and values for 2030. http://www.oecd.org/education/2030-project/teaching-and-learning/learning/attitudes-and-values/Attitudes_and_Values_for_2030_concept_note.pdf

CHAPTER

09

교육과정 평가

학습목표

1. 교육과정 평가의 의미와 기능을 알고 설명할 수 있다.
2. 다양한 교육과정 평가 모형을 이해하고 설명할 수 있다.
3. 교육과정 평가 모형 패러다임 변천사를 보며 무엇을 강조해야 할지에 대해 자신의 생각을 설명할 수 있다.

학습개요

나의 수업은 좋은 수업일까. 교사라면 누구나 자신의 수업이 어떠한지 되돌아보게 될 것이다. 그렇다면, 학생들의 반응이 좋으면 좋은 수업인가, 학업 성취도가 향상되었다면 좋은 수업인가. 차시에 해당하는 수업만이 그 대상이 될까. 수업 그 자체, 수업과 수업의 연계, 전체 교육과정에 있어 계획과 수행 등 평가할 항목들도 확장하게 될 것이다. 수업의 요소로 강의내용, 교수법, 학생들의 성취 등 수업과 관련된 어떤 부분을 살펴보아야 하느냐에 대한 것도 폭넓게 확장될 수 있다. 이러한 점들을 생각해 볼 때, 단순하게 수업의 잘됨을 판단하기 힘들다는 것을 알 수 있다. 이처럼, 교사의 교육과정 전반을 되돌아보고 그 효과성을 검증하는 것은 생각처럼 간단한 주제가 아니다.

본 장에서는 이러한 수업 전반을 평가하는 것을 교육과정 평가로 개념화하고, 교사가 계획, 실행하는 수업 및 전체적인 교육과정이 효과적인지, 잘 되었는지를 되돌아보고 평가하는 것에 대해서 학자들은 어떠한 이론과 기준을 제시했는지 살펴보고자 한다. 다양한 관점을 통해 교육과정 구성요소를 알 수 있고 교사로서 어떤 부분을 유념해야 하는지 배울 수 있으며, 이를 통해, 자신의 수업을 발전시키고 올바른 교육과정을 수행하는 데 도움을 받을 수 있을 것이다.

1 교육과정 평가의 의미

1) 교육과정 평가의 개념

교육과정 평가란 앞서 진행된 교육과정 전반에 대한 평가로, '교육과정의 값을 매기는 활동, 교육과정의 가치를 판단하는 활동'이라 말할 수 있다(김대현, 김석우, 2020). 교육과정 계획의 수립에 해당하는 교육과정 개발 평가, 계획된 교육과정을 행동으로 옮기는 교육과정 운영 평가, 교육과정 운영의 결과물을 평가하는 교육과정 성과 평가가 이 안에 포함된다. 즉, 교육과정 평가의 목적은 교육과정 자체가 교육목적을 제대로 달성하였는지, 계획된 운영과 실행이 제대로 이루어졌는지를 보는 것이다. 이러한 일련의 과정은 교육과정의 양적 성과물뿐만 아니라 질적 성과를 확인하는 데 사용된다. 따라서, 교육과정 평가의 목적은 교육과정 개발이나 운영이 효과적으로 이루어지도록 하고, 교육과정 운영 결과를 살펴보고 진단하여 교육과정을 지속 운영할 것인지, 수정할 것인지, 폐기할 것인지를 결정하는 데에 있다.

교육과정을 평가할 때는 판단, 관찰, 실험의 방법을 통해 자료를 수집할 수 있으며, 양적 방법과 질적 방법을 포괄적으로 사용하여 총체적으로 진행할 수 있다. 또한, 평가의 기준 설정을 어떻게 하느냐가 중요하다. 교육과정과의 일관성, 통합성을 유지하는 것이 중요하므로, 평가의 기준은 교육과정에서 지향하는 교육목적과 교육목표를 기반으로 이루어져야 한다.

교육과정 평가에 어떠한 요소가 포함되어야 하는지에 대해 살펴보면 다음과 같다.

우선, 네 가지 차원을 강조하는 경우이다(Beauchamp, 1968). 첫째, 교사의 교육과정 이용에 대한 평가, 즉 교육과정이 담고 있는 주요 목적과 취지, 학생들이 달성해야 할 목표들이 과연 교사와 학생에게 유용하게 다가가는지, 교사들이 그러한 것들을 제대로 이해하고 있는지와 관련된 내용으로 수립된 교육과정이 교육을 수행하는 교사에게 도움이 되는지, 교육에 의미가 있는지를 포괄적으로 살펴보는 것이다. 둘째, 교육과정 설계에 대한 평가, 즉 수업에서 내용과 수업 방법, 평가법, 활동과 관련된 여러 가지 교수법 등을 적절히 계획하고 알맞은 자원을 제공하여 구성하였는지 등을 포괄적으로 다루어진다. 셋째, 학생들의 학습 결과에 대한 평가, 즉 해당 교육과정을 이행한 학생들이 그 이전과 이후의 차이에 있어 의미 있는 변화와 발전을 이루어냈는지를 파악하는 것이다. 넷째, 교육과정 체제에 대한 평가이다. 이는 전체 수업이 효과적으로 이루어지기 위한 조직과 체계에 대한 문제로 학교 운영에 대한 지역사회나 국가의 지원, 교사의 역량 함양을 위한 재교육 체계, 미달이나 우수학생을 위한 관리체계 등을 의미한다.

혹은, 보다 구체적으로 교육목표의 평가, 교육과정 계획의 평가, 교수·학습 과정의 평가, 평가에 대한 평가라는 네 가지 항목으로도 구분하기도 한다(김종서 외, 1997). 이는 수업 운영의 필수요소를 중심으로 살펴보는 것으로 동료평가, 수업전문가에 의한 평가 아니면 교사 자신이 스스로 평가하는 자가평가가 활용될 수 있다.

최근에는 교육과정의 의미, 교육과정의 영역, 교육과정의 내용을 한 차원으로, 평가의 수준이나 단계 등을 다른 한 차원으로, 평가의 지향성이나 방법을 나머지 한 차원으로 하여 3차원의 평가를 제시하는 경우도 있다(최호성, 1993).

지금까지 살펴본 교육과정 평가에 포함할 요소를 정리하면 〈표 9-1〉과 같다.

〈표 9-1〉 교육과정 평가 내용 요소

기준	내용 요소	학자
교육에서의 교육과정	교육과정 이용 평가 교육과정 설계 평가 학생 성취에 대한 평가 교육과정 체제 평가	Beauchamp, 1968
수업 진행	교육목표의 평가 교육과정 계획의 평가 교수·학습 과정의 평가 평가에 대한 평가	김종서 외, 1997
교육과정과 평가	교육과정(의미, 영역, 내용) 평가내용(수준, 단계) 평가 자체(지향성, 방법)	최호성, 1993

2) 평가와 관련되는 용어

이처럼 평가는 교육현장에서 널리 사용되는 용어이지만 교육활동과 관련하여 살펴보면 기준점과 그 가치에 따라 의미가 달라짐을 알 수 있다. 이에 대해 측정, 평가, 총평이라는 용어들이 같이 사용됨으로써 교육평가의 폭넓은 의미를 나타내고 있다. 각 용어에 대한 정확한 의미를 정리하면 다음과 같다.

(1) 측정

측정(measurement)은 어떤 대상에 대해 숫자를 부여하여 결과를 산출하는 것이다. 따라서, 측정은 분명한 성취를 알게 하고 보다 쉽게 결과를 활용할 수 있게 돕는다. 측정은 측정 대상이 안정되어 있고 실재한다고 전제하기 때문에 객관적 접근이 가능하다. 세상의 실재는 가시적이고 실재적으로 존재하는 것이며 이에 따라 인간의 행동도 그러하다는 가치관에 기반한다. 이러한 실재적 안정성에 기반하여 어느 한 시점의 개인 반응, 개인 행동을 대상으로 측정하기 때문에 그 결과의 신뢰도 및 타당도를 중요하게 살펴본다. 신뢰도란 여러 번 실시했을 때 유사한 결과가 산출되느냐의 여부로 결과를 믿을 만한가의 개념이고 타당도는 알고 싶은 것을 정확하게 측정했는가의 부분이다. 이러한 평가 기준은 중요한 판단척도가 되므로 측정에는 신뢰도, 타당도를 확보하는 검사도구를 사용하는 것이 중요하다.

그런데, 측정의 관점에서 볼 때, 실재적 안정성에 영향을 미치는 다양한 외부요인이 있을 수 있다. 예를 들어, 수학 과목의 단원 평가를 치를 때, 문항을 통해 학생들의 실재적 성취를 산술적으로 표시할 수 있다는 것은 분명하다. 그런데 그 과정에서 학생의 건강상태, 컨디션, 시험 장소의 맥락적 상황, 문제의 표현 방식, 학생 기분 상태, 수학선생님에 대한 선호도, 실제 실력과 달리 실수한 경우, 문제를 잘못 본 경우 등도 시험 결과에 영향을 미칠 수 있다. 따라서 측정에서 중요한 것은 이러한 오차 변인을 간주하며 결과를 산출하는 것이다. 측정 결과에는 항상 오차가 있음을 알고 점수 결과를 해석하는 것이 중요하다.

(2) 평가

산술적 결과물을 강조하는 측정과 달리 평가(evaluation)는 질적 평가 결과까지를 포함하는 개념이다. 나아가 양적, 질적 평가 결과물에 대한 가치판단을 포함한다. 교육학, 심리학에서의 평가는 측정에만 머무르는 것이 아니라 평가(evaluation)까지 포함하는 경우가 많다. 그래서 교육학 전공 분야에서 '측정 및 평가'라고 말하며, 이는 측정도구의 명확성, 결과 분석과 함께 평가의 해석 능력과 활용 가능성을 모두 전문적으로 탐구하게 된다.

평가는 모든 실재나 인간의 행동은 안정적이지 않고 변화한다는 전제를 가지고 접근한다. 교육은 학습자의 변화를 추구하는 것이 목적이다. 그러므로 평가는 모든 과정에서 학습자의 변화를 가정하고 그 다양성과 포괄성에 집중하게 된다. 도구의 신뢰성, 타당성을 중요하게 여기는데 측정이 신뢰도를 강조한다면, 평가는 타당성에 더욱 집중하게 된다. 즉 평가도구가 정말 알고 싶은 부분을 정확하고 객관적으로 평가하는지를 파악하여 학습자를 이해하고 변화를 살펴보는 것이다.

평가는 학생의 행동 변화에 주로 관심을 두기 때문에, 그 변화를 발생시키는 선행요건, 즉 교육과정, 교과목, 교수방법, 교과교재 등을 같이 평가하게 된다. 그에 따라 교육과정 평가, 교과목 수업 계획 평가, 교과교재 평가 등의 항목들이 마련되어 있으며 각 평가 기준 등이 다양하게 제시되어 있다. 이러한 관점에서 평가는 환경을 중요한 변화의 자원으로 파악하게 된다. 즉, 교육과정에 관련된 환경 요소는 변화를 유발하는 주요 요인으로 개인은 환경과의 상호작용에서 변화한다는 입장에 있다.

(3) 총평

총평(assessment)은 측정, 평가의 개념에서 좀 더 포괄적, 통합적으로 접근하는 평가 개념으로 개인의 행동 특성을 설명함과 동시에 그 행동을 유발하는 환경적 요인, 과업의 특성, 상황적 요소 등을 총체적으로 파악하고 의사결정을 하기 위한 전인적 관점의 평가이다. 실재하는 인간과 순간순간 변화하는 인간을 나누어 평가하는 것이 각각 측정과 평가 개념이었다면, 교육학에서 바라보는 인간 그 자체에 대한 학문적 이해를 도모하기 위해 시도하는 것은 총평이라 할 수 있겠다. 총평은 현존하는 인간을 있는 그대로 이해하고 바라보려는 인본주의적 접근의 한 형태라 할 수 있지만 그런 만큼 실재적 구현을 할 때, 주관적일 가능성이 높고 모호할 수 있다.

따라서, 총평을 하기 위해서는 다양한 측정방법을 동시에 사용할 수 있어야 한다. 아울러 그러한 측정에만 의존하는 것이 아니라 전체적이며 직관적이고, 질적인 평가 방법을 병행한다. 생활지도를 하기 위해 학생을 면담한다면 학생들이 실시한 진로검사, 성격검사 등만을 보는 것이 아니라 면접하며 느낀 여러 가지 행동 특성과 감정 전달, 수업 시간에 보이는 행동 양상, 가정과의 연계를 통한 정보 수집 등을 모두 포함하여 총평을 내릴 수 있게 된다. 만약 학생 내면에 있는 깊은 어려움을 알고 싶다면 전문 심리검사를 통해 파악하는 것도 포함된다.

이러한 관점에서 볼 때 총평은 개인이 지닌 학습, 체력, 진로 등 일부에만 관심을 두는 것이 아니라 개인과 환경의 상호작용을 폭넓게 바라보며 개인의 여러 측면을 살펴보고 평가하는 것에 관심을 둔다. 아울러 교사로서 학생이 성취할 준거를 설정하고, 준거에 비추어볼 때 학생이 어떠한 지점에 있는지를 판단할 수 있다. 따라서 총평을 하는 평가자는 준거에 대해 정확히 알아야 하며 개인의 다양한 현상에 대한 폭넓은 이해와 해석 능력을 갖추고 있어야 한다.

많은 측정도구로 개인을 여러 측면으로 측정해 놓고 질적 평가 결과를 갖추고 있어도 이것을 종합하고 추론하는 평가자의 전문성이 부족하다면 좋은 총평을 내리기 어렵게 된다. 이 때문에 전문성을 바탕으로 많은 경험이 축적될수록 좋은 총평이 나올 수 있게 된다. 학생에 대한 면밀한 관찰과 학생을 둘러싼 환경에 대한 다양한 영향력의 파악, 요소가 지닌 압력과 의미를 알고 이해하는 능력은 많은 경험으로 축적될 수 있다. 이러한 총평은 학생에 대한 예측, 분류, 개입 계획에 활용될 수 있다. 학생에게 요구되는 준거와 역할에 비추어 개인을 진단하고 예측할 수 있게 된다.

3) 교육과정 평가의 기본 전제

교육과정 평가는 교육과정을 수행하는 데 요구되는 의사결정을 하기 위한 근거 자료라고 볼 수 있다. 학습자의 행동 변화, 수업에서의 변화과정 등 각종 정보들을 포괄적으로 수집하여 추후 새로운 교육적 의사결정을 하는 데 도움을 주는 것이 중요하다. 이에, 교육과정 평가는 인간의 발달과 더 좋은 수업, 교육과정 개발을 위해 이루어지는 것이지 학습자를 규정하고 단정 짓는 것이 목적이라 보기 어렵다. 따라서, 교육과정 평가를 수행할 때는 다음과 같은 기본 전제를 잘 기억할 필요가 있다.

첫째, 교육과정 평가를 진행할 때, 인간의 무한한 가능성과 잠재력을 전제해야 한다. 즉, 해당 교육과정을 통해 학습자에게 눈에 보이는 성취가 나타나지 않았다고 해서 교육과정이 무의미하다 단정 지을 수 없다. 인간은 현재 주어진 상황에서 개발되는 능력보다 숨은 잠재력을 지닌 존재이다. 현재 지금 수준에서 평가되는 성취도와 행동 변화가 그 인간의 능력을 전부 나타내는 것은 아니라는 것이다. 만약, 이러한 전제를 무시하고 평가를 진행하게 되면 학습자를 일정 기준에 따라 규정하고 판단하게 되며, 학습자의 잠재력과 가능성을 키워주기에 턱없이 부족한 교육과정을 계획할 오류를 낳을 수 있다.

사실, 학교 현장에서 이루어지는 다양한 평가가 그 기능이나 역할에 있어 매우 정형화되고 형식적으로 운영되는 실정이기에 이러한 평가의 실천적 기능만을 중요시하고, 지속적으로 운영된다면 교육에서 얻을 수 있는 인간 성장을 크게 기대하기 어렵게 될 것이다. 따라서, 교육과정 평가를 수행하는 입장에서는 늘 인간의 성장 가능성에 대한 기본적인 믿음을 지키고 유지할 필요가 있다. 이것은 학습자뿐만 아니라 교수자 자신에게도 적용되는 것이다.

둘째, 교육과정 평가는 지속적으로 진행되어야 한다. 여기서 말하는 지속성은 유지, 계속되어야 한다는 의미이다. 특별한 상황, 특정 기간에 국한되는 것이 아니라 언제나 모든 장면에 대해서 평가가 이루어져야 한다. 앞서 살펴본 교육과정 평가요소에 의하면 평가의 대상이 되는 것이 교육과정 계획에서 수행, 결과까지 아우르는 전반적인 과정임을 알 수 있다. 현장에 적용한다면 학생들이 시험을 볼 때마다, 수업을 할 때마다, 생활지도 등의 대화가 있을 때마다 평가가 적용되어야 할 것이다.

셋째, 교육과정 평가는 종합적인 과정으로 이루어져야 한다. 종합성이란 평가 대상이 되는 것의 일부가 아닌 전체를 바라봄을 의미한다. 예를 들어, 수업의 만족도, 교수법 운영의 효과성, 학습자의 특정 행동, 시험 점수, 수업의 반응 등에 국한하는 것이 아니라 교육과정에 관련된 전체적인 행동 범주, 즉 교육과정 운영의 효율성, 학교 조직의 지원과 맥락, 교사 자신, 학생들의 생활태도, 성격, 신체발달, 정서발달 등 총체적이고 전인적 관점에서 평가가 진행되어야 한다는 것이다.

넷째, 교육과정 평가의 자료는 다양해야 한다. 앞서 살펴본 전제들을 유념하고 평가를 진행하기 위해서는 평가의 근거가 되는 자료들이 다양해야 함은 틀림없다. 예로, 학습자 성취도 평가에 있어서는 지필고사의 점수만이 아니다, 학습자가 남긴 그림, 일기 내용, 대화 등이 해당할 수 있으며, 수업 가운데 사용한 다양한 자료들도 모두 수집할 수 있다. 어떠한 자료라도 실증적 의미가 있을 가능성을 염두에 두고, 교육과정에서 발생하는 다양한 자료를 모두 주의 깊게 살펴보고 교육과정을 포괄적으로 평가해야 한다.

마지막으로, 교육과정 평가는 적극적으로 전반적인 교육활동에 도움을 주어야 한다. 더 발전된 형태의 교육을 위한 수단으로 진행하는 것이 목적으로, 평가 자체나 평가 결과에 목적이 있다고 보아서는 안 된다. 교육과정 평가를 준비하고 평가 결과에 연연하여 수업 자체를 등한시하거나 형식적인 수업이 진행되어서는 안 될 것이다. 교육에 참여하는 모든 사람, 즉 학습자와 교수자 모두가 각자의 재능과 잠재력을 최대로 발휘하도록 돕고 개발할 수 있는 방안을 마련하는 것이 중요하다. 이를 위해서 교육과정 평가는 자연스럽게 이루어지고 그 결과는 적극적으로 교육과정에 환류되어야 할 것이다. 교육과정 평가의 결과가 학습자에게는 학습활동에서 어떤 부분이 부족했고 잘했는지를 알려주는 정보가 되고, 교수자에게는 교수활등에서 가져오는 유익과 오류를 알게 도와주어 끊임없는 자아성찰과 반성의 기회를 제공하는 것이 필요하다.

4) 교육과정 평가의 기능

학교에서 이루어지는 교육활동 전반에 대한 교육과정 평가는 다양한 기능을 갖는다. 평가에서 기본적으로 이루어지는 학습자 성취도 평가는 학습자 성취뿐만 아니라 교육목표 달성 여부를 판단하여 교육과정에서 명시한 교육목표가 어느 정도 달성되었는지를 알 수 있게 도와준다. 또한, 학습자 개인이 지니고 있는 학습 수준, 적합한 학습 방법 등 학습을 촉진하는 자료로도 쓰일 수 있다. 학습에 장애 되는 요소가 있을 시 그것을 제거하고 효과적으로 학습에 임할 수 있도록 도와주는 기능을 하여, 평가 결과에 따라 학생을 판단하는 것에 머무르지 않고 학생 성과의 원인을 분석하는 데에 활용할 수 있는 것이다. 아울러 평가 결과는 학습자 진로 진도를 위한 유용한 자료가 된다. 한 인간의 능력을 개발하고 성공적 미래를 구축하는 데에 중요한 참고 자료가 됨으로써 자기 자신에 대한 이해를 돕고 긍정적 발달을 이뤄낼 수 있다. 이러한 학습자 성취도에 대한 평가 기능 외에도 교육과정 평가는 중요한 기능을 갖는다. 살펴보면 다음과 같다.

첫째, 교수·학습 과정, 즉 교육과정 전반을 개선하고 수업의 질을 높이는 기능이다. 학생에 대한 평가는 학습자 결과물에 대한 평가일 뿐만 아니라 교수자의 교수법, 수업활동에 대한 전반적인 평가자료가 된다. 전체 학급의 성취도 평가가 낮게 나오는 경우, 학급 내에 개인 간 학력차가 매우 큰 경우, 개인 간 성취도 차이가 큰 경우, 학생들의 수업활동 참여도가 높은 경우 혹은 낮은 경우 등에 대해 전반적인 상황을 살펴보고, 교사가 자신의 수행, 수업의 맥락, 학습자 특성을 되돌아볼 수 있다.

둘째, 교육 프로그램의 효과성을 검증할 수 있는 기능이다. 여기서 교육 프로그램이란 교육과정, 즉 수업, 수업 자료, 운영 조직 등이 통합된 복합적 개념으로 이해할 수 있다. 실제로 교육 프로그램은 일상적 수업 진도에서도 운영될 수 있지만 특정한 교육목표에 따라 단기간으로 계획되고 실행되기도 한다. 비교적 명확한 목표를 중심으로 운영되는 것으로, 시간과 인적·물적 자원이 투입된다. 따라서, 교육 프로그램의 효과성을 검증하고 운영 가치를 파악하는 것은 다양한 투입 자원을 낭비하지 않게 하고,

좋은 교육과정에 집중할 수 있게 돕는다.

셋째, 교육이 담고 있는 제반 문제를 이해하고 올바른 교육정책을 수립하는 데에 도움을 주는 기능이다. 전국적으로 시행되는 학업성취도 평가, 국제적으로 진행되는 학업 비교 평가 등은 우리나라 교육과정 시행이 바른길을 가고 있는지를 판가름해 준다. 실제로 코로나19 이후 전국적으로 시행한 학업성취도 평가에서 학생들의 많은 수가 낮은 성취도를 보임에 따라 교육부에서는 교육정책을 다시 수립하고 있다(교육부, 2022). 최근 학생들의 학력저하 현상은 갈수록 심화되고 있다. 교육부에 따르면 전수평가로 실시하던 학업성취도 평가를 표집평가로 전환한 2017년 이후 지난 6년간(2017~2022년) 기초학력 미달(학업성취도 평가 결과 1수준) 비율이 3배가량 크게 증가했다. 국제협력개발기구(OECD) 국제 학업성취도 평가(PISA) 결과에서도 읽기 성적과 국제 순위가 하락하는 등 학생들의 전반적인 학업 성취 수준이 하락했다는 분석이다(유효성, 2023. 6. 21). 이에 따라, 교육부는 국가적 학업성취도를 향상시키기 위하여 다각도로 정책을 제시하고 있다. 이와 같이, 현실적 검증을 통해 미래를 예측하고 방향을 정하는 것은 교육과정 평가의 기능이라고 할 수 있다.

2 교육과정 평가 모형

모형이란 사전적 의미로 보면 "기존, 또는 계획 예정인 대상물의 입체적인 특성을 명시하기 위해 실물을 본떠 만든 것"이다. 교육평가 "모형"은 이 의미보다 더욱 확장된 의미로 이해할 수 있다. 즉, 교육평가를 진행함에 있어서 교육평가 자체를 탐구 가능한 일정한 대상으로 보고 그것의 원리와 원칙을 추구하는 시도이다.

모형의 의미와 특성에 대해 다음과 같이 정리할 수 있다(황정규 외, 2020).

첫째, 모형이란 일정한 현상을 기술, 분석, 해석, 평가하여 최대한 간결하면서 총체적 의미가 모두 포함된 설명력을 갖는, 과학이 추구하는 절약의 법칙하에 제시하는 형식이다.

둘째, 모형은 실재를 있는 그대로 모사하거나 상징, 비유로 나타낼 수도 있고, 표현하는 사람의 의도에 따라 텍스트, 그림, 표, 이미지, 방정식, 수 등으로 다양하게 나타날 수도 있다.

셋째, 모형은 크게 구체적 형상과 추상적 형상으로 나타나는 것으로 구분할 수 있다. 두 종류의 형태에서 인문사회 분야는 대부분 추상적 형상이다.

넷째, 모형에 대한 개념을 이해할 때, 협의적으로 보느냐 광의적으로 보느냐에 따라 해석의 차이가 나타날 수 있다. 협의적 의미로 본다면 모형은 법칙이나 이론으로 보기에는 검증이 부족하므로 그 이전의 아이디어 제시 수준으로 볼 수 있다. 광의적으로 해석한다면 개념, 법칙, 이론 등이 일종의 모형 형태를 지니기 때문에 이들 모두를 모형 속으로 포함하여 해석하는 것이다. 앞으로 살펴볼 평가 모형들은 모두 광의의 의미로 해석할 수 있다.

다섯째, 교육평가를 모형화한다고 할 때는 추상적인 것을 구체적 형상화로 바꾸는 것으로 관념 수준에 머물고 있는 것을 관찰 가능한 대상으로 변화시키는 과학적 노력이라 볼 수 있다. 이렇게 구체적 형상화로 바꾸어 얻는 이점은 예측, 설명, 통제가 가능하게 된다는 점, 의사소통의 오류를 최소화한다는 점, 과학적 검증이 가능한 점, 교육평가라는 다소 추상적 개념에 대한 논리적 근거를 제공한다는 점이 있다.

한국교육과정학회(2017)에 의하면, 교육과정 평가 모형 중 대표적인 것은 학습목표를 중심으로 평가를 수행하는 타일러(Tyler)의 목표중심 모형이다. 설정된 교육목표의 달성을 점검하는 전형적인 모형이라 할 수 있다. 이에 대한 대안으로 제시된 모형은 평가 결과의 활용 가능성에 집중하여 의사결정을 위한 평가를 수행하는 것을 중요시하는 의사결정중심 모형(Stufflebeam, 1971; CIPP 모형)이 있다. 교육평가에서 중요한 것은 학생들이 수행한 산출물이 어떠하다는 판단 그 자체라는 판단 중심 모형으로 탈목표 모형(Scriven, 1972), 감식안 모형(Eisner, 1979) 등과 함께, 비교적 최근 제시된 것으로 교육에 대한 현실적 맥락을 고려하여 제시한 정치적 협상 모형(Weiss, 1983), 이러한 모든 과정이 평가를 수행하는 평가자, 평가 이해관계자들의 입장에서 진행되어야 함을 강조하는 자연주의 모형(Guba & Lincoln, 1981)이 있다.

1) 목표중심 모형

타일러는 '8년 연구'라는 프로젝트를 수행하면서 성과 관리를 위한 평가 모형을 제안하였다(Tyler, 1950). 8년 연구란 1933년부터 8년간 있었던 미국에서의 종단연구로, 학교교육의 효과성을 검증하기 위해 이루어진 연구이다. 타일러는 교육평가라는 용어를 최초로 사용하면서, 사전에 수립한 교육목표를 평가의 준거로 삼아 그 목표가 어느 정도 성취되었는지를 판단하는 것에 주안점을 두었다. 목표중심 모형은 [그림 9-1]과 같이 나타낼 수 있다.

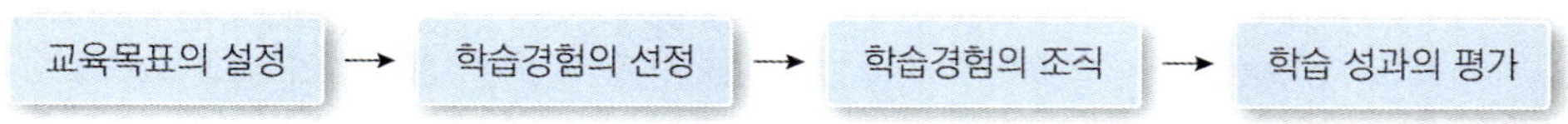

[그림 9-1] 목표중심 모형

타일러는 교육목적 설정을 위해서 학생이 성취하고자 하는 행동의 변화를 구체화하고 그것을 얼마나 달성하였는지, 실제로 학생에게 변화가 일어났는지를 확인하는 것을 평가라고 규정하였다. 사전에 수립한 교육목표를 기준으로 일련의 교육과정이 의미 있게 연계되도록 하고, 평가를 통해 명확한 마무리를 지을 수 있다. 목표중심 모형은 교육에서 평가가 중요함을 강조한 모형이라고 볼 수 있다. 기존에는 교육진행과 의미에 강점을 두었다면 평가를 강조함으로써 교육의 의미와 가치를 실증적으로 입증하기에 노력했다는 의의가 있다. 아울러 교육과정, 즉 수업이 수업에서 진행되는 평가와 연관되어야 함을 강조한다. 수업과 평가가 연관되어야 평가가 의미가 있고, 그에 따르는 수업도 체계적, 효율적으로 진행된다고 하였다.

살펴본 바와 같이 목표중심 모형에 의해 평가가 강조되며, 평가 방법이 더 명확하고 신뢰로워야 한다는 과학실증적 입장이 같이 대두되었다. 특히, 학습자 정서, 지능, 심리 등도 학습자 이해에 필수요소이므로, 이에 대한 구인을 도출하고 평가하는 과학실증적 평가 방법이 본격적으로 도입되고 활용되기 시작하였다. 또한, 평가 결과가 좋고 나쁨을 판단하기 위해서는 준거가 중요한데 그 준거를 어디서 가져올 것인가에 대한 고민을 하기 시작하였고 교육과정의 시작 초반에 수립된 교육목표를 그 준거로 삼았다. 이에 따라 제대로 수립된 교육목표가 중요함을 인식하였고, 교육목표 수립에 관련된 교육개발자, 교사들의 역할과 역량, 전문성, 책무성에 대하여 강조하였다. 지금까지 살펴본 목표중심 모형의 의의를 정리하면 〈표 9-2〉와 같다.

〈표 9-2〉 목표중심 모형의 의의

	주요 내용	설명
1	교육에서 평가의 의미와 중요성 강조	교육평가라는 영역을 교육학 하위 영역들과 차별화하면서 교육평가 전공을 최초로 개척하고 개념화함.
2	교육과정과 평가의 연계 강조	교육과정에 연계된 교육평가가 이루어져야 하고, 평가 결과를 교육과정에 피드백하는 상호 연관성 및 논리적 일관성을 강조함.
3	심리측정이론에 기반한 검사, 측정의 강조	평가도구의 과학적, 실증적 개발과 타당성 및 신뢰성에 집중하며 측정평가이론을 발전시킴.
4	교육목표의 중요성 강조	학교교육의 효과를 검증하기 위해서는 교육목표를 기준으로 평가해야 함을 강조함.
5	교육개발자, 교사들에게 책무성 강조	교육목표의 중요성을 강조함으로써 교육 프로그램을 개발하는 사람들이나 수업을 진행하는 교사들이 분명한 목표를 수립한 후 성취 여부를 확인해야 하는 것까지 유념해야 함을 강조함.

이러한 의의에 기반하여 목표중심 모형은 지금까지도 널리 사용되는 가장 강력한 평가 모형 중 하나라 볼 수 있다. 목표중심 모형이 지니는 강점을 정리하면 다음과 같다.

첫째, 교육 진행과 과정, 결과에 있어 일관성을 유지하게 한다. 즉, 교육목표, 교육내용, 교육평가 간의 논리적 일관성이 있다.

둘째, 명확한 평가 기준이 존재하므로 그에 따라 과학적으로 평가를 수행할 수 있다.

셋째, 평가를 통해 교육목표를 얼마나 성취했는지를 명확히 파악할 수 있다.

넷째, 특정 분야의 행동과 같이 교육목표의 도달 여부를 파악하기 쉬운 경우, 단기간 교육적 개입이 있은 후라면 교육 효과를 즉시 파악할 수 있다.

이와 같은 강점으로 교육평가에서 목표중심 모형은 폭넓게 사용되면서 학문적 발전에 큰 기여를 하였으나, 다음과 같은 한계점이 있다.

첫째, 교육목표 가운데 행동적으로 서술하기 어려운 경우가 있을 때, 그 분야에 대한 평가는 처음부터 제외시키게 된다는 점이다. 사실 학생의 모든 행동 변화를 행동적 목표로 진술하여 평가한다는 것은 현실적으로 불가능할 수밖에 없는데 그것이 제외되어 교육의 가치와 깊이를 축소하고 있다.

둘째, 목표로 설정되지 않은 잠재적 효과에 대해서는 아예 평가하지 않는다는 점이다. 늘 잠재적 교육과정이 존재할 수밖에 없는데 그러한 부분을 제외함으로써 교육의 진정한 의미를 퇴색시키고 있다.

셋째, 목표가 도달된 결과에 초점을 두는 만큼 진행하는 과정, 즉 교육과정에는 아무래도 소홀할 수밖에 없다는 점이다. 교육의 질적 과정보다는 결과론적으로 나타나는 현상에 집중하여 교육과정에 대한 평가가 소홀하다는 한계가 있다. 따라서, 교육이 이루어지는 과정에 대해 집중하기 어렵고, 과정에 대한 평가는 전무하기 때문에 수단과 방법에 대한 고려 없이 결과에만 치중하게 만든다. 결과만 좋으면 그만이라는 식의 관념이 생길 수 있으며 이렇게 되면 진정한 교육의 수행이라고 보기 어렵다.

2) 의사결정중심 모형

의사결정중심 모형은 1960년대 발달한 체제이론을 평가에 적용한 것이라고 볼 수 있다. 스터플빔(Stufflebeam, 1971)은 의사결정중심 모형 개념으로 CIPP 모형을 제시하였다. CIPP란 C(Context; 교육 제반 환경과 맥락), I(Input; 투입), P(Process; 교육과정), P(Product; 산출물)의 약자로 이루어진 용어로, 교육에 있어 최선의 의사결정을 하기 위해서는 체제를 살피는 관점이 필요하다고 강조한다. 체제적 관점이란 전체 과정을 하나의 유기적 연결체로 보고, 하나의 전체로 파악하여 나름의 요소들이 의미 있게 연관되고 각각 움직일 수 있도록 하는 것이다. 이에 따르면, 평가에 대해 의사결정을 할 때 기본적으로 교육 투입 대비 산출의 효율성을 따지는 것에 초점을 두고, 제반 환경(context)과 과정(process)을 동시에 고려할 수 있어야 한다고 강조한다.

이 모형에 따르면 평가란 의사결정자에게 환경-투입-과정-산출 요인에 관련된 제반 정보를 모두 제공하고 그것을 총체적으로 평가받아 발전된 형태의 최선의 의사결정을 내려야 하는 것이다. 그러므로 의사결정중심 모형은 주로 교육감, 교육장, 학교장 등과 같은 교육정책 결정권자에게 기본적으로 유용하게 쓰일 수 있다. 의사결정자들은 경영적 관점에서 올바른 의사결정을 내리는 데 필요한 정보를 수집, 분석, 종합할 수 있어야 한다. 스터플빔은 조직 내 의사결정을 다음의 4가지 단계로 설명하였다.

첫 번째, 계획 단계이다. 이 단계에서는 조직의 경영목표를 확인하거나 선정하는 등에 관한 의사결정과 계획이 이루어진다.

두 번째, 구조화 단계이다. 이때는 목표 달성을 위해 필요한 제반 사항, 절차와 전략을 수립하는 것과 관련된 의사결정을 하게 된다.

세 번째, 실행 단계이다. 계획되고 구조화된 전략, 절차들을 실제 행동으로 옮기는 단계로 실행하는 것과 관련된 의사결정이 이루어진다.

네 번째, 결과 단계이다. 이때는 목표가 달성된 정도를 파악하는 것과 그에 따르는 의견을 제시하는 의사결정이 이루어진다.

이러한 의사결정 단계가 이루어진 후, CIPP 모형에 따라 평가를 진행하게 된다. 각각에 따른 평가 유형을 자세히 설명하면 〈표 9-3〉과 같다.

〈표 9-3〉 CIPP 유형에 따른 의사결정단계와 평가 방식

유형	뜻	조직 내 의사결정단계	평가 방식
C	Context evaluation: 맥락평가	계획 단계	• 계획 단계에서 수립하는 의사결정에 도움이 되는 정보를 주기 위한 평가 • 교육목표를 결정하는 합리적 기초나 이유를 평가 • 구체적인 목표 수립과 관련된 배경, 사회의 요구, 상황적 여건, 환경 등을 파악, 평가
I	Input evaluation: 투입평가	구조화 단계	• 구조화 단계에 필요한 정보를 주기 위한 평가 • 평가에 사용되는 인지적 자원, 목표 달성을 위한 전략, 전략 실행을 위한 설계 등을 결정하는 데 필요한 정보를 제공 • 현재 어떠한 교육적 개입이 투입되고 있는지, 앞으로 어떤 것이 투입되어야 하는지를 평가 • 투입할 수 있는 자원, 시간, 예산에 비추어 여러 대안을 고려하고 발생 가능한 문제를 검토하여 예방
P	Process evaluation: 과정평가	실행 단계	• 실행 단계의 의사결정에 도움을 주기 위한 평가 • 프로그램 실행 과정에서 절차를 수정, 보완하는 데 필요한 정보를 수집 • 구조화 단계에서 수립한 전략이 실제로 운영되기 위해 고려할 점, 발생 가능한 여러 가지 사건과 사례 등을 파악하고 평가 • 참여관찰, 토의, 설문조사 등을 활용
P	Product evaluation: 산출평가	결과 단계	• 결과 단계의 의사결정에 도움을 주기 위한 평가 • 의사결정을 순환시키는 데 도움을 주는 평가 • 프로그램 종료 후 그 효과를 측정 • 프로그램 질과 사용자 요구에 비추어 성과를 파악 • 다른 유사 프로그램 성과와 비교하기도 함 • 전체 과정을 통해 도출된 결과의 가치를 판단하는 데 필요한 정보를 수집

이러한 과정으로 이루어지는 의사결정중심 모형의 강점은 목표나 결과에만 초점을 두지 않고 목표가 수립된 배경과 환경, 목표가 실현되는 실질적 과정을 모두 평가의 대상에 넣었다는 것에 있다. 그에 따라 목표와 결과의 관계에서 연관성을 도출하고 필요한 경우 개선과 수정을 가능하게 하였다. 이러한 특징은 다음과 같은 활용가치를

지닌다.

첫째, 교육과 관련된 의사결정에 있어 정책 수립의 배경과 시대적 요구를 모두 고려하여 목표의 적절성을 판단하게 된다.

둘째, 교육 관련 의사결정에 있어 단순히 목표나 결과에만 관심을 두지 않고 목표 설정 근거들의 특성, 목표들이나 근거들 간의 관계 등을 전체적으로 고려하게 되므로 교육의 범주를 넓히고 공공의 이익을 추구하게 돕는다.

셋째, 평가가 단순하게 목표 대비 성과를 확인하는 산술적 관점에서 벗어나 정책 결정자, 의사결정자에게 도움을 주기 위한 다양한 정보 수집과 교육과정의 발전을 위한 피드백에 집중하고 있다.

넷째, 교육과정에 대한 피드백을 수행할 때 신뢰할 수 있는 평가 결과들을 기반으로 해야 한다는 점을 강조하고 있다.

그러나, 이러한 강점에도 불구하고 다음과 같은 한계점들을 찾아볼 수 있다.

첫째, 평가자 자신이 가치판단을 하는 것이 아니라 의사결정자에게 그러한 판단을 위임하게 된다.

둘째, 의사결정의 형식, 변화 과정 등에 대한 개념과 평가 개념을 조작적으로 서술하기가 쉽지 않다.

셋째, 의사결정 과정에 관한 구체적인 방법과 안내가 부족하다.

3) 탈목표 모형

스크리븐(Scriven)의 탈목표 모형은 사전에 수립된 교육 목표만을 기준으로 목표의 실현 여부를 평가하는 틀을 과감히 벗어난다. 평가자의 전문가적 판단을 중요시하고 평가를 전문가에 의한 가치판단으로 보아 평가 전문가의 가치관, 철학적 배경, 논리적 사고력과 판단력을 중요시한다. 그래서, 교육과정 중에 발생하는 잠재적 결과의 가치도 중요하게 평가 대상으로 다루며 전문가의 판단에 맡긴다. 교육목표에 대한 사전 지식이 오히려 교육의 무한한 가능성을 저해하고 교육목표에 지나치게 의존케 하여 편견에 빠질 수 있다고 하며 전문가적 판단과 목표를 벗어난 평가를 이룰 것을 주장하고 있다.

타일러가 주장한 목표중심 모형은 목표를 준거로 의도한 성취를 1차적으로 평가한다고 하며, 2차적인 잠재적 부수효과를 간과하여 실제 성과를 평가하지 못한다는 비판을 받았다. 반면, 탈목표 모형에 의하면 어떤 교육 프로그램은 본래 의도한 1차적 목표는 달성하였지만 그 외의 부수적 부정적 효과가 발생하면 폐기하여야 할 것이다. 반대로 본래 1차적 목표는 달성하지 못했지만 부수적으로 긍정적 표과가 있다면 그 프로그램은 더욱 강화해야 할 것이다. 목표중심 모형이라면 1차적 목표 달성에만 치중하므로 이런 식의 결정을 내리기 어려운데, 탈목표 모형은 이러한 약점을 보완해주는 역할을 하고 있다.

스크리븐은 목표 자체를 중시하지 않는 것은 아니고 미리 설정된 목표 이외에 다른 유용한 기준도 반영해서 종합적으로 판단해야 함을 강조한다. 미리 설정된 구체적인 목표에 의한 평가가 아니므로 어떤 기준에 근거하여 판단을 내리는가를 결정하는 것이 평가의 타당성에 가장 큰 영향을 미치는데 이러한 타당성은 전문가의 평가 역량에 달려 있다. 따라서, 평가의 타당성을 확보하기 위해 전문가의 평가자로서의 역할을 강조하고 있다.

탈목표 모형의 특성을 정리하면 다음과 같다.

첫째, 평가를 사물의 가치나 장점을 체계적으로 판단하는 일이라고 정의한다.

둘째, 평가 기준을 설정할 때, 단지 목적 달성 여부만 판단해서는 안 되며 그 목적 달성이 학습자의 삶의 질에 기여했는지까지 판단하여야 한다. 즉, 교육 프로그램의 목적 달성 여부보다는 소비자 위치에 있는 학습자의 요구를 기준으로 실제적으로 어떻게 다가갔는지를 판단해야 한다. 이런 의미로 소비자중심 평가라고도 말한다.

셋째, 평가의 내재적 준거와 외재적 준거를 구분하고 그 모두를 충족하기에 관심을 기울여야 한다. 여기서, 내재적 준거란 내재된 기준, 즉 평가도구, 평가 방법의 신뢰도와 객관도, 평가도구의 제작, 문항의 작성, 통계 처리 등 내적 타당도 개념과 유사하며, 외재적 준거란 판단하려는 대상 밖에서 존재하는 전문가적 준거와 외부에 대한 효과를 의미한다.

넷째, 평가자의 역할에 따라 형성평가와 총합평가로 구분할 수 있다. 형성평가는 진행 중인 수업을 개선하기 위해서 실시하는 평가이고, 총합평가는 마무리된 수업의 가치를 판단하는 평가로서 그 둘을 구분하여 진행하라는 입장이다.

다섯째, 목표 달성보다는 목표의 질에 더 가치를 둔다. 목표의 내용이 합당하고 윤리적인지, 가치관과 문화에 적절한 것인지에 대한 총체적 관점의 접근이 중요하다.

여섯째, 목표에 대한 자세한 정보를 중요시하지 않고, 여러 가지 정보와 증거 정보를 수집해서 그 프로그램의 목표가 무엇인지, 제대로 성취되고 있는지, 그 가치는 무엇인지를 판단한다.

이러한 특성에 따라 스크리븐은 평가자가 교육목표에 대한 사전 지식이 지나치게 많거나 전문적일수록 편견에 휩싸일 수 있다고 지적하며 가치판단에 대한 합리성과 객관성을 강조한다. 그래서 사전에 설정한 구체적인 목표는 중요시하지 않게 되고, 어떤 기준에 따라 판단을 내리느냐를 결정하게 되는데, 그것이 평가의 타당성을 확보하는 가장 중요한 요건이라고 하였고, 이때 전문가의 역할이 나타난다고 강조하였다. 그래서, 탈목표 모형에서는 교육의 과정을 개선하기 위한 평가 모형과는 다소 다른 입장을 취하여, 교육과정의 피드백보다는 교육과정과 결과를 총체적으로 판단한다. 이 역할을 해야 하는 전문적 평가자는 의사결정에 도움이 되는 자료를 수집하거나 교육현상에 관해 자세히 기술하는 것에서 벗어나야 한다고 주장한다. 평가자는 평가하려는 교육현상, 대상의 가치에 대해 최종적인 판단을 내려주는 역할을 하게 된다. 즉, 평가 목적과 활동, 결과를 규정된 것으로 보지 않고, 교육현상 속에서 유기적으로 연결되어 끊임없이 변화하고 재해석되는 그 자체라고 평가를 이해한다. 이를 그림으로 표현하면 [그림 9-2]와 같다.

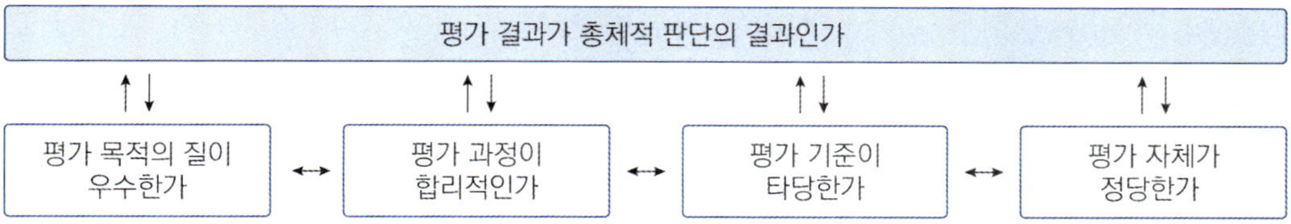

출처: 황정규 외(2020).

〔그림 9-2〕 Scriven의 전문가판단 모형

탈목표 모형에 따른 교육과정의 강점과 의의는 다음과 같다.

첫째, 사전 수립된 목표 이외의 다른 유용한 기준과 내용도 총체적 판단에 의거함을 강조하기 때문에 교육과정 그 자체에 집중할 수 있다.

둘째, 타일러의 목표중심 모형이 지니고 있던 한계를 보완하여 사전에 수립되지 않은 교육목표도 충분히 교육효과로서 다루어지고 가치가 인정된다.

셋째, 사전에 제시된 목표 자체를 비판적 시각으로 분석하고 가치판단을 수행해야 한다.

4) 감식안 모형

아이즈너(Eisner)는 「교육적 감식안과 교육비평을 교육적 상황에 적용하기」라는 논문을 통해, 교육적 감식안과 교육비평이라는 개념을 처음으로 제시하였다. 당시에 양적 평가를 강조하는 관행에 대해 과학실증적 교육평가가 지니는 한계를 지적하며 제안한 평가 방법의 대안이었다. 그의 교육적 감식안은 질적연구 방법과 맥을 같이한다. 그는 교육평가는 예술작품의 비평과 같이 이루어져야 한다고 하며, 기존의 목표중심 모형, 의사결정중심 모형에서 추구하는 평가 방법의 한계를 다음과 같이 지적하였다.

첫째, 목표중심 모형, 의사결정중심 모형은 행동주의 심리학에 기반한 것으로 교육현상의 맥락과 질적 가치를 무시한 것이다.

둘째, 목표중심 모형, 의사결정중심 모형은 교육현상을 수량화하는 것에 목적을 두고 있어 고유함과 독특성을 담아내지 못한다.

셋째, 목표중심 모형은 미리 설정된 목표의 성취, 도달 여부에 집중하기 때문에 교육의 과정, 교육이 이루어지는 현상에서 발견되는 다양한 경험이 무시된다.

넷째, 행동주의 심리학에 기초한 평가 접근은 교육이 포함하는 개별적 특성과 인간적 고유함을 간과하고 있다.

아이즈너는 감식안의 개념을 쉽게 이해하도록 하기 위해 포도주 감식가를 예로 들었다. 흔히 소믈리에라고 하는 직업을 많이 들어봤을 것이다. 이들은 포도주의 미묘한 맛을 알고 구별하여 어떤 포도주가 좋은 것인지 알아낸다. 어떻게 그렇게 할 수 있는 걸까? 아이즈너에 의하면 소믈리에가 되기 위해서는 우선 포도주를 많이 마셔보아야 한다고 하였다. 단, 단순히 마시는 것이 아니라, 맛을 인식하고 지각하는 것, 느끼며 마시는 것이다. 아울러 맛뿐만 아니라 색깔과 냄새에도 민감해야 한다. 포도주잔을 옆으로 기울였을 때 포도주가 남기는 자국과 색깔이 어떠한지도 읽어낼 수 있어야 포도주의 가치를 감별할 수 있다. 이 외에도 포도 농사, 포도주 제조 과정, 연도별 강우량, 양조장별 특징과 기법, 잘 어울리는 요리, 분위기와 여러 가지 요소들을 모두 총합적으로 고려할 수 있어야 한다. 이처럼 포도주 감식가는 포도 재배부터 시작하여, 포도주에 관련된 다양하고 폭넓으며 구체적인 정보를 해석하고 읽어내며 구별할 수 있는 능력을 지닌 사람이다. 아이즈너는 이러한 감식안의 개념을 교육평가에 끌어옴으로써 예술작품을 감식하는 것과 같은 평가자의 태도와 자질을 강조한다.

그는 감식안 모형으로 이루어지는 평가는 비평적 평가라고 하며, 감상과 비평을 구분하였다. 감상은 사물을 자신의 지각으로 받아들이고 이해하는 개인적이고 사적인 행위라고 본다면, 비평은 자신이 경험하고 이해한 것을 새로운 시각과 전문 지식을 기반으로 그 의미와 가치에 대해 판단하고 분석하여 보고하는 사회적 공적인 행위라 볼 수 있다. 감상은 비평, 비판 없이 있는 그대로 자유롭게 행해질 수 있으나, 비평은 감상적 행위가 꼭 수반되어야 가능하다고 하였다. 따라서 비평적 평가를 위해서는 현상을 이해하는 개인적, 사적인 경험이 있는 가운데 현상을 기술, 해석, 평가하고 결론을 내리는 요소가 있어야 한다. 그래서, 아이즈너는 비평적 평가 방법을 [그림 9-3]과 같이 네 가지 요소로 나누어 제시하였다. 단, 이는 순서대로 진행될 필요가 전혀 없고, 네 가지로 일목요연하게 구분되어 나타날 필요도 없다. 비평이 이 요소를 따를 수도 있으나 따르지 않을 수도 있다고 하며 네 가지 요소라는 기본 틀을 활용하여 새로운 발견에 도달하게 하는 것이 중요하다고 하였다.

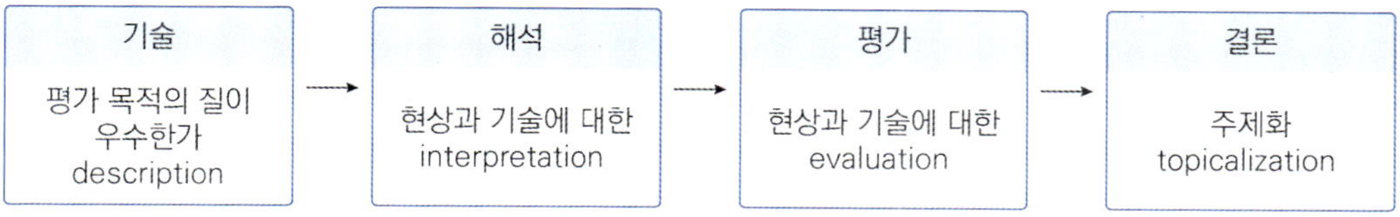

〔그림 9-3〕 감식안 모형에 따른 비평적 평가의 네 가지 요소

이러한 점을 바탕으로 감식안 모형이 지닌 특성을 정리해 보면 다음과 같다.

첫째, 감식안 모형에 따르면 평가자는 마치 포도주를 감식할 수 있는 소믈리에처럼 교육현상을 보고 교육활동의 질을 전반적으로 판단할 수 있는 감식안을 지녀야 한다. 평가자의 전문성에 따라 평가 결과의 타당성이 확보되는 것으로 적절한 평가를 위해 평가자 요인은 매우 중요하게 된다.

둘째, 평가자는 비평적 평가의 접근 방법을 취해야 한다. 교육활동과 현상을 감상하는 것에 머무르지 않고 사회적, 공공적 목적을 이루기 위한 제대로 된 판단과 비판이 있어야 한다. 그것을 위해서는 새롭고 합당한 시각에서 현상을 분석하고 그 의미와 가치를 뽑아낼 수 있는 능력이 필요하다.

그럼에도 불구하고, 감식안 모형은 다음과 같은 한계가 있다. 평가자의 전문성이 굉장히 중요한 요소가 되기 때문에 평가자 자신의 오차가 평가 결과에 그래도 반영될 수밖에 없다. 때문에 비평을 올바르게 할 수 있는 역량을 어떤 식으로 보장할 것인지에 대한 문제가 늘 발생할 수 있다. 아울러, 평가 상황에 대한 주관성, 편파성의 문제도 얼마든지 제기될 수 있으며, 교육현장에 실제로 사용될 경우 교사 역량 및 전문성 확보에 대한 최대한의 준비와 진행이 필요한데, 현실적으로 많은 어려움이 있다.

5) 정치적 협상 모형

바이스(Weiss, 1983)는 교육과정의 진행과 수립은 결국 정치적 협상을 통해 이루어짐을 강조하였다. 사실 국가 정책 가운데 교육은 매우 중요한 부분이기 때문에 정치적 가치관과 협상에서 벗어나기 어렵다. 우리나라 교육정책도 정치적 이념에 큰 영향을 받으며, 그 가운데 가장 최선의 것을 선택하려고 노력하며 진행되는 것이 현실이다.

이러한 정치적 협상 모형에서는 정책의 입안, 수립, 실행에 관한 상황은 앞서 살펴본 의사결정중심 모형이나 목표중심 모형과 구별되는 정책 분석, 정책 평가 및 타협의 과정을 거친다고 본다. 이 모형은 정책에서 유익을 받거나 손해를 보는 집단들이 존재한다고 보며, 이러한 권력관계에서의 타협, 조정 과정을 포함하게 된다. 이러한 측면에서 이해관계자 접근이라고 부르기도 한다(김재춘, 2017). 그리하여, 교육이 이해관계자들의 대립과 타협 과정으로 조정된 정책을 통해 나옴으로써 특정 집단의 이익을 실현하는 것으로 이해하여, 하나의 정치적 행위로 간주된다.

정치적 협상 모형은 인간의 권력관계를 전제한다. 지속적인 투쟁과 대립, 타협이 존재하기 때문에 단순히 결과를 확인하거나, 의사결정자에게 자료를 제공하는 평가와는 차원이 다른 접근이다. 이 모형의 특성을 정리해 보면 다음과 같다.

첫째, 평가를 정치적 협상으로 바라봄으로써 교육에서 정치적 본질을 인식하고 본격적으로 어떻게 개입할 것인지에 대해 고려하기 시작하였다.

둘째, 실제 교육평가를 할 때 영향을 미칠 수밖에 없는 이해집단들을 인정하고 평가의 현실적 활용도를 높이는 데에 기여했다.

셋째, 실제 현장에서 진행되는 평가는 학생, 교사, 학부모, 교육행정가 등 관련 집단의 이해가 얽혀 있고, 각자의 입장이 강조되는 상황에 놓여 있다. 현장의 생생함을 모형 안에 담아내었다는 것에 큰 의의가 있다.

정치적 협상 모형을 그림으로 나타내면 [그림 9-4]와 같다.

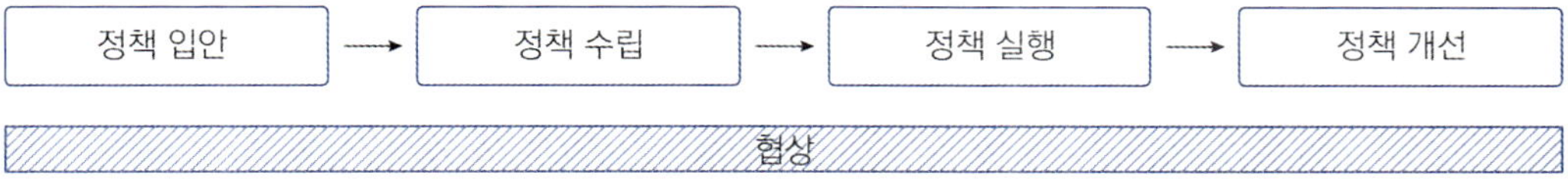

〔그림 9-4〕 정치적 협상 모형

6) 자연주의 모형

자연주의 모형은 평가 과정에 참여하는 이해관계자들의 입장을 알고 그에 따라 맞출 것을 요구한다. 이러한 자연주의 모형은 구바와 링컨(Guba & Lincoln, 1981)이 주장하였는데 결국 이해관계자, 평가자들이 결과를 내고 교육과정 전반의 수행을 진행하는 주체적인 입장을 가지고 있음을 인정한 현실적 입장의 모형이라 볼 수 있다. 이러한 과정이 가장 현실적이면서 가장 자연스럽다는 의미로 자연주의 모형이라 일컫는다.

이 모형에서는 평가와 관련된 구성원들이 평가 과정에 적극적으로 참여하는 것을 강조한다. 관련된 구성원들이 평가에 참여함으로써 평가활동 자체를 구성해 갈 수 있다. 실제로 우리나라 교육과정 개정에 있어서 학부모, 학생들의 평가가 굉장히 중요한 자료로 활용되는데, 이러한 자연주의 모형에 해당하는 부분으로 볼 수 있다. 자연주의 모형에서는 평가자를 포함한 이해관계자들이 상호 협력과정을 통해 새로운 평가를 만들어 냄을 강조한다.

이러한 평가 과정을 이루는 데는 정보가 중요한데 주요한 정보를 다섯 가지로 정리하였다.

첫째, 평가 목표, 구체적 환경, 주변 조건

둘째, 관련 인사들의 관심

셋째, 관련 이슈, 주제들

넷째, 평가 대상

다섯째, 평가의 가치와 관련 기준

총체적인 정보 수집을 통해 기존 평가와는 다른 관점으로 평가자와 이해관계자가 참여하여 평가를 주도하고 만들어가게 된다. 특히, 평가 결과를 수량화하거나 서술, 가치판단을 하는 것은 자연스럽지 않다고 하여, 정해진 평가 양식안에 국한하지 않고, 모든 평가 참여자들이 함께 참여하여 구성하고 귀납적으로 "창조"하는 평가 과정을 강조한다.

이러한 입장을 구바와 링컨은 4세대 평가 패러다임이라 규정하였다. 이들은 평가 모형의 변천 과정을 4단계로 분류하였다. 어떠한 특성이 있는지 살펴보면 〈표 9-4〉와 같다.

〈표 9-4〉 4세대 평가 모형 분류

세대	대표 모형	특징
1세대	목표중심 모형	Tyler 등이 대표적 학자로, 산술적, 객관적 측정과 평가를 동일시함.
2세대	기술중심 모형	Cronbach 등이 대표적 학자로 교육현상을 상세하게 기술하는 데에 초점을 두고, 교육현상의 기술을 평가로 간주함.
3세대	전문가판단 모형	Scriven, Eisner 등이 대표적 학자로 전문가적 판단과 교육 대상의 가치를 판단하는 것을 강조함.
4세대	자연주의 모형	Guba, Lincoln 등이 주장하고 있으며, 평가와 관련된 개인이나 집단, 다양한 이해관계자들 간의 타협을 강조함.

요약정리

교육과정 평가란 앞서 진행된 교육과정 전반에 대한 평가로, '교육과정의 값을 매기는 활동, 교육과정의 가치를 판단하는 활동'이라 말할 수 있다. 교육과정 계획의 수립에 해당하는 교육과정 개발 평가, 계획된 교육과정을 행동으로 옮기는 교육과정 운영 평가, 교육과정 운영의 결과물을 평가하는 교육과정 성과 평가가 이 안에 포함된다.

교육과정을 평가할 때는 판단, 관찰, 실험의 방법을 통해 자료를 수집할 수 있으며, 양적방법과 질적방법을 포괄적으로 사용하여 총체적인 평가를 진행한다. 교육과정 평가에서는 평가의 기준 설정을 어떻게 하느냐가 중요하다. 교육과정과의 일관성, 통합성을 유지하는 것이 중요하므로, 평가의 기준은 교육과정에서 지향하는 교육목적과 교육목표를 기반으로 이루어져야 한다.

평가와 관련된 용어를 살펴보면 다음과 같다. 첫째, 측정이다. 측정은 대상에 숫자를 부여하여 결과를 산출하는 것이다. 둘째, 평가이다. 산출적 평가뿐만 아니라 질적평가까지 포함하는 개념으로 이를 통해 가치판단까지 진행된다. 셋째, 총평이다. 지금까지의 용어보다 좀 더 포괄적, 통합적인 의미로 개인의 행동 특성뿐만 아니라 그 행동을 유발하는 환경요인, 과업특성, 상황 요소들을 전반적으로 평가하는 것이다.

교육과정을 평가하기 위한 기본 전제는 다음과 같다. 첫째, 인간의 무한한 가능성과 잠재력을 알아야 한다. 둘째, 평가는 지속적으로 진행되어야 한다. 셋째, 평가는 종합적 과정으로 이루어져야 한다. 넷째, 평가의 자료는 다양해야 한다. 마지막, 평가는 궁극적으로 전반적인 교육활동에 도움을 주어야 한다.

이러한 교육평가는 다음과 같은 기능을 갖는다. 첫째, 교수 · 학습 과정을 개선하고 수업의 질을 높인다. 둘째, 교육 프로그램의 효과성을 검증한다. 셋째, 교육이 담고 있는 전반적인 문제를 이해하고 올바른 교육정책 수립에 도움이 된다.

교육과정 평가는 학자에 따라 여러 가지로 모형화할 수 있다. 첫째, 타일러의 목표중심 모형이다. 사전에 수립한 교육목표가 평가의 준거가 되어 목표가 얼마나 성취되었는지를 평가하는 것이다. 둘째, 스터플빔의 의사결정중심 모형이다. CIPP 모형이라고 하며, C(context, 맥락), I(input, 투입), P(process, 교육과정), P(product, 산출물)을 각각 체제적 관점에서 평가하는 모형이다. 셋째, 스크리븐의 탈목표 모형이다. 평가자의 전문적 판단을 중시하여 기존의 수립된 목표를 넘어서는 것으로, 평가자의 가치판단, 논리적 사고력, 철학적 배경을 통해 교육과정을 평가하는 것이다. 넷째, 아이즈너의 감식안 모형이다. 교육평가는 교육적 감식안을 통해 이루어지는 것으로 예술작품의 비평과 같이 이루어져야 함을 강조하였다. 다섯째, 바이스의 정치적 협상 모형이다. 교육과정 진행과 수립은 결국 정치적 협상과 밀접하게 관련되어 있으므로 정책 입안, 수립, 결정에서 모든 이해관계자들 간의 협상 과정, 조정 과정을 고려하고 평가하는 것을 의미한다. 여섯째, 구바와 링컨의 자연주의 모형이다. 평가 과정에 참여하는 이해관계자들의 입장을 알고 그에 따라 얼마나 맞추었는지를 평가하는 것이다. 실제 우리나라 교육과정 개정에서도 교육전문가, 정책입안가뿐만 아니라 학부모, 학생들의 모든 평가가 중요한 자료로 활용되는데 자연주의 모형에 해당하는 것으로 볼 수 있다.

참고문헌

교육부(2022). 2021 국가수준 학업성취도 평가 결과 및 대응 전략 발표. Retrieved from https://www.moe.go.kr/boardCnts/viewRenew.do?boardID=294&boardSeq=91788&lev=0&searchType=null&statusYN=W&page=1&s=moe&m=020402&opType=N

김대현, 김석우(2020). 교육과정 및 교육평가. 서울: 학지사.

김재춘(2017). 교육과정과 교육평가. 서울: 학지사.

김종서, 이영덕, 황정규, 이홍우(1997). 교육과정과 교육평가. 서울: 교육과학사.

유효성(2023. 6. 21). '사교육'에 밀린 '공교육' 힘받을까.. 떨어진 '학력' 끌어올릴 해법은?. 머니투데이. Retrieved from https://news.mt.co.kr/mtview.php?no=2023062110370594089

최호성(1993). 교육과정평가의 모형 정립과 평가기준 설정 및 타당화. 경북대학교 대학원 박사학위논문.

한국교육과정학회(2017). 교육과정학 용어 대사전. 서울: 학지사.

황정규, 서민원, 최종근, 김민성, 양명희, 김재철, 강태훈, 이대식, 김준엽, 신종호, 김동일(2020). 교육평가의 이해. 서울: 학지사.

Beauchamp, G. A. (1968). *Curriculum theory.* Wilmette, Ill.: Kagg press.

Eisner, E. W. (1979). The use of qualitative forms of evaluation for improving educational practice. *Educational Evaluation and Policy Analysis, 1*, 11-19.

Guba, E. G. & Lincoln, Y. S. (1981). *Effective evaluation: Improving the usefulness of evaluation results through responsive and naturalistic approaches*, Jossey bass, London.

Scriven M. (1972). Objectivity and subjectivity in educational research. In Thomas L. G. (Ed.), *Philosophical redirection of educational research* (pp. 94-142). Chicago, IL: Chicago Univer. Press.

Stufflebeam, D. L. (1971). The Relevance of the CIPP Evaluation Model for Educational Accountability. *Journal of Research and Development in Education, 5*, 19-25.

Tyler, R. (1950). *Educational Evaluation.* Edited by Boston.

Weiss, C. (1983). The stakeholder approach to evaluation: Origin and promises. In A. Bryk, *New Directions for Program Evaluaion(Vol. 17, pp. 3-14).*

CHAPTER

10

2022 개정
교육과정과 핵심역량

학습목표

1. 2022 개정 교육과정의 주요 개정 내용을 설명할 수 있다.
2. 핵심역량 계발을 위한 교육의 의미를 이해하고 적용할 수 있다.
3. 고교학점제의 주요 특징을 이해하고 적용할 수 있다.

학습개요

우리나라의 국가교육과정은 그동안 사회 변화와 시대적 요구를 반영하여 지속적으로 개정되고 발전해 왔다. 최근의 교육과정 개정의 주요 방향은 미래 사회를 대비하여 학생의 흥미 · 적성 · 진로를 고려한 교육과정, 미래 사회에 요구되는 핵심역량의 함양이라는 측면에서 말할 수 있다. 제7차 교육과정 이후부터 고등학교 교육과정 편성 · 운영에서 기존의 교육과정에 비해 학생의 선택권이 매우 강조되었으며 이는 2022 개정 교육과정에서도 주요 지향점이 되었다. 특히 2022 개정 고등학교 교육과정은 학생의 선택권을 존중하는 고교학점제를 구현하기에 적합하도록 교육과정을 개정하게 된 것이다. 세계 각국은 교육경쟁력을 확보하기 위해 전통적인 학문중심의 교육에서 미래 사회에서 요구되는 핵심역량 계발을 위한 교육과정 개발을 시도하고 있다. 우리나라의 경우도 2015 개정 교육과정에 이어 2022 개정 교육과정에서 핵심역량 함양을 위한 교육과정을 개발하였다. 본 장에서는 2022 개정 교육과정과 연계하여 핵심역량, 고교학점제에 대해 살펴보고자 한다.

1 2022 개정 교육과정

1) 교육과정 개정의 배경과 방향

교육과정의 개정은 사회 변화와 시대적 요구, 학문의 발전, 현행 교육과정의 개선 등에서 출발한다. 우리나라의 국가 교육과정은 그동안 사회 변화와 시대적 요구를 반영하여 지속적으로 개정되고 발전해 왔다. 2022 개정 교육과정의 주요 배경은 다음과 같다(교육부, 2021a; 황규호 외, 2022: 3).

첫째, 디지털 전환, 기후환경 변화 등 다양한 변화 상황에 대응할 수 있는 교육혁신이 필요하다. 디지털 전환에 따른 산업 및 사회 변화와 감염병 확산, 기상 이변과 기후환경 변화 등 다양한 위기상황에 대응하고 극복하는 능력이 중요해지고 있다. 변동성, 불확실성, 복잡성이 특징인 미래 사회에 대응할 수 있도록 기본 역량과 변화 대응력 등을 키워주는 교육체제의 구현이 필요하다는 점이 강조되었다.

둘째, 학령인구 감소 및 학습자 성향 변화에 따른 맞춤형 교육 기반이 필요하다. 저출산 현상의 심화, 디지털 전환 등에 대응하여 학생 개개인의 역량을 최대한 발전시켜 줄 교육과정과 교수·학습 체제 및 교육환경의 구축이 요구된다. 학습자 성향에 따라 학생 스스로 진로를 설정하고 개척할 수 있도록 학습자의 삶과 연계한 학교교육의 혁신이 필요한 상황이다. 사회적으로 학령인구의 감소 추세에서는 학습자 개개인의 특성과 진로에 따른 개별화된 학습경험을 지원하는 맞춤형 교육체제 구축이 필요하다.

셋째, 새로운 교육환경 변화에 적합한 역량 함양 교육이 필요하다. 지식, 정보의 폭발적 증가에 따라 학습자가 단편적 지식을 습득하기보다는 학습한 내용을 삶의 맥락에서 적용하고 복잡한 문제를 해결하는 역량을 기르는 것이 필요하다. 미래 사회의 변화에 유연하게 대응해 나갈 수 있는 역량을 갖춘 학생들을 길러내는 것이 긴요해졌다. 또한 학생 자신의 삶을 책임 있게 이끌어 갈 수 있게 하는 힘인 주도성, 다양성에 대해 서로 존중하고 협력하는 공동체 의식의 함양도 강조되고 있다.

넷째, 현장 수용성 높은 교육과정에 대한 요구의 증대이다. 지역·학교 교육과정 분권화·자율화에 대한 요구가 증가함에 따라 다양한 교육주체 간 협력적인 교육과정 개발 체제로의 개선이 필요하다는 것이다. 교육과정 개발 과정에서 특정 전문가들의 관점과 더불어 교육 관련 주체와 국민 모두의 다양한 관점과 의견을 반영할 수 있어야 한다는 요구가 증대하고 있다.

이러한 사회 변화와 사회적 요구를 수렴하여 그동안의 교육과정 발전 방향을 계승하면서 미래 사회를 살아갈 학생들이 주도적으로 삶을 이끌어 가는 능력을 함양할 수 있도록 교육과정을 개선하였다. 2022 개정 교육과정은 교육환경 변화에 적극적으로 대응하기 위해 국가·사회적 요구를 반영하여 미래 사회가 요구하는 포용성과 창의성을 갖춘 주도적인 사람으로 성장할 수 있도록 초·중등학교 교육과정을 개선하고자 하였다. 교육과정 총론의 주요 개정 방향은 다음과 같다(교육부, 2022a: 4-5).

첫째, 미래 사회에 대응할 수 있는 능력과 기초소양 및 자신의 학습과 삶에 대한 주도성을 강화한다. 이를 위해 여러 교과를 학습하는 데 기반이 되는 언어, 수리, 디지털 소양 등을 기초소양으로 하여 교육 전반에서 강조하고, 디지털 문해력(리터러시) 및 논리력, 절차적 문제해결력 등 함양을 위해 다양한 교과 특성에 맞게 디지털 기초소양 반영 및 선택 과목을 신설하였다.

둘째, 학생들의 개개인의 인격적 성장을 지원하고 구성원 모두의 행복을 위해 공동체 의식을 강화한다. 기후·생태환경 변화 등에 대한 대응 능력 및 지속 가능성 등 공동체적 가치를 함양하는 교육을 강조하고, 다양한 특성을 가진 학생이 차별받지 않도록 지원하고, 지역·학교 간 교육 격차를 완화할 수 있는 지원 체제를 마련하였다.

셋째, 학생들이 자신의 진로와 학습을 주도적으로 설계하고, 적절한 시기에 학습할 수 있도록 학습자 맞춤형 교육과정을 마련한다. 지역연계 및 학생의 필요를 고려한 선택 과목을 개발·운영할 수 있도록 학교자율시간을 도입하고, 학교급 간 교과 교육과정 연계, 진로 설계 및 탐색 기회 제공, 학교생활 적응을 지원하는 진로연계교육의 운영 근거를 마련하였다.

넷째, 학생이 주도성을 기초로 역량을 기를 수 있도록 교과 교육과정을 마련한다. 교과별로 꼭 배워야 할 핵심 아이디어 중심으로 학습량을 적정화하고, 학생들이 경험해야 할 사고, 탐구, 문제해결 등의 과정을 학습 내용으로 명료화하여 교수·학습 및 평가 방법을 개선하였다.

2) 교육과정 구성의 중점과 핵심역량

(1) 교육과정 구성의 중점

2022 개정 교육과정은 우리나라 교육과정이 추구해 온 교육 이념과 인간상을 바탕으로, 미래 사회가 요구하는 핵심역량을 함양하여 포용성과 창의성을 갖춘 주도적인 사람으로 성장하게 하는 데 중점을 둔다. 이를 위한 교육과정 구성의 중점은 다음과 같다(교육부, 2022c: 1).

- 디지털 전환, 기후·생태환경 변화 등에 따른 미래 사회의 불확실성에 능동적으로 대응할 수 있는 능력과 자신의 삶과 학습을 스스로 이끌어가는 주도성을 함양한다.
- 학생 개개인의 인격적 성장을 지원하고, 사회 구성원 모두의 행복을 위해 서로 존중하고 배려하며 협력하는 공동체 의식을 함양한다.
- 모든 학생이 학습의 기초인 언어·수리·디지털 기초소양을 갖출 수 있도록 하여 학교교육과 평생 학습에서 학습을 지속할 수 있게 한다.
- 학생들이 자신의 진로와 학습을 주도적으로 설계하고, 적절한 시기에 학습할 수 있도록 학습자 맞춤형 교육과정 체제를 구축한다.
- 교과 교육에서 깊이 있는 학습을 통해 역량을 함양할 수 있도록 교과 간 연계와 통합, 학생의 삶과 연계된 학습, 학습에 대한 성찰 등을 강화한다.
- 다양한 학생 참여형 수업을 활성화하고, 문제 해결 및 사고의 과정을 중시하는 평가를 통해 학습의 질을 개선한다.
- 교육과정 자율화·분권화를 기반으로 학교, 교사, 학부모, 시·도 교육청, 교육부 등 교육 주체들 간의 협조 체제를 구축하여 학습자의 특성과 학교 여건에 적합한 학습이 이루어질 수 있도록 한다.

(2) 인간상과 핵심역량

2022 개정 교육과정에서 추구하는 인간상은 〈표 10-1〉과 같다.

〈표 10-1〉 2022 개정 교육과정의 추구하는 인간상

인간상	정의
자기주도적인 사람	전인적 성장을 바탕으로 자아정체성을 확립하고 자신의 진로와 삶을 스스로 개척하는 사람
창의적인 사람	폭넓은 기초 능력을 바탕으로 진취적 발상과 도전을 통해 새로운 가치를 창출하는 사람
교양 있는 사람	문화적 소양과 다원적 가치에 대한 이해를 바탕으로 인류 문화를 향유하고 발전시키는 사람
더불어 사는 사람	공동체 의식을 바탕으로 다양성을 이해하고 서로 존중하며 세계와 소통하는 민주시민으로서 배려와 나눔, 협력을 실천하는 사람

출처: 교육부(2022c). p.5를 표로 재구성.

2022 개정 교육과정에서 추구하는 인간상은 2015 개정 교육과정의 인간상을 계승하고자 하였다. 다만 추구하는 인간상에 학생의 주도성, 책임감, 적극적 태도 등을 강조하기 위해 현행 교육과정의 '자주적인 사람'을 '자기 주도적인 사람'으로 개선하였다.

교육과정이 추구하는 인간상을 구현하기 위해 교과 교육과 창의적 체험활동을 포함한 학교교육 전 과정을 통해 중점적으로 기르고자 하는 핵심역량을 제시하면 〈표 10-2〉와 같다.

2022 개정 교육과정의 핵심역량은 현행 교육과정의 핵심역량을 계승하고 있다. 다만, 복잡화·다양화되는 사회를 살아가기 위해 상호협력성 및 공동체성 강조를 위해 현행 '의사소통 역량'을 '협력적 소통 역량'으로 개선하였다(교육부, 2022b: 4).

〈표 10-2〉 2022 개정 교육과정의 핵심역량

핵심역량	정의
자기관리 역량	자아정체성과 자신감을 가지고 자신의 삶과 진로를 스스로 설계하며 이에 필요한 기초 능력과 자질을 갖추어 자기주도적으로 살아갈 수 있는 역량
지식정보처리 역량	문제를 합리적으로 해결하기 위하여 다양한 영역의 지식과 정보를 깊이 있게 이해하고 비판적으로 탐구하며 활용할 수 있는 역량
창의적 사고 역량	폭넓은 기초 지식을 바탕으로 다양한 전문 분야의 지식, 기술, 경험을 융합적으로 활용하여 새로운 것을 창출하는 역량
심미적 감성 역량	인간에 대한 공감적 이해와 문화적 감수성을 바탕으로 삶의 의미와 가치를 성찰하고 향유하는 역량
협력적 소통 역량	다른 사람의 관점을 존중하고 경청하는 가운데 자신의 생각과 감정을 효과적으로 표현하며 상호협력적인 관계에서 공동의 목적을 구현하는 역량
공동체 역량	지역·국가·세계 공동체의 구성원에게 요구되는 개방적·포용적 가치와 태도로 지속가능한 인류 공동체 발전에 적극적이고 책임감 있게 참여하는 역량

출처: 교육부(2022c). p.6을 표로 재구성.

3) 학교급별 주요 개정 내용

(1) 초등학교

초등학교 1학년 입학 초기 적응활동을 통합교과(바른 생활, 슬기로운 생활, 즐거운 생활)와 창의적 체험활동 시간으로 내용을 체계화하였다. 기초 문해력 강화 및 한글 해득 교육을 위한 국어 34시간을 증배하였다. 1~2학년의 안전교육은 64시간을 유지하되 통합교과와 연계하여 재구조화하고, 교과와 창의적 체험활동을 통해 학생 발달 수준에 맞는 체험·실습형 안전교육이 이루어지도록 개선하였다(교육부, 2022a: 5). 현행 64시간으로 배당된 안전한 생활은 바른 생활(16시간), 슬기로운 생활(32시간), 즐거운 생활(16시간)로 구성하고 1, 2학년의 '안전한 생활' 성취 기준과 내용 요소를 초등 통합교과와 연계하여 습관화할 수 있도록 실생활중심의 안전교육으로 개선하였다(교육부, 2022b: 20).

〈표 10-3〉 2022 개정 초등학교 교육과정에서 1~2학년군 편제와 시간 배당의 변화

1~2학년		2015 개정 교육과정		2022 개정 교육과정
교과(군)	국어	448	⇒	482(+34)
	수학	256		256
	바른 생활	128		144(+16)
	슬기로운 생활	192		224(+32)
	즐거운 생활	384		400(+16)
	소계	1,408		1,506
창의적 체험활동		336(안전한 생활 포함)		238(- 98)
총 수업 시간 수		1,744		1,744

출처: 교육부(2022b). p.20.

1, 2학년의 경우, 안전한 생활을 포함한 창의적 체험활동 및 국어, 초등 통합교과의 재구조화가 이루어졌다. 3~6학년의 경우 2015 개정 교육과정과 동일하다. 초등학교 교과 편제와 시간 배당은 다음 〈표 10-4〉와 같다.

〈표 10-4〉 초등학교 교과편제와 시간 배당

		1~2학년	3~4학년	5~6학년
교과(군)	국어	국어 482	408	408
	사회/도덕		272	272
	수학	수학 256	272	272
	과학/실과	바른 생활 144	204	340
	체육	슬기로운 생활 224	204	204
	예술(음악/미술)		272	272
	영어	즐거운 생활 400	136	204
	소계	1,506	1,768	1,972
창의적 체험활동		238	204	204
학년군별 총 수업 시간 수		1,744	1,972	2,176

출처: 교육부(2022c). p.17.

초등학교에서 학교자율시간과 진로연계교육을 도입하였다. 3~6학년에서 학교자율시간이 도입됨에 따라 학교는 3~6학년별로 지역과 연계하거나 다양하고 특색 있는 교육과정을 운영할 수 있게 되었다. 다양하고 특색 있는 지역과 연계한 교육과정 운영 및 학교여건과 학생의 필요에 맞춘 선택 과목(활동) 신설 · 운영이 가능하다(교육부, 2022b: 19).

지역연계 선택 활동, 삶과 학습에 필요한 기초소양, 학습 진단과 개별 보정 교육, 진로 선택 활동 등을 선택 과목(활동)으로 편성 · 운영이 가능하다(교육부, 2022b: 19). 학교자율시간을 활용하여 교육과정 편제에 제시되어 있는 교과 외에 새로운 과목이나 활동을 개설할 수 있으며, 이를 위해 학교는 여건을 고려하여 연간 34주를 기준으로 학기별 1주 분량의 수업 시간을 확보하여 운영할 수 있다. 새로운 과목과 활동은 학교 · 지역의 여건 및 학생의 필요에 따라 학교가 결정하며, 다양한 과목과 활동으로 개설하여 운영할 수 있다(교육부, 2022b: 22).

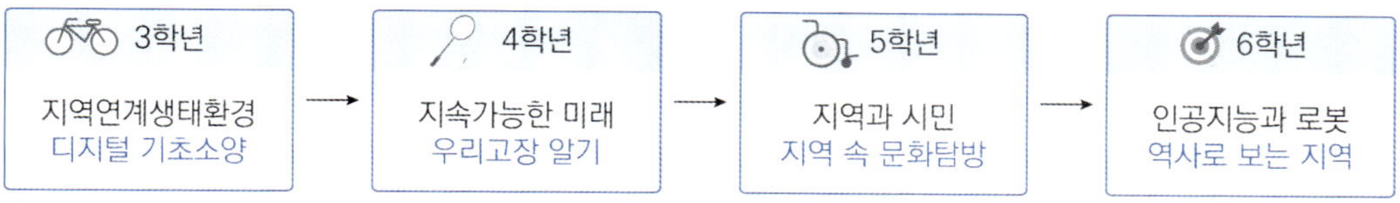

출처: 교육부(2022b). p.22.

또한 초등학교에서 진로연계교육을 도입하여 유치원 누리과정과 중학교 교육과정뿐만 아니라 초등학교 학년 간 교과 교육과정 내용 연계를 강화하여 학교급 및 학년 전환기 학생들의 학습활동 연속성을 보장하였다(교육부, 2022b: 19).

창의적 체험활동의 영역을 재구조화하였다. 이는 초등학교, 중학교, 고등학교 학교급에 공통적으로 적용되는 내용이다. 창의적 체험활동은 학생의 전인적인 성장과 자율성에 보다 초점을 두고, 학생의 자기주도성과 학생 선택 활동을 확대하기 위해 자율 · 자치 활동, 동아리 활동, 진로 활동으로 영역을 재구조화하였다. 자율 · 자치 활동은 공동체중심의 학교(학급) 단위 활동 중심으로, 동아리 활동과 진로 활동은 학생 주도성 및 선택 중심의 개별 활동으로 내용을 체계화하였다. 기존 봉사활동은 창의적 체험활동의 동아리 활동 영역에 편성되어 있으며, 그 성격 및 취지상 창의적 체험활동 내 모든 영역의 활동과 탄력적으로 연계하여 실효성 있게 운영할 수 있도록 개선하였다 (교육부, 2022b: 12).

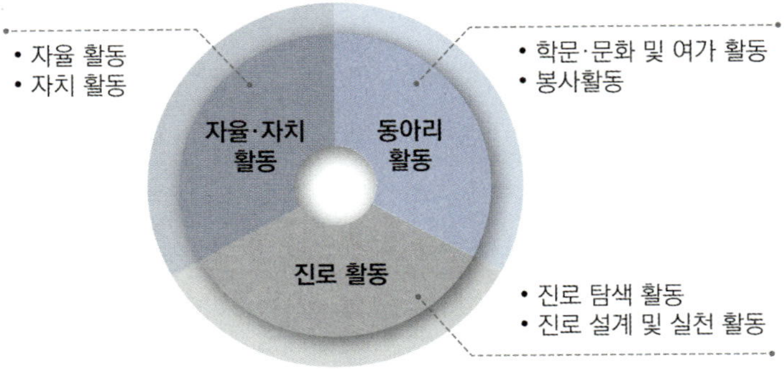

출처: 교육부(2022b). p.12.

〔그림 10-1〕 창의적 체험활동의 영역

(2) 중학교

중학교에서도 초등학교와 마찬가지로 학교자율시간이 도입되었다. 학교가 지역과 연계하거나 다양하고 특색 있는 교육과정을 운영할 수 있도록 학교자율시간을 편성·운영하게 하였다. 이를 위해, 학교는 여건을 고려하여 연간 34주를 기준으로 학기별 1주 분량의 수업 시간을 확보하도록 하였으며, 주로 교과 시수를 기반으로 해당 시간을 확보하여 운영하는 만큼, 중학교에서는 과목 수준으로 운영되도록 하였다. 운영하는 과목 내용은 학교·지역의 여건 및 학생의 필요에 따라 학교가 결정하며, 학교는 해당 시간을 활용하여 새로운 선택 과목을 개설하여 운영할 수 있다(교육부, 2022b: 27). 또한 학교는 학교자율시간 등을 활용하여 정보 수업을 할 수 있다. 예컨대, "정보는 정보 수업 시수와 학교자율시간 등을 활용하여 68시간 편성·운영한다."는 것이다. 학교자율시간을 도입하여 학교 교육과정 운영 자율성이 발휘될 수 있도록 한 만큼 소규모, 농산어촌학교 등에서 교과목 개설이 어려운 경우, 온라인 활용 등을 통해 학습 기회를 보장할 수 있도록 하였다(교육부, 2022b: 24).

또한 자유학기제를 개선하였다. 자유학기(학년)제는 중학생의 학업 시기별 맞춤형 진로 탐색, 진학 준비 등이 체계적으로 제공될 수 있게 자유학기와 진로연계교육을 연계하여 운영하도록 개선하였다(교육부, 2022b: 25).

〈표 10-5〉 자유학기제의 개선

현행	개선
(자유학기) 1학년 1 · 2학기, 2학년 1학기 중 1개 학기, (자유학년) 1학년 1 · 2학기	(자유학기) 1개 학기 + (진로연계교육) 상급 학교(학년) 진학 전 학기, 학년의 일부 시간 활용

출처: 교육부(2022b). p.25를 표로 재구성.

진로연계교육에서는 기초학력 보장을 위한 교과 수업과 고등학교 교육과정(학점제, 선택 과목 등)의 이해, 희망 진로 구체화 등 중학교 단계에서 필요한 학업과 진로 설계에 관한 내용을 다룰 수 있다(교육부, 2022b: 25). 고등학교로 진학하기 전 중학교 3학년 2학기를 중심으로, 고등학교에서 교과별로 배울 학습 내용과 진로 및 이수 경로 등을 학습할 수 있도록 진로연계교육을 도입하고 자유학기와 연계하여 운영한다(교육부, 2022a: 6).

자유학기는 운영 시기, 방법 등을 지역 · 학교 여건에 맞게 운영하고, 창의적 체험활동과의 중복이 최소화되도록 하였다. 중학교 적응 지원과 수업 개선을 위하여 1학년에서 1개 학기를 시 · 도별로 자율적으로 선택하여 운영한다. 학습의 즐거움을 경험할 수 있도록 주제선택, 진로탐색활동을 통해 학생 참여 중심 수업, 과정을 중시하는 평가 등 수업 혁신이 이루어지도록 한다는 것이다. 기존의 4개 활동 170시간에서 2개 활동 102시간으로 조정하였다.

〈표 10-6〉 자유학기제 운영 내용의 개선

	현행	개선
방식	자유학기, 자유학년 운영	자유학기(1학년 1, 2학기 중 1개 학기 선택)
활동/영역	주제선택, 진로탐색, 예술 · 체육, 동아리	주제선택, 진로탐색
시수	170시간	102시간

출처: 교육부(2022a). p.6, 교육부(2022b). p.25를 표로 재구성.

또한 학교스포츠클럽을 개선하였다. 학교스포츠클럽 활동 본연의 취지를 되살리고, 창의적 체험활동 및 자유학기 활동과 중복을 해소하여 학교 교육과정 편성 · 운영의 어려움이 해소되도록 개선하였다. 학교스포츠클럽은 교과(군)별 시수 감축 없이 창의적 체험활동의 동아리 활동으로 편성하고, 의무 편성 시간을 축소하여 현행 연간 34~68시간(총 136시간) 운영에서 학년별 연간 34시간(총 102시간) 매 학기 운영하도록 하였다(교육부, 2022b: 26).

(3) 고등학교

2022 개정 교육과정에서 고등학교의 경우 고교학점제 적용을 고려하여 개정되었다고 할 수 있는 학점 기반 교육과정을 마련하였다. 2025학년 고1 학생부터 고교학점제 전면 적용에 맞추어 학생의 진로와 적성을 고려하여 맞춤형 교육이 가능하도록 다양한 과목을 신설하였다(교육부, 2022b: 29). 고교 단계에서의 공통 소양 함양을 위한 공통 과목은 유지하되, 일반 선택 과목 수를 적정화하였다(교육부, 2022b: 31). 학습자의 진로와 적성을 중심으로 비판적 질문, 실생활 문제해결, 주요 문제 탐구 등을 위한 글쓰기, 주제 융합 수업 등 실제적 역량을 기를 수 있도록 다양한 진로 선택과 융합 선택 과목을 신설하고 재구조화하였다(교육부, 2022a: 6). 특수목적고에서 개설되었던 전문교과 Ⅰ은 일반고 학생들도 진로와 적성에 따라 선택할 수 있도록 보통교과로 통합하였다(교육부, 2022a: 6). 고등학교 교과의 구조는 다음과 같다.

〈표 10-7〉 고등학교 교과의 구조

과목	공통 과목	일반 선택 과목	진로 선택 과목	융합 선택 과목
성격	기초소양 및 기본 학력 함양, 학문의 기본 이해 내용 과목	교과별 학문 영역 내의 주요 학습 내용 이해 및 탐구를 위한 과목	교과별 심화학습 및 진로 관련 과목	교과 내 · 교과 간 주제 융합 과목, 실생활 체험 및 응용을 위한 과목

출처: 교육부(2022a). p.6을 표로 재구성.

특성화고 교육과정은 미래 직업세계 변화에 요구되는 기초소양 및 핵심역량을 갖출 수 있도록 전문 공통과목을 확대하고 전공일반, 전공실무과목으로 재구조화 하였다(교육부, 2022a: 7).

〈표 10-8〉 보통교과의 구조

교과(군)	공통 과목	선택 과목		
		일반 선택	진로 선택	융합 선택
국어	공통국어1 공통국어2	화법과 언어, 독서와 작문, 문학	주제 탐구 독서, 문학과 영상, 직무 의사소통	독서 토론과 글쓰기, 매체 의사소통, 언어생활 탐구
수학	공통수학1 공통수학2 기본수학1 기본수학2	대수, 미적분 I, 확률과 통계	기하, 미적분II, 경제 수학, 인공지능 수학, 직무 수학	수학과 문화, 실용 통계, 수학과제 탐구
영어	공통영어1 공통영어2 기본영어1 기본영어2	영어 I, 영어II, 영어 독해와 작문	영미 문학 읽기, 영어 발표와 토론, 심화 영어, 심화 영어 독해와 작문, 직무 영어	실생활 영어 회화, 미디어 영어, 세계 문화와 영어
사회(역사/도덕 포함)	한국사1 한국사2 통합사회1 통합사회2	세계시민과 지리, 세계사, 사회와 문화, 현대사회와 윤리	한국지리 탐구, 도시의 미래 탐구, 동아시아 역사 기행, 정치, 법과 사회, 경제 윤리와 사상, 인문학과 윤리, 국제 관계의 이해	여행지리, 역사로 탐구하는 현대 세계, 사회문제 탐구, 금융과 경제생활, 윤리문제 탐구, 기후변화와 지속가능한 세계

교과(군)	공통 과목	선택 과목		
		일반 선택	진로 선택	융합 선택
과학	통합과학1 통합과학2 과학탐구실험1 과학탐구실험2	물리학, 화학, 생명과학, 지구과학	역학과 에너지, 전자기와 양자, 물질과 에너지, 화학 반응의 세계, 세포와 물질대사, 생물의 유전, 지구시스템과학, 행성우주과학	과학의 역사와 문화, 기후변화와 환경생태, 융합과학 탐구
체육		체육1, 체육2	운동과 건강, 스포츠 문화, 스포츠 과학	스포츠 생활1, 스포츠 생활2
예술		음악, 미술, 연극	음악 연주와 창작, 음악 감상과 비평, 미술 창작, 미술 감상과 비평	음악과 미디어, 미술과 매체
기술·가정/정보		기술 · 가정	로봇과 공학세계, 생활과학 탐구	창의 공학 설계, 지식 재산 일반, 생애 설계와 자립, 아동발달과 부모
		정보	인공지능 기초, 데이터 과학	소프트웨어와 생활
제2외국어/한문		독일어, 프랑스어, 스페인어, 중국어, 일본어, 러시아어, 아랍어, 베트남어	독일어 회화, 프랑스어 회화, 스페인어 회화, 중국어 회화, 일본어 회화, 러시아어 회화, 아랍어 회화, 베트남어 회화, 심화 독일어, 심화 프랑스어, 심화 스페인어, 심화 중국어, 심화 일본어, 심화 러시아어, 심화 아랍어, 심화 베트남어	독일어권 문화, 프랑스어권 문화, 스페인어권 문화, 중국 문화, 일본 문화, 러시아 문화, 아랍 문화, 베트남 문화
		한문	한문 고전 읽기	언어생활과 한자
교양		진로와 직업, 생태와 환경	인간과 철학, 논리와 사고, 인간과 심리, 교육의 이해, 삶과 종교, 보건	인간과 경제활동, 논술

출처: 교육부(2022c). pp.26-27.

공통 과목은 '공통국어 1, 2', '공통수학 1, 2', '공통영어 1, 2', '통합사회 1, 2', '통합과학 1, 2'(이상 8학점), '한국사 1, 2'(6학점), '과학탐구실험 1, 2'(2학점)로 구성되었으며, 학기 단위 과목 편성 · 운영이 가능하도록 분량을 재구조화하였다. 특히, 수학과 영어의 경우에는, 학생별 상황과 학습 수준 및 진로 등을 고려하여 공통 과목을 대체 이수가 가능하도록 '기본수학 1, 2', '기본영어 1, 2'를 개발하였다(교육부, 2022b: 31).

학점제를 기반으로 하는 교육과정이 운영되기 위해서 학기 단위 과목 편성이 요구된다. 2022 개정 교육과정에서는 학생의 과목 이수와 학점 취득이 한 학기에 완결되어야 하는 특징을 반영하여 학기 단위 과목이 편성 · 운영될 수 있도록 하였다(교육부, 2022b: 30). 학기 단위 과목 운영에 따라 과목의 기본 학점을 4학점(체육, 예술, 교양은 3학점)으로 조정하고 증감 범위도 ±1로 개선하여 학생이 진로에 적합한 과목을 이수할 수 있도록 하였다(교육부, 2022a: 6).

학생의 선택권을 확대하였다. 고교학점제 적용을 고려하여 필수 이수 학점을 94단위에서 84학점으로 조정하고, 자율 이수 학점의 이수 범위를 86단위에서 90학점으로 조정하였다. 단, 학교 교육과정 편성 · 운영상 주로 필수 이수 학점으로 운영하는 한국사, 체육, 예술, 기술 · 가정/정보/제2외국어/한문/교양 교과군은 2015 개정 교육과정의 수준을 유지하였다(교육부, 2022b: 29).

〈표 10-9〉 일반 고등학교와 특수목적고등학교(산업수요 맞춤형 고등학교 제외) 학점 배당 기준

교과(군)	공통 과목	필수 이수 학점	자율 이수 학점
국어	공통국어1, 공통국어2	8	학생의 적성과 진로를 고려하여 편성
수학	공통수학1, 공통수학2	8	
영어	공통영어1, 공통영어2	8	
사회(역사/도덕 포함)	한국사1, 한국사2	6	
	통합사회1, 통합사회2	8	
과학	통합과학1, 통합과학2 과학탐구실험1, 과학탐구실험2	10	
체육		10	
예술		10	

교과(군)	공통 과목	필수 이수 학점	자율 이수 학점
기술・가정/정보/ 제2외국어/한문/교양		16	
소계		84	90
창의적 체험활동		18(288시간)	
총 이수 학점		192	

출처: 교육부(2022c). p.24.

학점 취득을 위한 이수 기준을 마련하였다. 2025년도부터 고교학점제가 전면 도입됨에 따라 미이수가 도입된다. 미이수는 이수 기준을 충족하지 못하면 학점을 취득하지 못하는 의미를 담고 있다. 이에 따라 학점 취득을 위한 이수 기준에 관한 지침을 교육과정에 제시하였다, 관련 지침은 다음과 같다. "학교는 학생이 교과 및 창의적 체험활동의 이수 기준을 충족한 경우 학점 취득을 인정한다. 이수 기준은 출석률과 학업성취율을 반영하여 설정하며, 이와 관련된 구체적인 사항은 교육부 장관이 정하는 지침에 따른다."는 것이다(교육부, 2022c: 35).

4) 교과 교육과정 내용 체계

깊이 있는 학습, 교과 간 연계와 통합, 삶과 연계한 학습, 학습 과정에 대한 성찰을 중심으로 역량 함양 교과 교육과정을 개발하였다. 총론의 핵심역량과 연계하여, 교과 역량을 목표로 구체화하고, 교과의 지식・이해, 과정・기능, 가치・태도가 유기적으로 연계되어 궁극적으로 교과 역량을 함양할 수 있도록 개선하였다(교육부, 2022b: 4). 교과 교육과정의 내용 체계는 영역, 핵심 아이디어, 내용 체계의 세 범주(지식・이해, 과정・기능, 가치・태도)로 구성된다.

〈표 10-10〉 2022 개정 교과 교육과정의 내용 체계

핵심 아이디어				
범주	내용 요소			
	초등학교			중학교
	1-2학년	3-4학년	5-6학년	1-3학년
지식 · 이해				
과정 · 기능				
가치 · 태도				

내용 체계 구성에 있어서 제일 먼저 학습 내용의 일차적 조직자인 '영역'을 설정한다. 영역은 교과의 내용을 이루는 가장 큰 분류 체계이자 최소 구성요소로서 교과의 얼개 또는 구조를 잘 드러낼 수 있는 것이다(민용성 외, 2022: 50). 핵심 아이디어는 해당 영역을 아우르면서 해당 영역의 학습을 통해 일반화할 수 있는 내용을 핵심적으로 진술한 것으로, 이는 해당 영역의 학습에 초점을 부여하여 깊이 있는 학습을 가능하게 하는 토대가 된다. 핵심 아이디어의 제시는 다양한 사회적, 학문적 요구들을 교육과정에 반영하는 과정에서 불가피하게 나타나는 교육과정의 과부하 문제를 해소하고 학습량을 적정화하기 위한 방안이기도 하다(OECD, 2020).

다음으로 지식 · 이해, 과정 · 기능, 가치 · 태도 등 세 범주의 유기적이고 복합적인 작동을 통해 교과 역량이 계발될 수 있도록 하였다. 지식 · 이해는 교과 학습을 통해 알아야 할 구체적인 내용과 그것에 대한 이해를 포함한다. 여기서 이해는 단순히 이해하는 것이 아니라 고차원적인 이해를 의미한다. 과정 · 기능은 지식을 습득하는 데 활용되는 사고 및 탐구과정, 교과 고유의 절차적 지식 등을 의미한다. 지식의 이해와 적용을 가능하게 하며, 학습의 결과 학생들이 교과 내용을 가지고 할 수 있어야 하는 구체적인 능력을 말한다. 가치 · 태도는 교과활동을 통해 기를 수 있는 고유한 가치 및 태도를 의미한다. 교과의 학습과정에서 습득되는 교과 내용과 관련된 태도와 교과를 학습하여 내면화한 사람이 습득하게 되는 가치를 의미한다(민용성 외, 2022: 51).

2 핵심역량

1) 핵심역량 교육의 도입 맥락

교육계획 혹은 교육과정 설계 시 향후 미래 사회를 전망하고, 그러한 사회에 요구되는 능력 혹은 소양 계발을 고려해야 한다. 성장하는 학습자의 생활 상황은 바로 미래 사회이며 그러한 미래 사회에 요구되는 능력이나 소양이 학교교육 내용으로 선정·조직될 필요가 있기 때문이다. 최근 들어 국내·외에서 학교 교육과정이 추구해야 할 새로운 방향과 원리로 많은 관심을 받고 있는 것이 바로 학습자의 역량 계발이다. 학교교육의 궁극적인 목표는 교과 내용 지식의 전달을 넘어 현재나 미래 사회를 살아가는 사람들에게 필요한 핵심역량을 길러주어야 한다는 것이다. 4차 산업혁명 시대로 표현되는 미래 사회에서는 새로운 삶의 양식을 필요로 하고 있다. 기존의 전통적인 교과 지식의 전달에서 벗어나 창의력이나 문제해결력, 의사소통 능력과 같은 전인적이고 고차원적인 사고와 능력이 요구되고 있다.

핵심역량을 교육과정에서 고려해야 하는 이유는 미래 사회에의 대처를 비롯하여 현행 교육의 한계에서 비롯된다. 학교교육(내용)의 개인적·사회적 적합성, 유용성, 유의미성을 제고할 필요가 있다는 것이다. 지식기반사회 등 미래 사회에 적합한 학교 교육과정(내용)으로 새로운 접근이 모색되어야 한다. 현행의 교과 지식의 분절적 체계는 지식기반사회에 필요한 경험을 제공하고 학습자에게 유의미한 학습경험을 제공하는 데 한계가 있다. 이는 학습 내용의 과다로 투자하는 시간에 비해 학습의 효율성이 떨어진다는 지적과 무관하지 않다. 또한, 학교교육 내용과 실제 생활과의 연계가 미흡하다는 지적이 있다. 학교에서 배우는 지식(앎)과 실천이 연계되지 않으며, 진로 개발에 실질적인 도움을 주지 못하기 때문에 학생의 학업 만족도가 낮은 것으로 나타나고 있다. 많이 알고 시험 성적은 좋은데 당면한 문제 상황에 요구되는 실질적인 수행 능력이 부족하다는 지적을 고려할 필요가 있다.

2) 핵심역량의 개념적 배경

핵심역량을 한마디로 정의하는 것은 그리 용이하지 않다. 관련 용어들이 핵심역량, 역량, 생애역량, 직업기초기능, 기초기능 등으로 혼재되어 사용되고 있다. 역량이라는 개념이 본격적인 주목을 받기 시작한 것은 하버드 대학의 사회심리학자인 맥클리랜드(David McClelland)를 통해서이다. 그는 「지능보다는 역량검사(Testing for competence rather than intelligence)」(1973)라는 논문에서 "사회문화적 배경의 영향을 받기 쉬운 전통적인 지능검사보다는 역량의 측정이 한 개인의 직무 수행을 보다 타당하게 예측한다"고 주장하였다.

이후 주로 직무 수행과 연관된 역량의 특성과 종류를 분석하고자 하는 연구들이 진행되었다. 예컨대, 스펜서와 스펜서(Spencer & Spencer, 1993)는 『직무에서의 역량(Competence at work)』이라는 저서에서 [그림 10-2] 같은 빙산 모형을 제시하였다. 이 모형에 의하면 인간의 역량은 외적으로 관찰 가능한 지식과 기술, 그리고 눈에 보이지는 않지만 이들을 지탱하고 있는 동기, 개인성, 자아개념(가치, 태도) 등으로 구성되어 있다. 이후 역량에 대한 연구는 주로 인적 자원 개발의 측면에서 직무 수행과 관련된 '핵심역량', 특히 단기간에 개발이 가능한 지식과 기능을 중심으로 진행되어 왔다.

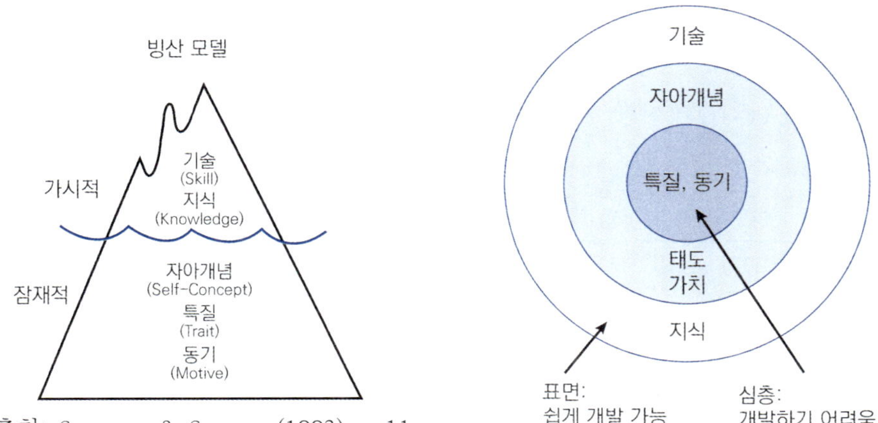

출처: Spencer & Spencer(1993). p.11.

[그림 10-2] 심층 역량과 표면 역량(Central and Surface Competencies)

1997년 경제협력개발기구(OECD)가 DeSeCo(Definition and Selection of Key Competencies) 프로젝트를 추진하면서 역량에 대한 논의는 새로운 전기를 맞이하게 되었다. 2003년 발간된 보고서에서 OECD는 특정 직무 수행에 필요한 가시적 역량의 선별보다는 복잡한 사회 변화에 능동적으로 대처하고 건강한 자아와 삶의 통합성을 유지하기 위해 필요한 보다 근본적인 역량에 주목하게 되었다. DeSeCo 보고서 이후 역량에 대한 각국의 관심이 커지게 되었으며 핵심역량의 의미 역시 '특정 직무 수행에 필요한 역량이라는 의미'로부터 '현대 사회를 살아가는 개인들에 공통적으로 필요한 지적, 정의적, 기술적 역량'이라는 의미를 갖게 되었다.

〈표 10-11〉 OECD DeSeCo 프로젝트에서 제시한 핵심역량

범주	선정 이유	핵심역량
1. 자율적으로 행동하기	• 복잡한 세계에서 자신의 정체성과 목표를 실현할 필요성 • 권리를 행사하고 책임을 다할 필요성 • 자신의 환경과 그 기능을 이해할 필요성	1-1. 넓은 시각(big picture)에서 행동하는 능력 1-2. 인생의 계획과 개인적인 과제를 설정하고 실행하는 능력 1-3. 자신의 권리, 관심, 한계, 욕구를 옹호하고 주장하는 능력
2. 도구를 상호작용적으로 활용하는 능력	• 새로운 기술을 가져야 할 필요성 • 도구를 자신의 목적에 맞게 선택할 필요성 • 세계와 적극적으로 대화할 필요성	2-1. 언어, 상징, 텍스트를 상호작용하도록 활용하는 능력 2-2. 지식과 정보를 상호작용하도록 활용하는 능력 2-3. 기술을 상호작용하도록 사용하는 능력
3. 사회적 이질적 집단에서 상호작용하기	• 다원화 사회에서 다양성을 다룰 필요성 • 공감의 중요성 • 사회적 자본의 중요성	3-1. 다른 사람들과의 관계를 잘 하는 능력 3-2. 협동하는 능력 3-3. 갈등을 관리하고 해결하는 능력

출처: 윤현진 외(2007). p.3.

핵심역량은 선천적으로 타고나는 것이 아니라 학습될 수 있는 것으로 지적 능력, 인성(태도), 기술 등을 포괄하는 다차원적 개념이며, 향후 직업 세계를 포함한 미래의 삶에 성공적으로 대처하기 위해 필수적으로 요청되는 능력이다.

3) 핵심역량의 특징

핵심역량은 현재의 학습과 학교교육을 마친 후의 삶에서 유능하고 성공적일 수 있도록 해주는 그 무엇이다. 그러한 결과는 지식이나 기능, 태도의 어느 한 가지 측면에서 비롯된 것이 아니라 다양한 통합을 통해 가능하다는 점에서 핵심역량은 유기적이고 총제적인 성격을 지닌다. 핵심역량은 다음과 같은 특징을 갖는다.

〈표 10-12〉 핵심역량의 특징

특징	내용
핵심의 특징	• 중요한 의미 • 모두가 갖추어야 할 '일반적' 의미 • 시대 · 사회적 가치, 요구, 상황을 반영 • 역량 간 연계성
총체성의 특징	• 지식, 기능, 태도 등이 복합적으로 발현되어 나타남 • 개인의 능력이면서 개인 간 연계를 통해 발현 • 인격적, 공동체적 측면에서의 총체성
수행 능력의 강조	• 학생이 무엇을 할 수 있는가에 초점 • 유의미한 내용과 고차원적 수행 능력의 관점에서 우수한 수행 여부를 파악 • 수행의 전이를 강조
사회적 맥락의 강조	• 학습한 내용이 사회적 맥락 속에서 적용, 활용되어 수행의 전이가 일어남
발달적 특징	• 개인의 능력으로서 발달적 특징 • 다양한 수준과 맥락 속에서 역량 습득
메타 학습의 강조	• 복잡한 사고 과정에 사고 과정 주체인 자신을 객관화하고 반성적으로 성찰하는 능력이 필요

출처: 김경자 외(2017). p.65 재구성.

첫째, 핵심역량이라고 할 때, '핵심'은 '중요한'이라는 의미와 '모두'가 갖추어야 할 '일반적'이라는 의미를 갖는다. 핵심역량은 선정될 당시의 시대 · 사회적 가치, 요구, 상황을 반영한다. 또한 하나의 핵심역량은 다른 핵심역량을 불러오기도 한다는 점에서 역량은 서로 상호 관련된다.

둘째, 핵심역량은 지식, 기능, 가치 및 태도의 여러 영역의 능력들이 복합적으로 발현되어 나타나는 총체적인 성격을 갖는다. OECD를 비롯하여 핵심역량을 중심으로 교육과정을 개정한 나라들이 선정한 핵심역량들은 상당히 포괄적이며, 지식, 기능, 가치 및 태도의 영역들이 상호 관련되어 개인뿐 아니라 개인 간 연계를 통해 그리고 사회적 맥락 속에서 복합적으로 발현되는 것으로서 총체적인 성격을 갖는 것으로 파악된다. 이에 인격 및 공동체의 가치가 관여하게 된다.

셋째, 핵심역량은 수행 능력을 강조한다. 핵심역량은 교사가 가르친 것보다는 학생이 배운 것을 강조한다. 그리고 단순히 많이 알게 하는 것이 아니라, 학생이 무엇을 할 수 있는가에 중점을 둔다. 질적으로 우수한 수행은 유의미한 내용과 고차원적인 수행 능력의 관점에서 파악된다. 이때 학생은 단순히 지식이나 기능을 습득하기보다는 수행을 통해서 알고 있는 것을 구조화하고 적용하고 확장시켜 나가야 하며, 실세계를 반영한 상황과 맥락 속에서 수행의 전이를 경험해야 한다.

넷째, 교과를 통해 길러지는 핵심역량은 교과에 한정된 맥락이 아니라 교과의 내용이 사용되는 사회적 맥락과의 관련 속에서 수행으로 경험될 때 수행의 전이가 가능하다고 본다. 교과의 큰 그림 속에서 소수의 핵심 내용을 사회와의 관련 속에서, 학생의 삶과의 관련 속에서 학습할 때 수행 능력이 길러진다는 것이다.

다섯째, 핵심역량은 개인의 능력이라는 측면에서 발달적 특징을 갖는다. DeSeCo 프로젝트 보고서에서는 역량을 발달론적 입장에서 이해할 것을 요청한다. 학생들은 다양한 수준과 맥락 속에서 역량을 습득한다는 점에서 발달적이라는 것이다.

여섯째, 핵심역량은 메타 학습을 강조한다. 핵심역량은 인지 기능, 실천 기능, 창의적 능력뿐만 아니라 다른 심리사회적 차원, 즉 태도, 동기, 가치를 동원하는 것을 요청한다. 이와 같이 핵심역량은 복잡한 인지 과정이며 사고 과정의 주체인 자신을 객관화하여 반성적으로 성찰할 수 있는 능력을 요구한다.

4) 핵심역량의 구성과 차원

(1) OECD 교육 2030의 핵심역량

OECD 교육 2030은 2018년에 학교에 입학하는 학생이 어른이 되는 2030년을 목표로 하여 급변하는 환경적, 경제적, 사회적 변화에 대비할 수 있는 학습의 틀을 제시하고자 계획되었다(OECD, 2018: 2). 이러한 배경에서 OECD는 기존의 DeSeCo 프로젝트를 통해 제안했던 핵심역량에서 '변혁적 역량(Transformative Competencies)'으로 전환하였다. 기존의 OECD 핵심역량이 성공적인 삶과 잘 기능하는 사회를 위해 필요한 역량이라고 한다면, 새롭게 전환된 변혁적 역량은 현재와 같은 불확실성의 시대에서 살아가는 학생들의 웰빙을 위해 필요한 역량이라고 할 수 있다(OECD, 2018: 5).

OECD는 변혁적 역량을 학생들이 사회를 변화시키고 더 나은 삶을 위해 미래를 만들어 나가는 데 필요한 지식, 기능, 태도 및 가치로 정의한다(OECD, 2019: 62). 변혁적 역량은 새로운 가치 창출하기, 긴장과 딜레마 조정하기, 책임감 갖기의 세 가지 범주의 역량으로 구성되며 각각의 역량의 의미는 〈표 10-13〉과 같다(OECD, 2018: 5).

〈표 10-13〉 변혁적 역량과 구성요소

변혁적 역량	의미 및 구성요소
새로운 가치 창출하기 (Creating new value)	• 교양 있고 책임감 있게 실천함으로써 혁신하고 행동하는 능력을 의미함. • 목적성(sense of purpose) • 호기심(curiosity) • 열린 마음(open mindset) • 비판적 사고(critical thinking) • 창의성(creativity) • 협력(collaboration) • 민첩성(agility) • 위기대처 능력(manage risks) • 적응력(adaptability)

변혁적 역량	의미 및 구성요소
긴장과 딜레마 조정하기 (Reconciling tensions and dilemmas)	• 경쟁, 모순, 양립하지 않는 요구들을 조화롭게 하는 것을 의미함. • 인지적 유연성(cognitive flexibility) • 관점 수용 능력(perspective-taking skills) • 공감(empathy) • 존중(respect) • 창의성(creativity) • 문제해결 능력(problem-solving skills) • 갈등해결 능력(conflict resolution) • 회복력(resilience) • 복잡성과 모호성에 대한 포용력(tolerance for complexity and ambiguity) • 책임감(responsibility)
책임감 갖기 (Taking responsibility)	• 자신의 경험과 개인적·사회적 목표, 배워온 것, 옳고 그름의 관점에서 자신의 행동을 성찰하고 평가할 수 있는 것을 의미함. • 내적 통제력(locus of control) • 청렴(integrity) • 연민(compassion) • 존중(respect) • 비판적 사고(critical thinking) • 자기인식(self-awareness) • 자기관리(self-regulation) • 반성적 사고(reflective thinking) • 신뢰성(trust)

출처: 이수정 외(2021). pp.43-44.

(2) 핵심역량의 차원

핵심역량은 총론 차원의 일반적인 역량과 교과에만 존재하는 특수한 역량인 교과역량으로 구분해서 생각해 볼 수 있다. 일반역량은 넓게는 교육의 이념과 방향을 뜻하고, 좁게는 교육의 결과로 학생에게서 길러지기를 기대하는 구체적인 교육성과로 학교 교육활동 전반을 통해 길러지는 역량을 의미한다고 볼 수 있다. 국가교육과정 차원에서 역량을 제시하고 있는 호주의 '일반능력', 캐나다 퀘벡주의 '범교과적 역량', 독일 헤센주의 '공통역량', 뉴질랜드의 '핵심역량', 싱가포르의 '21세기 핵심역량' 등은 모두 일반역량이다. 교과 특수 역량은 "교과의 지식, 기능, 가치 및 태도 요소가 유기적으로 연계하여 통합적으로 발현되는 교과를 통해 할 수 있어야 할 능력"을 의미한다(백남진, 2014: 168). 일반역량은 교과 특수 역량이 제대로 개발되어야 발달될 수 있으며, 교과 특수 역량을 포괄하고 조정하는 총체적인 역할을 하기 때문에 일반역량과 교과 특수 역량은 상호 보완적인 관계에 있다.

우리나라의 경우, 교육과정 총론에 제시된 역량은 일반역량으로서 교과 역량을 설정하는 기반이 되었다. 교과 역량은 교육과정 총론에 제시된 핵심역량의 취지를 고려 혹은 연계하여 교과의 성격, 교과 고유의 논리 체계 및 구조에 근거해 교과 교육을 통해 학생들에게 기대되는 혹은 길러져야 할 역량이다. 우리나라의 경우 2015 개정 교육과정에서 핵심역량이 최초로 도입되면서 교육과정 총론의 핵심역량과 교과의 역량이 동시에 설정되었다. 2022 개정 교육과정에 제시된 총론 차원의 핵심역량과 교과 역량의 일부를 제시하면 〈표 10-14〉와 같다.

〈표 10-14〉 2022 개정 교육과정 총론의 핵심역량과 교과 역량(일부 제시)

교육과정 총론의 핵심역량	교과 역량(공통 교육과정)			
	국어	수학	사회	음악
• 자기 관리 역량 • 지식정보처리 역량 • 창의적 사고 역량 • 심미적 감성 역량 • 협력적 소통 역량 • 공동체 역량	• 비판적 · 창의적 사고 역량 • 디지털 · 미디어 역량 • 의사소통 역량 • 공동체 · 대인관계 역량 • 문화 향유 역량 • 자기 성찰 · 계발 역량	• 문제해결 • 추론 • 의사소통 • 연결 • 정보처리	• 창의적 사고력 • 비판적 사고력 • 문제 해결력 및 의사 결정력 • 의사소통 및 협업 능력 • 정보 활용 능력	• 감성 역량 • 창의성 역량 • 자기주도성 역량 • 공동체 역량 • 소통 역량

3 고교학점제

1) 고교학점제 추진 배경

새로운 교육정책으로서 고등학교에 고교학점제가 도입된다. 마이스터고등학교의 경우 2020년부터, 특성화고의 경우 2022년부터 학점제가 도입되었으며, 일반계고의 경우 2023학년도부터 단계적으로 도입을 하고, 2025학년도에 전면 도입할 예정이다. 고교학점제의 추진 배경을 개관하면 다음과 같다(교육부, 2021b: 1-2).

첫째, 4차 산업혁명 시대의 예측할 수 없는 미래에 대응할 필요가 있다. 인공지능 등 4차 산업혁명으로 인한 급격한 사회구조 및 직업세계 변화, 감염병 유행 등 다가올 미래를 예측하기 어려운 시대에 대응할 필요이다. 인간 고유의 창의적 상상력 · 공감 능력 등에 대한 재조망과 함께 에듀테크 활용, 개별화 교육 등 미래 사회에 적합한 교육모델이 필요하다.

둘째, 저출산에 따른 인구구조의 변화에 대응할 필요가 있다. 저출산은 학령인구 및 생산연령인구 감소를 초래해 인력 부족, 지역 공동화 등 국가 성장 잠재력 약화로 이어질 우려가 있다. 모든 학생의 잠재력과 역량을 키워주는 교육체제를 구현하여 국가 경쟁력 강화 및 지역 혁신 기반을 마련할 필요가 있다.

셋째, 디지털세대의 변화된 학습 성향을 교육에 반영할 필요가 있다. 학생들은 텍스트보다 이미지 · 동영상 등 디지털 기반 콘텐츠를 통한 이해를 선호하고, 능동적으로 지식과 정보를 선택하여 학습하는 경향이 있다. 다양한 분야에 대한 탐색을 거쳐 학생 스스로 진로를 설정하고 개척해 갈 수 있도록 교육과정을 다양화하고 진로 · 학업 설계를 안내할 필요가 있다.

넷째, 사회적 불평등 · 양극화에 따른 교육격차의 심화를 극복할 필요가 있다. 급격한 기술 진보와 경제 성장에도 불구하고 한편으로는 고용불안, 소득 양극화 등 사회적 불평등이 심화되는 상황이다. 모든 학생에 대한 최소 학업 성취를 담보하는 책임교육을 통해 평등한 출발선 보장을 위한 학교교육의 구현이 필요하다.

다섯째, 새로운 시대에 요구되는 새로운 인재상에 대한 필요성이 대두되고 있다. OECD 등 국제기구에서도 미래 사회 대응을 위해서는 삶에 대한 적극성과 주도성, 책임감을 지닌 인재 양성이 필요하다는 담론이 확산되고 있다. 비약적 기술 진보와 예측 불가능한 위험이 공존하는 미래 사회에 대응할 수 있도록 새로운 인재상과 교육체제 모색이 필요하다.

2) 고교학점제 정책의 추진 경과

교육과정상에서 학점제라는 용어가 공식적으로 등장한 것은 '미래형 교육과정 구상'(안)(국가과학기술자문회의, 2009)이었지만, 구체적인 내용은 없었다. 이후 여러 교육정책을 통해 고교학점제 도입을 위한 정책적 노력을 경주해왔다. 그간 고교학점제 관련 정책 추진의 추이를 2017년 이전과 2017년 이후로 구분해 볼 수 있다.

〈표 10-15〉 고교학점제 도입 관련 그간의 정책 추진 경과

구분	방향/목적	학점제 도입	세부 내용			
			과목 개설 및 이수 지원		평가	대입제도
고교 교육력 제고 방안 (2010)	• 학생능력 · 적성 · 흥미 고려한 교과목 선택	• 무학년제, 학점제 도입	• 기초 · 심화과정 신설 • 다양한 교과목 확대 · 개설		• (기초심화과목)석차등급 미기재, 이수 기재 • (선택과목) 13명 이하 석차등급 미기재 • 졸업 요건 강화	
지능정보사회 대비 중장기 교육 방향 (2016)	• 학생의 흥미 · 적성 발휘 교육	• 학점제 도입 검토	• 학생의 수업 선택권 확대	• 학교 밖 교육자원을 활용한 다양한 학습기회 확대 • 초중등 온라인 강좌시스템 구축	• 성취기준 미달에 따른 재이수 기회 부여	
문재인 교육공약 (2014)	• 진로맞춤형 교육	• 고교학점제 단계별 확대	• 학생의 교과 선택권 부여	• 학교 밖 교육자원을 활용한 다양한 학습기회 확대		

구분	방향/목적	학점제 도입	세부 내용			
			과목 개설 및 이수 지원		평가	대입제도
국정기획 자문회의 (2017)	• 경쟁중심 교육에서 진로맞춤형 교육	• 2018년 고교학점제 도입 · 확대	• 필수교과 축소 및 선택과목 확대			고교학점제에 맞는 대입 제도 개선

출처: 이광우 외(2017). pp.29-30.

〈표 10-15〉에서와 같이 그간의 정책 추진 현황에서 파악해 볼 수 있는 고교학점제 도입의 궁극적인 취지는 학습자의 수준 · 적성 · 진로를 고려한 학습자중심의 맞춤형 교육에 있다고 할 수 있다. 즉, 학점제의 목적은 학생 자신이 희망하는 과목을 선택 · 수강하는 기회의 확대를 통해 학생 개개인의 관심과 성취 수준 등을 고려한 개인별 맞춤형 교육을 제공하는 데 있다고 할 수 있다.

고교학점제 정책은 2017년 하반기부터 본격적으로 추진되었다. 그간 여러 정책들이 추진되었는데 그중 고교학점제 정책의 흐름을 보여줄 수 있는 정책을 소개하면 〈표 10-16〉과 같다.

〈표 10-16〉 2017년 이후 고교학점제 정책 추진의 주요 계획

주요 정책 보도	정책 제안 내용
고교학점제 추진 방향 및 연구학교 운영 계획(안) 발표(2017. 11. 27)	• 고교학점제 기본 개념 • 학점제형 학사제도 운영 체계 • 교육과정, 평가, 졸업제도의 변화 예고
2020학년도 마이스터고 학점제 도입 방안 발표(2019. 8. 21)	• 마이스터고 학점제 우선 도입
고교학점제 종합 추진 계획 (2021. 2. 16)	• 고교학점제 개념 재정의 • 1학점 수업량(16회) 및 총 이수 학점(192학점) 조정 • 학기 단위 과목 편성 • 과목 이수 기준 마련(출석률과 학업성취율) • 미이수 도입(2025학년도부터)과 최소 성취 수준 보장 지도 • 선택 과목 성취 평가제 확대, 공통과목 석차9등급제 병행 • 소인수 담임제 운영

주요 정책 보도	정책 제안 내용
2025년 고교학점제 전면 적용을 위한 단계적 이행 계획(안) (2022-2024) 발표(2021. 8. 23)	• 단계적 이행 로드맵 제시 • 연차별 수업량 기준, 총 이수 학점, 책임교육, 평가제도 적용 제시 • 고교학점제 운영체제 마련, 공통 과목 최소 성취 수준 보장 지도 • 온라인 공동교육 거점센터 확대 • 지역 혁신 플랫폼 등
초 · 중등교육법 개정(2021. 9. 24)	• 고교학점제 운영에 관한 법령 정비 및 시행령 개정 예고

고교학점제는 고교학점제 연구학교 운영 계획, 고교학점제 종합 추진 계획, 고교학점제 단계적 이행 계획과 함께 고교학점제 운영에 관한 법적 근거를 마련함으로써 고교학점제 정책이 제도화되었다. 예컨대, 「초중등교육법」 제48조의2에서 "고교학점제를 운영하는 학교의 학생은 취득 학점 수 등이 일정 기준에 도달하면 고등학교를 졸업한다", "고교학점제의 운영 및 졸업 등에 필요한 사항은 대통령령으로 정한다"라는 내용을 신설하여 법적 근거를 마련하였다.

3) 과목 선택권과 고교학점제

현행 적용되고 있는 단위제에 비해 학점제에서의 과목 선택권은 확대될 것으로 보인다. 과목 선택권은 학생 선택형 교육과정에서 강조하는 요건으로 볼 수 있다. 학생 선택형 교육과정은 "학생이 자신의 흥미와 적성에 따라 진로를 탐색하면서 자율적인 과목 선택을 통해 학생 스스로 만들어 가는 교육과정"이라는 의미를 지니고 있다(교육부, 한국교육과정평가원, 2022: 60).

그간 국가교육과정 개정을 통해 학생의 과목 선택권은 점차 확대되어 왔다. 2차 교육과정기부터 6차 교육과정기까지는 교육과정에서 과정을 명시하여 왔다.

〈표 10-17〉 2차~6차 교육과정기에서의 과정 관련 지침

시기	과정 관련 지침
2차 교육과정 (1963~1973)	인문과정, 자연과정, 직업과정, 예능과정으로 구분하여 지도한다.
3차 교육과정 (1974~1980)	과정(인문, 자연, 직업, 체육, 예능, 외국어, 기타) 편성에 있어서는 학생 개개인에 대하여 이에 필요한 모든 요인을 면밀히 검토하여 결정하여야 한다.
4차 교육과정 (1981~1987)	학생의 진로 선택에 따라 2학년부터 인문·사회과정, 자연과정, 직업과정으로 구분하되, 과정별 선택 과목을 두고, 직업과정은 학생의 희망에 따라 무리하지 않게 운영한다.
5차 교육과정 (1987~1994)	2학년부터 인문·사회과정, 자연과정 및 직업과정으로 구분하여, 각각 소정의 과목을 이수하게 된다.
6차 교육과정 (1994~2000)	2학년부터 인문·사회과정, 자연과정, 직업과정 및 기타 필요한 과정을 둘 수 있다. 단 직업과정으로서의 변경은 3학년에서도 가능하다.

2차 교육과정기부터 6차 교육과정기까지 주로 2학년부터 학생의 필요, 진로를 고려하여 과정을 선택하고 과목을 이수하는 방식을 취하였다. 이미 오래전부터 고등학교 교육과정 운영에서 학생의 요구나 진로를 고려하였다고 할 수 있다.

7차 교육과정부터는 '과정'보다 '과목' 선택에 초점을 맞췄다. 우리나라는 6차 교육과정 이전에 비해 7차 교육과정부터 학생의 흥미와 적성, 진로를 고려한 교육과정을 편성·운영하고, 이를 위해 선택 과목에 대한 학생의 선택권을 확대하고자 하였다. 이러한 과목 선택권은 고교학점제 실행에 있어서 필요 요건이 된다고 할 수 있다. 다만, 학생의 과목 선택권을 확대한다고 해서 고교학점제의 실행이 완성된다고는 할 수 없다. 즉 과목 선택권의 확대와 고교학점제 실행과는 등치 관계가 아니라는 점에 유의할 필요가 있다. 과목 선택권 외에 교과 이수 조건, 졸업 요건 등이 충족될 때 고교학점제가 실질적으로 실행된다는 점이다.

〈표 10-18〉 7차 교육과정~2015 개정 교육과정에서 학생의 과목 선택권 확대 관련 내용

7차 교육과정 2007 개정 교육과정	2009 개정 교육과정	2015 개정 교육과정
• 학생의 진로와 관련한 엄격한 과정을 따로 두지 아니하며, 개별 학생은 자신이 선택하여 이수한 과목들을 모아 자신의 과정을 만들어가는 것을 원칙으로 한다. 학교는 학생의 진로 선택을 돕고 계열성 있는 선택 과목의 이수를 위하여 필요한 과정을 설치 운영할 수 있으며, 이와 관련한 구체적인 사항은 시·도 교육청이 정한 지침에 따른다. • 선택 과목 136단위 중에서(2007 개정: 132단위) 시·도 교육청, 단위학교는 각각 28단위 이상 지정할 수 있다. 학생의 선택 비율은 최대 50%까지 하되, 지역이나 학교의 실정에 따라 가능한 학교부터 점진적으로 시행하도록 한다(2007 개정: 학생의 선택은 최소 28단위 이상으로 하되, 이에 대한 구체적인 사항은 시·도 교육청이 정한 지침에 따른다)	• 일정 규모 이상의 학생이 이 교육과정의 편제에 있는 특정 선택 과목의 개설을 요청할 경우, 학교는 이를 개설해야 한다. • 학교는 학생의 요구 및 흥미, 적성 등을 고려하여 적절히 안내할 수 있는 진로 집중 과정을 편성·운영하도록 한다. 이를 위해 학교는 이 교육과정에 제시하는 '학교자율과정'에서 진로 집중 과정과 관련된 과목의 심화 학습이 이루어질 수 있도록 편성·운영한다.	• 학교는 일정 규모 이상의 학생이 이 교육과정에 제시된 선택 과목의 개설을 요청할 경우, 해당 과목을 개설해야 한다. 이 경우 시·도 교육청이 정하는 지침에 따른다. • 학교는 학생이 자신의 진로에 적합한 과목을 체계적으로 이수할 수 있도록 진로지도와 연계하여 선택 과목 이수에 대한 정보를 적극적으로 안내한다. • 학생이 이수하기를 희망하는 일반 선택 과목을 개설하도록 노력해야 하며, 모든 학생이 보통 교과의 진로 선택 과목에서 3개 과목 이상을 이수할 수 있도록 한다.

출처: 교육과학기술부(2012) 내용 발췌, 재구성.

4) 고교학점제의 개념과 구성요소

교육과정을 이수하는 제도 혹은 방식으로 학년제, 단위제, 학점제 등이 있다. 학년제는 "1년을 기준으로 정해진 교과목별 수업 시수를 충족시킴으로써 설정해 놓은 연한에 도달한 학생에게 졸업을 인정하는 제도"이다. 현행 초등학교와 중학교에서 적용하는 방식으로 출석만 하면 성취 기준의 도달 여부와 상관없이 졸업할 수 있다. 현행 고등학교에서 적용하고 있는 단위제는 "설정해 놓은 최소 졸업 단위에 도달하면 졸업

을 인정하는 제도"로 2차 교육과정기부터 사용해왔다. 학년제와 마찬가지로 성취 기준의 도달 여부와 상관없이 법정 최소 수업일수만 충족하게 되면 진급이나 졸업이 가능하다는 점에서 학년제와 비슷하다.

표준국어대사전에서는 학점제를 "학생이 이수한 학점을 계산하여 졸업 여부를 결정하는 제도"라고 정의하고 있다. 이러한 정의는 일종의 뜻풀이로 고교학점제를 정의하는 데 다소 한계가 있다. 고등학교에서의 고교학점제 시행을 전제로 고교학점제를 어떻게 정의할 것인가에 대한 몇몇 논의를 소개하면 다음과 같다.

〈표 10-19〉 학점제의 정의

구자억 외(2011)	서울특별시 교육청(2017)	이광우 외(2017)
교과별 이수 성취 기준에 도달한 학생에게 학점을 부여함으로써, 각 과목별 학점이 누적되어 설정해 놓은 최소 졸업학점에 도달하는 학생에게 졸업을 인정하는 제도	학생이 진로와 적성에 따라 희망하는 과목을 선택하여 수강할 수 있도록 하여, 수강 과목의 성취 기준에 도달하면 과목 이수 및 학점들을 인정하고, 교과별 최소 이수 학점과 총 학점을 취득하면 졸업을 인정하는 고등학교 교육과정 운영 체계	교과(과목)의 성취 기준에 도달한 학생에게 이수 학점을 부여함으로써, 교과(과목)별 학점이 누적되어 최소졸업학점에 도달하는 학생에게 졸업을 인정하는 제도

이러한 정의들은 공통적으로 과목을 선택하고 이수 기준에 도달할 경우 학점을 취득하여 졸업을 인정해 주는 제도의 성격을 내포하고 있다. 한편 교육부는 고교학점제를 다음과 같이 정의하였다.

교육부(2017)	교육부(2021)
진로에 따라 다양한 과목을 선택·이수하고 누적 학점이 기준에 도달할 경우 졸업을 인정받는 교육과정 이수·운영제도	학생이 기초소양과 기본학력을 바탕으로 진로·적성에 따라 과목을 선택하고, 이수 기준에 도달한 과목에 대해 학점을 취득·누적하여 졸업하는 제도

교육부에서 2017년도 제시한 고교학점제의 정의는 기존의 정의와 비슷하게 '과목 선택·이수', '이수 기준', '졸업 요건'을 고려하였다. 교육부에서 2021년도에 정의한 고교학점제의 정의에는 과목 선택 못지않게 기초소양과 기본학력을 중요하게 반영하

고 있다. 즉, 기본소양과 기본학력은 통상적으로 고등학교 2학년 때부터 과목을 선택하고 학습하는 데 영향을 줄 수 있는 점을 고교학점제 정의에서 반영하고 있다. 이와 같은 고교학점제의 정의에 비추어 볼 때 고교학점제를 작동하기 위해 필요한 구성요소는 [그림 10-3]과 같다.

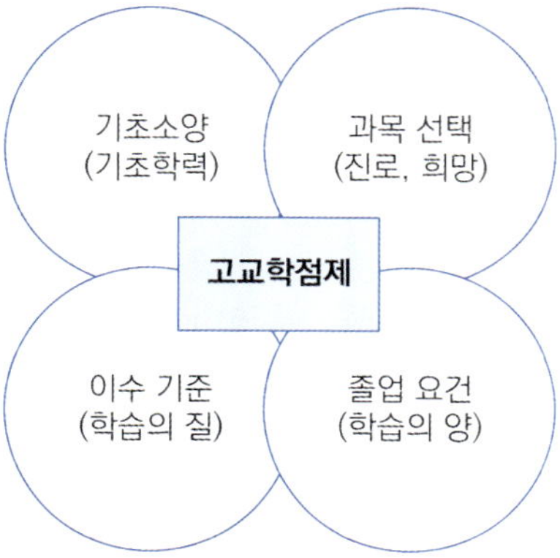

〔그림 10-3〕 고교학점제의 구성요소

[그림 10-3]에 나타나 있듯이 고교학점제와 기존의 단위제 사이의 큰 차이는 이수 기준의 유무에 있다고 볼 수 있다. 기존의 단위제에서는 이수 기준과 관련하여 출석 기준만 충족하면 진급이나 졸업을 할 수 있지만 학점제에서는 수강한 과목이 학점으로 인정받으려면 출석 기준과 함께 교과(과목)에서 요구하는 교과 이수 기준을 통과해야 한다는 것이다. 이는 결국 학습의 질 관리로 이어지게 된다.

5) 고교학점제에 따른 학사 운영

고교학점제에 따른 교육과정 편성 · 운영에 있어서 학생의 수강신청, 학생의 수요 및 진로를 고려한 과목의 개설, 이수 기준에 근거한 학점 부여 및 평가 등이 요구된다. 고교학점제에 따른 학사 운영 체계를 제시하면 [그림 10-4]와 같다.

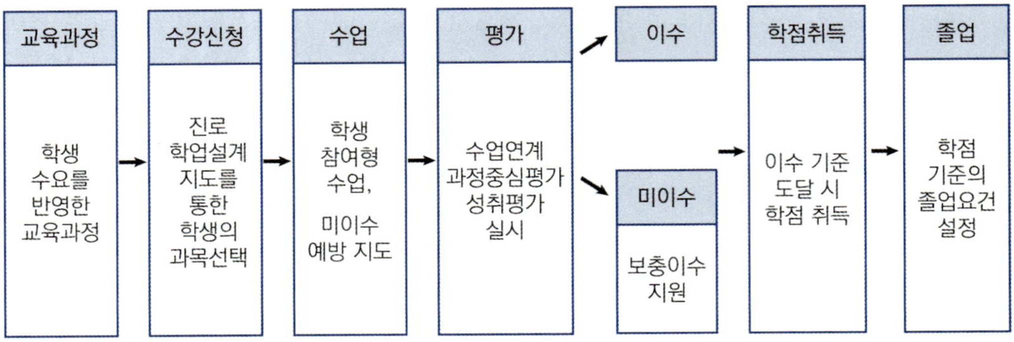

출처: 교육부(2021b). p.9.

〔그림 10-4〕 학점제형 학사제도 운영 체계

학생 수요를 반영한 교육과정을 편성 · 운영하게 된다. 선택 과목에 대한 수요조사, 수강신청 절차 운영 등을 통해 학생 개개인의 수요를 반영한 교육과정을 운영하게 된다. 이러한 교육과정 운영은 학교뿐만 아니라 학교 간 공동교육과정, 학교 밖 교육을 통해 학점을 취득하는 형태로 그 외연이 확장된다. 2022 개정 교육과정에 제시된 관련 지침을 제시하면 다음과 같다(교육부, 2022c: 35).

- 학교에서 개설하지 않은 선택 과목 이수를 희망하는 학생이 있을 경우 그 과목을 개설한 다른 학교에서의 이수를 인정한다. 이와 관련된 구체적인 사항은 시 · 도 교육감이 정하는 지침에 따른다.
- 학교는 학생의 필요에 따라 지역사회 기관에서 이루어진 학교 밖 교육을 과목 또는 창의적 체험활동으로 이수를 인정한다. 이와 관련된 구체적인 사항은 시 · 도 교육감이 정하는 지침에 따른다.

진로 · 학업 설계와 연계하여 학생의 과목 선택이 강조된다. 진로 · 학업 설계는 학생들이 희망하는 진로를 기반으로 스스로 과목을 선택하고 학업을 체계적으로 설계하는 의미를 담고 있다. 자신의 진로와 연계된 과목을 능동적으로 선택하고 자신의 선택에 대해 책임감을 가지는 경험은 매우 중요하다. 학업계획서를 통해 학습자는 고등학교 3년간 선택할 과목을 설계할 뿐만 아니라 자신의 학습경험을 관리하고 성찰하여 능동적인 자기 계발을 계획할 수 있어야 한다. 학업계획서에는 학생의 '기본 정보 관리(학번, 성명, 특이사항)', '진로 탐색 및 상담 정보(자신의 적성과 흥미, 진로 · 학습 진단 등 각종 진단 결과, 교사와의 상담 누적 기록 등)', '학습 이력 및 역량(학업 목표, 학업 성취 결과, 학업 성취도 향상을 위한 각종 노력 등)', '학업 설계(학업 계열 분석, 진로 관련 과목 분석, 이수할 과목 등)', '성찰 활동(학업 목표에 대한 성찰, 장 · 단기 학업 결과 검토, 학부모 의견 등)' 등을 포함할 수 있다(이주연 외, 2020: 295).

수업의 질적인 변화와 더불어 책임교육이 요구된다. 학생이 희망하는 과목을 선택하면 자연적으로 학생의 학습동기가 올라가고 이를 통해 교수 · 학습의 질이 담보될 수 있다는 가정을 할 수 있다. 단지 학생의 목소리나 요구를 수용한 형식적인 과목의 선택권을 제공하는 데 그치는 것이 아니라 학생이 수업의 주인이 되어 직접 참여하는 수업을 통해 의미 있는 수업을 만들어가야 한다. 수업에서 어떤 행동과 경험을 어떻게 했느냐가 중요하다는 것이다. 이러한 의미 있는 수업과 함께 교수 · 학습 과정에서 발생할 수 있는 미이수를 사전에 예방하는 노력이 요구된다. 미이수 예방은 학교의 실정을 고려하여 학기 중 보충학습을 통해 이루어진다.

기존과 다른 평가 방식의 변화가 수반된다. 고교학점제에서는 수업과 연계한 과정 중심의 평가, 성취평가를 실시하게 된다. 특히 고교학점제 도입에 따라 성취평가가 확대 도입된다. 서열화가 아닌 학생의 성장에 중심을 둔 평가를 지향한다.

〈표 10-20〉 과목별 성적 산출 방식(안)

구분		성취도 정보		통계 정보			서열 정보
		원점수	성취도	성취도별 학생 비율	과목평균	수강자수	석차등급
보통 교과	공통 과목	○	5단계	○	○	○	○
	선택 과목	○	5단계	○	○	○	×
전문 교과		○	5단계	○	○	○	×

출처: 교육부(2021b). p.20.

성적 산출에 있어서 원점수, 과목평균, 성취도, 수강자수, 성취도별 학생 비율, 석차등급 등을 제시한다. 다만 선택 과목이나 전문 교과와는 달리 공통 과목의 경우 성취도와 함께 석차등급을 동시에 제시하게 된다.

고교학점제에서는 단위제에서 요구하지 않은 이수 기준을 적용하게 된다. 이수 기준을 충족하게 되면 학점을 취득하고, 충족하지 못하면 미이수가 되는 셈이다. 미이수가 도입됨에 따라 과목 이수 기준(수업횟수 2/3 이상 출석, 학업성취율 40% 이상) 충족 시 학점을 취득하게 된다.

〈표 10-21〉 과목 이수 기준(학업성취율)

성취율	성취도	
90% 이상	A	
80% 이상 ~ 90% 미만	B	
70% 이상 ~ 80% 미만	C	
60% 이상 ~ 70% 미만	D	
40% 이상 ~ 60% 미만	E	↑ 이수
40% 미만	I	↓ 미이수

출처: 교육부(2021b). p.17.

미이수가 되면 보충이수를 통해 학점 취득을 지원한다. 학교는 진단평가, 학습관리, 미이수 예방에 중점을 두되, 미이수가 발행한 경우, 보충이수지원을 원칙으로 하되 대체 이수도 가능하다. 보충이수는 별도과제 수행, 보충과정 제공 등 본 과목의 내용이나 수업량을 축소하여 수강하는 방식이다.

요약정리

2022 개정 교육과정은 우리나라 교육과정이 추구해 온 교육 이념과 인간상을 바탕으로, 미래 사회가 요구하는 핵심역량을 함양하여 포용성과 창의성을 갖춘 주도적인 사람으로 성장하게 하는 데 중점을 둔다. 인간상은 자기주도적인 사람, 창의적인 사람, 교양 있는 사람,

더불어 사는 사람이며, 핵심역량은 자기관리역량, 지식정보처리역량, 창의적 사고 역량, 심미적 감성 역량, 협력적 소통 역량, 공동체 역량 등이다.

학교급별 주요 개정 내용을 살펴보면 초등학교의 경우, 초등학교 1학년 입학 초기 적응활동을 통합교과와 창의적 체험활동 시간으로 내용을 체계화하였다. 초등학교에서 학교자율시간과 진로연계교육을 도입하였다. 창의적 체험활동의 영역(초・중・고 공통)을 자율 · 자치 활동, 동아리 활동, 진로 활동으로 재구조화하였다. 중학교의 경우 초등학교와 마찬가지로 학교자율시간이 도입되었다. 자유학기제, 학교스포츠클럽을 개선하였으며, 진로연계교육을 도입하여 자유학기와 연계하여 운영하도록 하였다. 고등학교의 경우, 고교학점제 적용을 고려하여 학점 기반 교육과정을 마련하였다. 교과의 구조를 공통과목, 일반 선택 과목, 진로 선택 과목, 융합 선택 과목으로 구성하였다. 학기 단위 선택이 가능하도록 과목의 기본 학점을 4학점으로 조정하고 증감 범위도 ±1로 개선하여 학생이 진로에 적합한 과목을 이수할 수 있도록 하였다. 학생의 선택권을 확대하기 위해 학생이 이수해야 하는 필수 이수 학점을 줄이고 선택 이수 학점을 확대하였다.

핵심역량은 학습될 수 있는 것으로 지적능력, 인성(태도), 기술 등을 포괄하는 다차원적 개념이며, 향후 직업 세계를 포함한 미래의 삶에 성공적으로 대처하기 위해 필수적으로 요청되는 능력이다. 따라서 핵심역량은 지식, 기능, 가치 및 태도의 여러 영역의 능력들이 복합적으로 발현되어 나타나는 총체적인 성격을 지닌다. 또한 핵심역량은 수행 능력, 메타 학습, 사회적 맥락 등을 강조한다.

OECD는 최근 핵심역량을 변혁적 역량이라고 새롭게 규정하고 있다. OECD는 변혁적 역량을 학생들이 사회를 변화시키고 더 나은 삶을 위해 미래를 만들어 나가는 데 필요한 지식, 기능, 태도 및 가치로 정의한다. 핵심역량은 총론 차원의 일반적인 역량과 교과에만 존재하는 특수한 역량인 교과 역량으로 구분할 수 있다.

고교학점제는 2025학년도에 전면 도입할 예정이다. 고교학점제는 학생이 기초소양과 기본학력을 바탕으로 진로 · 적성에 따라 과목을 선택하고, 이수 기준에 도달한 과목에 대해 학점을 취득 · 누적하여 졸업하는 제도이다. 고교학점제와 기존의 단위제 사이의 큰 차이는 이수 기준의 유무에 있다고 볼 수 있다. 기존의 단위제에서는 이수 기준과 관련하여 출석 기준만 충족을 하게 되면 진급이나 졸업을 할 수 있지만 학점제에서는 수강한 과목이 학점으로 인정받으려면 출석 기준과 함께 교과(과목)에서 요구하는 교과 이수 기준을 통과해야 한다는 것이다. 이수 기준을 충족하게 되면 학점을 취득하고, 충족하지 못하면 미이수가 되는 셈이다. 미이수가 도입됨에 따라 과목 이수 기준(수업횟수 2/3 이상 출석, 학업성취율 40% 이상) 충족 시 학점을 취득하게 된다.

참고문헌

교육과학기술부(2012). 초 · 중등학교 교육과정 총론집. 7차 교육과정 ~ 2009 개정 교육과정. 서울: 우신기획.

교육부(2017). 고교학점제 추진 방향 및 연구학교 운영계획(안). 2017.11.27.

교육부(2021a). 2022 개정 교육과정 총론 주요 사항(시안). 교육부 보도자료 (2021.11.24.).

교육부(2021b). 고교학점제 종합추진계획. 2021.2.16. 교육부 고교교육혁신과.

교육부(2022a). 2022 개정 초 · 중등학교 및 특수교육 교육과정 확정 · 발표. -배움의 즐거움을 일깨우는 미래교육으로의 전환-. 교육부 보도자료(2022.12.22).

교육부(2022b) 『2022 개정 교육과정』 질의 · 응답 자료(2022.12.22.).

교육부(2022c). 초 · 중등학교 교육과정 총론. 교육부 고시 제2022-33호 [별책 1]

교육부, 한국교육과정평가원(2022). 고교학점제 도입운영 안내서. 한국교육과정평가원 연구자료 ORM 2022-43.

구자억, 남궁지영(2011). 학점제 도입 방안. 포지션페이퍼 2011. 한국교육개발원 현안보고 OR 2011-03-5.

김경자, 온정덕, 이경진(2017). 역량 함양을 위한 교육과정 설계. 서울: 교육아카데미.

민용성, 이광우, 이주연, 이승미, 전호재, 온정덕, 박창언, 임유나, 홍옥수, 유영식, 박상준, 송호현, 김현숙, 이경진, 이영호, 박성윤, 조은정, 염근영(2022). 2022 개정 교육과정 각론(교수 · 학습 및 평가) 조정 연구. 한국교육과정평가원 연구보고 CRC 2022-16.

백남진(2014). 교과 특수 역량에 기반한 성취기준 개발의 방향 탐색: 호주, 캐나다, 싱가포르 사회과 교육과정을 중심으로. 교육과정연구, 32(4), 163-194.

서울특별시 교육청(2017). 진로 · 적성 맞춤형 고교 학점제 도입 추진 방안. 2017. 6. 미간행자료.

윤현진, 김영준, 이광우, 전제철(2007). 미래 한국인의 핵심역량 증진을 위한 초중등학교 교육과정 비전 연구(Ⅰ): 핵심역량 준거와 영역 설정을 중심으로. 한국교육과정평가원 연구보고 RRC 2007-1.

이광우, 김진숙, 이근호, 한혜정, 이주연, 김경자, 형인이(2017). 지능정보사회 대응을 위한 중장기 고교 교육과정 방향 탐색 연구 – 학습자 중심 고교학점제 실행 방향 및 과제 –. 한국교육과정평가원 연구보고 CRC 2017-9.

이수정, 이승미, 최정순, 유금복, 김선희, 조현영, 오수정, 방은희(2021). 역량 함양을 위한 교과별 주제 중심 교육과정 구성 방안 연구. 한국교육과정평가원 연구보고 CRC 2021-9.

이주연, 이광우, 진경애, 이미숙, 이민형, 장현진(2020). 고교학점제 도입에 따른 교육과정 이수 지도

방안 탐색: 학생의 진로 · 학업 설계를 중심으로. 한국교육과정평가원 연구보고 RRC 2020-9.

황규호, 소경희, 강현석, 온정덕, 백남진, 최종선, 이승은, 박영출, 손미현, 김진원(2022). 2022 개정 교육과정 총론 시안 개발 연구. 정책연구 교육부--용역-2022-1.

OECD(2018). The future of Education and skills: Education 2030. Retrieved Februray 1, 2021, from http://www.oecd.org/education/2030-project/contact/E2030_Position_Paper_(05.04.2018).pdf

OECD(2019). OECD future of education and skills 2030: OECD learning compass 2030 (A Series of Concept Note). Retrieved February 1, 2021, from http://www.oecd.org/education/2030-project/contact/OECD_Learning_Compass_2030_Concept_Note_Series.pdf

OECD(2020). Curriculum overload: A way forward. OECD Publishing.

Spencer, L. & Spencer, S. (1993). *Competency at work: Models for superior performance.* New York: John Wiley and Sons. Inc.

CHAPTER

11

과정 중심 평가

학습목표

1. 과정 중심 평가의 의미를 이해하고 설명할 수 있다.
2. 수업과 연계한 과정 중심 평가의 운영 실제를 알고 분석할 수 있다.
3. 원격수업에 대한 평가는 어떻게 이루어지며, 앞으로 어떤 점을 보완하고 개발해야 할지에 대해 제안할 수 있다.

학습개요

최근 많은 학교는 강의식 수업이 아닌 학습자가 주도하고 참여하는 다양한 교수법을 활용하여 수업을 진행한다. 이는 생동감 있는 수업, 학생들이 모두 발전할 수 있는 수업을 표방하는 것으로 수업 과정을 중시하게 된다. 이러한 과정 중심 평가는 어떻게 이루어질까? 수업에서 학습자 성취도, 학습목표 달성도 중요하지만 수업진행 과정 또한 매우 중요하게 여겨지므로 평가도 그러한 전제를 포함하여야 할 것이다. 즉, 이러한 참여식 수업에서는 수업 과정에서 발생하는 학생들의 변화 과정, 성장 과정을 평가항목에 포함해야 할 것이다.

그런데 우리는 학창시절에 이미 수행평가를 통해 일종의 과정 중심 평가를 경험했다. 수행평가를 받아본 입장에서 어땠는지 되돌아보자. 수업 과정이 온전히 평가항목에 포함되었는지, 온전히 나 자신의 성장 과정이 그 안에 들어갔는지 생각해 보면 아쉬움이 남는다. 그럼에도 불구하고, 수행평가를 통해 학생들의 수업 참여를 촉진하고 수업 시간 자체를 알차게 보낼 수 있었다는 데에는 대부분 동의하고 있다.

수업 과정 가운데 학생들의 변화와 성장을 평가하는 것은 기존의 수업에서 이루어진 총괄적, 일회적, 단편적 평가와 다르다. 따라서 과정을 중심으로 하는 평가도구를 개발하는 것, 평가 기준을 개발하는 것에 많은 노력이 필요하다. 본 장에서는 과정 중심 평가에 대한 내용을 살펴보고 실제로 어떻게 진행되고 있는지, 아울러 코로나19 이후 도입된 원격 수업에서의 평가는 과정 중심 평가의 관점에서 살펴볼 때 어떤 의미가 있는지를 분석함으로써 예비교사로서의 역량을 갖추고자 한다.

1 과정 중심 평가의 의미와 특징

1) 과정 중심 평가의 개념

최근 국가 교육정책에서 강조하는 평가 방법은 과정 중심 평가이다. 이는 학문적 개념이라기보다 정책적으로 어떤 부분을 평가하겠다는 개념이 강하다. 평가는 결국 교육과정의 중요한 부분이라는 측면에서 볼 때 평가가 강조하는 교육과정의 영역이 어느 부분인지를 아는 것은 교육과정의 방향성과 목적을 알 수 있게 돕는다. 따라서, 과정 중심 평가라는 정책은 앞으로의 국가교육과정이 성과나 결과만을 중요시하는 것이 아니라, 학습의 과정과 학생의 참여를 강조하겠다는 의미가 들어 있다고 볼 수 있다.

과정 중심 평가는 그간 진행해온 학생 평가의 패러다임을 바꾸는 용어이다. 즉, 특정한 평가 방법이나 방식이 새롭게 도입되었다는 의미가 아니라 기존에 사용해 온 평가 방법들을 충분히 활용하되 각 평가가 지니고 있었던 기능들을 통합한다는 의미가 강하다. 아울러, 학습 과정에 참여하는 학생의 일부분을 보는 것이 아니라 전반적인 변화와 성장에 대한 자료를 다각도로 수집하고 그것을 통해 학생에게 필요한 부분이 무엇인지 피드백한다는 의미이다.

그러나, 학교 실무에서 과정 중심 평가를 온전히 수행하고 이루기에는 현실적인 한계가 있다. 우선, 학교 현장은 과정 중심 평가와 과정평가에 대한 개념적 차이를 명확히 구분하지 못한다. 그래서 결과평가의 반대되는 개념으로의 과정 중심 평가를 해석하곤 한다. 이렇게 되면, 과정 중심 평가는 학생의 학습 과정에만 치중하여 학습 종료 후 발생하는 결과를 측정하는 일을 등한시하게 될 수 있다. 올바른 과정 중심 평가는 과정평가와 결과평가를 모두 아우르는 개념으로 이해해야 한다. 기존 결과중심 평가에서 결과만을 강조한 과거의 문제를 해결하고 새로운 미래를 대비하는 개념으로서, 학습자 개인을 존중하고 개별 맞춤형 발달을 지원하는 의미로 해석하는 것이 올바르다(한국교육과정평가원, 2018).

과정 중심 평가의 특징은 다음의 세 가지로 정리할 수 있다.

첫째, 과정 중심 평가는 평가의 패러다임 확장의 의미를 지닌다. 기존에는 평가의 주요 대상으로 학생의 성과물, 실력, 수업 결과물을 삼았다. 그러나, 과정 중심 평가의 평가 대상은 교사와 학생, 학생과 학생 간의 교수·학습 활동으로 확장된다. 이처럼 평가 대상을 확장함으로써 평가 결과도 방대하게 산출된다. 과거에는 평가의 결과가 산술적으로 표시되고 선발, 선별이라는 명확한 의미를 표출하였다면, 과정 중심 평가에서는 서술적, 기술적 평가 결과를 근거로 학생에 대한 피드백으로 활용 가능하게 된다. 따라서, 평가 패러다임의 확장과 폭넓은 결과물은 기존의 평가가 지니고 있었던 "학습 결과에 대한 평가"로서의 의미에서 "학습을 위한 평가"와 "학습의 일부로서의 평가"로서의 의미로 변화하게 된다.

둘째, 과정 중심 평가는 문제해결의 결과뿐만 아니라 문제해결의 과정을 중시하는 평가라는 특징이 있다. 즉, 과정 중심 평가는 학생이 지식을 얼마나 알고 있는지를 평가하는 것과 대비되어 학생이 주제에 관련된 문제를 해결할 수 있는 능력이 있는가까지를 평가한다. 정답이 산출되는 사고 과정과 문제해결 방법을 평가하여 학생의 인지적, 정의적 능력을 파악하고 핵심역량을 도출하는 것이 주요 특징이다.

셋째, 과정 중심 평가는 교육과정과 수업, 평가 간의 긴밀한 연계를 강조한다. 우선, 시간적 연결성을 유지하면서 평가가 수업의 일부가 되도록 의도한다. 또한, 내용적인 연계로서 수업 내용이 평가의 내용이 되고, 수업의 차시와 내용의 구성이 평가의 구성과 일치하도록 의도한다. 수업과 평가의 연계가 통합적으로 이루어지면서 수업 중 가르친 내용을 잘 습득했는지를 단순히 검사하는 것이 아니라 학생 개별 맞춤형 수업 및 평가가 이루어지도록 한다.

살펴본 바와 같이 과정 중심 평가는 결과 중심 평가와 큰 차이가 있다. 결과 중심 평가는 일반적으로 시행해 온 중간고사, 기말고사, 수학능력고사 등과 같은 것으로서 학생의 실력을 명확히 구분하고 선정하는 것에 주요한 목적이 있다. 또한, 학생이 주어진 교육과정을 얼마나 잘 수행했는지 파악할 수 있고, 학생의 수준이나 특성에 맞는 사회적 배치가 이루어지는 데 근거가 된다.

과정 중심 평가와 결과 중심 평가를 평가의 목표, 평가 취지, 평가 방안, 결과 피드백의 특성에 따라 비교하면 〈표 11-1〉과 같다.

〈표 11-1〉 과정 중심 평가와 결과 중심 평가

구분	과정 중심 평가	결과 중심 평가
평가의 목표	• 학생에 대한 피드백 • 개별 맞춤형 학습지도와 조언 • 학생의 성장과 발달	• 학생의 선발, 선별, 분류, 배치 • 교육내용 습득 정도의 확인과 점검
평가 취지	• 학습을 위한 평가 • 학습의 일부로서의 평가	• 학습 결과에 대한 평가
평가 방안	• 서술적, 기술적 평가 • 과정에 대한 수시평가 • 평가 주체 다양화(교사평가, 동료평가, 자기평가 등)	• 산술적 평가 • 결과에 대한 단회성 평가 • 평가 주체 획일화(교사주관)
결과 피드백 특성	• 학습자에 대한 전인적 이해와 즉각적이며 자세한 피드백	• 학습자의 성과, 결과물에 대한 수준을 단편적으로 알려주며 단회성 피드백

2) 과정 중심 평가의 이론적 근거

과정 중심 평가를 제대로 수행하기 위해 기본적인 이론을 이해할 필요가 있다. 평가 과정에서 예측하지 못한 상황을 접할 때 기본적 이론의 바탕을 되새기고 재접근을 시도할 수 있다. 기본적인 이론은 다음의 두 가지로 살펴볼 수 있다.

(1) 구성주의 학습이론

구성주의 학습이론에 의하면 교육과정은 교수자가 내용을 잘 조직하고 정선하여 전달하는 것으로 끝나는 것이 아니라 개별 학습자가 수업 중에 다루어지는 내용을 자신의 기준과 시각을 통해 스스로 지식을 구성해간다는 것을 의미한다. 학습자에게 스스로 학습할 수 있는 능력, 자신에게 의미 있는 지식을 구성해갈 수 있는 능력이 있다는 궁극적인 믿음이 기본 전제가 된다. 학습자에게는 개인 소질과 특성에 따라 외부로부터 다가오는 자극, 혹은 스스로 경험하는 자극들을 조직하고 체계적인 인지구조를 구성해 가는 능력이 있음을 강조한다.

따라서, 구성주의적 입장에서는 기존에 시행되어 온 선다형 평가, 객관적 평가가 개인을 총체적으로 이해하기에 부족한 방법으로 판단된다. 학습자가 실제 상황에서 교수자-학습자, 혹은 학습자-학습자 간에 상호작용을 통해 문제를 해결하면서 배움을 이루어 가는 과정을 중요시하기 때문에 과정 중심 평가가 강조하는 실제 문제해결 과정, 수행 과정과 맥락을 같이 한다.

(2) 인지주의 학습이론

인지주의 학습이론에서는 학습이 이루어지는 실제적 측면에 있어, 교사가 지식을 전달하면 학생에게 그대로 입력되거나 수용되는 것이 아니라 개인의 인지 특성에 따라 다양하고 복합적으로 지각되고 수용되는 것을 강조한다. 인간의 인지를 인지, 초인지, 정서적 측면으로 나눠봄으로써 인지 성장에서 사회적 맥락을 강조하고 있다.

특히, 이 가운데 초인지, 혹은 메타인지는 "인지 위의 인지", "인지에 대한 인지"라고 이해되는 개념으로 인지적 성장에 주요한 역할을 하는 것으로 알려져 있다. 플라벨(Flavell, 1979)이 제안한 메타인지는 인간이 주어진 과업을 수행하는 그 자체에 머무는 것이 아니라 자신의 인지 과정을 감시하고 바라보며 조절하는 것을 의미한다. 메타인지는 기억, 이해, 주의집중, 의사소통 나아가 문제해결 과정 등 전반적인 인지 과정을 총체적으로 감시하며 조절하는 기능을 하게 된다. 이는 인지과학의 핵심적인 부분으로, 이러한 복합적 인지 과정은 선다형과 같은 전통적 문항으로는 측정하기가 어렵기 때문에, 과정 중심 평가가 적합하다고 볼 수 있다.

2 수업과 연계한 과정 중심 평가 운영의 실제

1) 개정 교육과정이 강조하는 과정 중심 평가

2022년 개정 교육과정은 미래 사회에 대한 대비책을 마련하기 위해 학교의 역할을 크게 변화시켰다. 즉, 학생 한 명 한 명 개인의 역량을 이해하고 그들에게 맞춤형 교육을 제공하여 진정한 개인의 발달을 추구하는 학교 역할을 강조하고 있다. 아울러, 개인에게 필요한 능력은 지식의 내용과 분량이 아니라 예기치 않는 문제에 대한 적극적인 태도와 문제해결 능력이라고 하며, 기존의 객관식 평가도구와 일괄적으로 이루어지는 평가시스템으로는 습득할 수 없다고 강조한다.

이러한 취지에 따라 2022 개정 교육과정은 학습자들이 디지털 전환, 기후환경 변화 및 학령인구 감소 등 미래 사회 변화에 적극적으로 대응할 수 있는 기초소양과 역량을 함양하여, '포용성과 창의성을 갖춘 주도적인 사람'을 미래 인재상으로 제시한다. 이에 따라 학교 현장에서 과정 중심 평가를 도입하여 평가의 혁신을 추구하고 있으며 "수행평가"는 수업 장면에서 가장 많이 활용되는 과정 중심 평가라고 할 수 있다. 수행평가는 일정한 결과물이 아니라 학습 과정에서 도출되는 다양한 산출물, 학생의 문제풀이 과정을 평가하는 것이므로 과정을 중요시하는 평가라 할 수 있다.

본래 학교 현장에서 수행평가는 음악, 체육과 같은 심동적 학문 영역에 대한 평가로 주로 활용되었다. 심동적 영역 평가는 다음의 다섯 단계로 나누어 살펴볼 수 있다 (Simpson, 1966).

첫째, 지각이다. 감각기관을 통해 사물의 질이나 관계를 지각하는 것이다.

둘째, 태세이다. 태세는 준비상태를 의미하는 것으로 특정한 행위나 동작을 하기 위한 정신적, 신경적, 운동적 준비상태이다.

셋째, 유도반응이다. 운동에 필요한 기능과 기술을 가르치고 향상시키는 가장 초기 단계에 해당하는 것으로 특정한 운동을 수행하기 위해 필요한 기능을 강조하며 다른 사람의 지도에 의해 행위를 따라 해 보고 연습하는 단계이다.

넷째, 습관화이다. 필요한 기능과 기술이 상당한 수준의 익숙함과 자신감으로 습득된 상태를 의미한다.

마지막은 복합외현반응이다. 기본 행위를 바탕으로 복잡한 운동행위를 응용하여 할 수 있는 수준을 의미한다. 이와 같은 심동적 행위를 수행하는 모든 과정과 결과를 관찰하여 종합적으로 평가하는 방법으로 수행평가가 가장 많이 활용되었다.

수행평가와 혼용되는 단어로 대안적 평가, 실제적 평가, 포트폴리오 평가, 직접 평가 등도 교육현장에서 다양하게 활용되고 있다. 과정을 중심으로 평가한다는 면에서 취지는 동일하지만 어떠한 차이점이 있는지를 살펴보면 〈표 11-2〉와 같다.

〈표 11-2〉 과정 중심 평가 방법으로 사용되는 다양한 평가 용어

평가 용어	뜻
수행평가	학생이 자신의 능력과 기능을 사용하여 문제를 해결하는 과정을 보여줌.
대안적 평가	4지선다와 같이 선택적 문항으로 평가했던 기존의 평가방식에 대한 대안으로서의 의미가 강조됨.
실제적 평가	학생들이 해결해야 하는 과제가 실제 현실 문제와 연결되어 있다는 의미
포트폴리오 평가	학생들이 학습과정을 수행하며 장기간 동안 모아놓은 작품집, 산출물들의 총합
직접 평가	학생의 능력과 기능에 대한 증거를 지면으로 평가하는 것이 아니라 직접 관찰하거나 면접을 통해 측정한다는 의미

2) 과정 중심 평가로서의 수행평가

여기서 수행(performance)이란 어떠한 상황에서 실제로 하는 행동을 의미한다. 어느 주제에 대해 개인 내면적으로 통달하여 완수하였다는 의미로 쓰이는 숙달(mastery)이라는 개념에 비교하여 볼 때 수행은 남에게 보이는 행위, 행동을 의미한다. 따라서 교육현장에서 사용하는 수행평가(performance assessment)는 결국 교사, 동료 등 누군가로부터 관찰되는 행위가 중심 대상이 되며 스스로도 자신의 능력과 기능을 눈으로 보

거나 체험, 관찰할 수 있어야 한다. 중요한 것은 학습자 자신이 스스로 알고 있다고 속으로 의식하는 것에 머무르는 것이 아니라 내면의 지식이나 기능을 산출물과 행동으로 보이게 해야 한다는 것이다.

수행평가에서 사용하는 자료는 학습자가 수행한 모든 결과물과 산출물이다. 학교 현장에서 실제로 사용하는 평가 방법은 논술형 검사, 구술형 시험, 토론 진행과 결과물, 실기시험, 실험실습, 면접, 관찰, 자기평가 및 동료평가 보고서, 연구보고서, 포트폴리오 등이 있다. 이러한 방법은 수업 방식과 교사의 재량에 따라 자유롭게 활용되고 있으며 기존에 사용해 왔던 방법을 과정 중심의 평가 방법으로 활용할 수도 있다. 수행평가의 본질을 구현하는 정도에 따라 〈표 11-3〉과 같이 구분할 수 있다.

〈표 11-3〉 수행평가가 지니는 과정 중심 평가적 본질 구현 정도와 그에 따른 평가 방법

<table>
<tr><th>수행평가 본질 구현 정도</th><th>평가 방법</th><th>비고</th></tr>
<tr><td rowspan="13">매우 높음
↕
매우 낮음</td><td>실제 상황에서의 평가</td><td rowspan="7">일반적으로 사용되는
수행평가 방법</td></tr>
<tr><td>실기시험, 실험실습, 관찰</td></tr>
<tr><td>면접법, 구술시험, 토론법</td></tr>
<tr><td>자기평가 및 동료평가 보고서</td></tr>
<tr><td>포트폴리오</td></tr>
<tr><td>연구보고서</td></tr>
<tr><td>논술형</td></tr>
<tr><td>서술형</td><td rowspan="6">일반적으로 수행평가로
보지 않는 평가 방법</td></tr>
<tr><td>단답형</td></tr>
<tr><td>완성형(괄호 채우기)</td></tr>
<tr><td>선다형</td></tr>
<tr><td>연결형(줄긋기)</td></tr>
<tr><td>진위형(O X형)</td></tr>
</table>

출처: 김석우 외(2022).

3) 수행평가의 종류

학교 현장에서 사용하는 일반적인 수행평가 방법은 다음과 같다.

(1) 실기시험

과정 중심 평가에서 사용하는 실기시험과 기존의 실기시험은 차이가 있다. 가장 큰 차이는 실기를 치루게 되는 상황이 다르다는 것이다. 기존의 실기시험에서는 통제되고 규정된 틀이 존재하였다. 그 틀 안에서 정해진 수행을 얼마나 제대로 해내느냐가 관건이었다. 예를 들어 가창 시험이라면 정해진 노래, 가락, 가사라는 틀 가운데 학생이 얼마나 음을 정확히 내는지, 크게 내는지 등의 준거를 가지고 평가하였다. 농구 시험이라면 일정한 위치에서 슛을 던지는 폼, 골대에 들어가는 개수 등을 미리 규정하여 평가하였다. 그러나, 과정 중심 평가에서 농구 시험을 본다면, 다른 팀과의 경쟁에서 학생이 보이는 경기 주도 능력, 대처 능력 등을 종합적으로 평가하게 된다. 다른 팀과의 경쟁 자체가 교수·학습 활동이 되면서 동시에 평가 대상이 되기도 한다. 이처럼, 수업 시간에 교수·학습 활동과 평가가 동시에 이루어진다.

(2) 실험실습

실험실습은 어떠한 주제에 대해 학생들이 직접 실험을 하고 그 과정과 결과물을 보고서로 제출하는 것이다. 관련된 주제와 상황에 대한 실습을 실시하고 그 과정에서 느낀 점, 새롭게 알게 된 점 등에 대한 성찰일지를 작성하고 결과물을 제출하는 것도 포함된다. 이때 개별로 진행하기도 하지만 팀을 이루어 공동작업을 하는 경우도 있다.

교사는 학생들의 실험실습 과정을 관찰하므로 학생이 제출하는 보고서 외에도 교사의 관찰기록이 더해진다. 또한 실험실습을 통해 학생들은 일정한 도구나 기자재를 다루는 능력, 상황에 대한 대처 능력, 기능의 실무 적합성 등을 평가받는다. 이러한 전반적인 것을 종합하여 평가를 실시하게 된다.

(3) 관찰

교사는 학생을 있는 그대로 이해하고 평가하기 위해 관찰이라는 방법을 가장 보편적으로 사용한다. 학생 가까이에서 학습과 관련된 부분을 전문 지식을 바탕으로 제대로 지켜볼 수 있는 사람은 교사가 유일하다. 개별 학생의 모습뿐만 아니라 학생이 다른 학생들과 협업하는 모습들도 종합적으로 관찰함으로써 사회적 관계 구조를 파악하고, 개인의 역동을 이해할 수 있다. 이러한 과정을 통해 교사는 학생을 깊이 이해하고 그에 맞는 교육 자료와 지도를 제공할 수 있게 된다. 관찰을 위해서 교사는 학생들에 대한 일화기록, 정해진 행동 목록 가운데 해당되는 것을 확인하는 체크리스트, 행동의 긍·부정성이나 강도를 파악하는 평정척도, 요즘 TV프로그램에서 아동 문제행동 수정을 위해 많이 사용하는 비디오 분석 등을 활용할 수 있다.

만약, 지적장애가 있는 등의 특수학습자의 경우 평가를 위한 관찰 목록을 미리 제작한 후 평가할 수도 있다. 특수학습자에게 필요한 도움이 무엇이고, 이들이 어떠한 경험을 하고 있는지 명확히 알기 위해 관련 목록이 도움이 될 수 있다. 다만, 이러한 목

〈표 11-4〉 관찰법의 종류

종류	방법
자연적 관찰법	어떤 행동이나 현상이 자연적으로 발생한 그대로를 조직적인 의도 없이 관찰한다.
전기적 관찰법	개인 혹은 소수의 피험자를 오랜 기간 동안 계속해서 관찰하게 되므로 개인의 전체적 변화를 세밀하게 연구할 수 있다.
행동요약법	특정한 목적을 가지고 행동관찰을 하려고 할 때 사용한다.
시간표본법	관찰 장면을 제한하지 않고 특정한 행동단위(예: 반항적 행동, 소리 지르기 등)가 정해진 시간 안에 몇 번이나 발생하는지를 양적으로 측정한다.
장면표본법	무엇을 관찰할 것인지의 관찰 대상과 행동이 뚜렷하게 결정되어 있고, 그러한 행동이 보다 잘 나타나는 장면을 선택해서 집중적으로 관찰한다.
참여관찰법	관찰자가 피관찰자와 같은 장면에 들어가서 피관찰자의 행동을 관찰한다.
실험적 관찰법	관찰하려는 장면이나 조건을 인위적으로 설정하여 대상자의 행동 변화가 어떻게 일어나는지를 관찰한다.

출처: 주은희 외(2019).

록은 교사가 개인적으로 제작하는 것이 아니라 관련 전문가들이 도출한 목록이어야 한다.

혹은 영유아를 대상으로 관찰을 실시할 때 이들의 발달 수준을 미리 숙지하고 접근할 필요가 있다. 나이대에 맞는 행동 발달 및 인지 발달 수준을 토대로 이들의 행동 수준을 파악하고 필요한 경우 적기 개입할 수 있도록 조언할 수 있다. 관찰법의 종류는 〈표 11-4〉와 같다.

(4) 면접

교사와 학생이 서로 대화를 통해 필요한 정보와 자료를 얻어가는 과정을 면접이라고 한다. 지필고사나 일정한 서류, 결과물 등으로는 알 수 없는 학생 내면의 생각이나 사고 과정을 파악하는 데 유용한 방법으로, 교사나 평정자가 질문을 하고 학생이 응답하는 형식을 취한다.

면접의 장점은 보다 심도 있는 정보를 얻을 수 있다는 점, 사전 계획에 없었던 정보와 자료를 폭넓게 수집할 수 있다는 점, 정해진 틀이 없이 상황을 봐서 융통적으로 조절할 수 있다는 점 등이다. 단점은 면접을 위한 소요시간이 길다는 점, 면접으로도 사람을 전부 파악할 수는 없다는 점, 학습자의 긴장도나 태도 등이 면접 내용에 영향을 줄 수 있다는 점, 평가 기준이 애매하다는 점 등이다. 따라서 면접을 단독으로 사용하기보다 다른 평가 방법의 보완이나 병행으로 사용하는 경우가 많다.

(5) 구술시험

구술시험이란 종이나 연필로 작성하는 지필시험에 대비되는 개념으로 평가 방법 중에 역사적으로 가장 오래된 것이라 볼 수 있다. 고대 그리스 시대에 중요한 학문 분야로 존재하였던 수사학이 자신의 생각을 논리적, 설득적으로 표현하는 방법을 다루는 것이기 때문이다. 학생은 일정한 질문이나 주제에 대해 자신의 생각을 자유롭게 발표할 수 있고, 평가자는 발표 내용과 발표 시 태도 등을 종합적으로 평가하게 된다. 학생은 자신의 생각을 말하기 위해 주제에 대해 제대로 이해해야 하고, 자신의 생각을 논리적으로 정리할 수 있어야 하며, 말투 · 어조 등의 표현력을 갖춰야 한다. 또한, 순간 필요한 응답이 무엇인지에 대한 판단력, 상대방에게 자신의 뜻을 잘 전달하기 위한 의사소통 능력을 갖춰야 한다. 토론에 대한 발표, 조모임의 결과 발표, 수업 시간의 발표, 면접 등이 구술시험에 포함된다.

(6) 토론

토론이란 교수 · 학습 활동에 대표적으로 사용되는 학습자 참여형 교수법이다. 교사가 제시하는 주제에 대해 학생들이 자유롭게 자신의 생각을 말하는 것으로 자신의 주장에 근거를 제시하고, 상대방 의견에 대한 반론 등 지속적 토론이 이어지게 된다.

가장 쉽게 사용할 수 있는 방법은 찬반토론이다. 양가적 입장이 모두 포함된 실생활의 주제나 이론과 관련된 주제들을 교사가 제시하고, 학급을 찬성팀과 반대팀으로 나누어 토론하게 하는 것이다. 이때 중요한 것은 모두에게 말할 기회를 골고루 나누어 주고 근거를 통한 주장, 배운 이론을 통한 주장이 있도록 하는 것이다. 그렇지 않으면 이른바 목소리 큰 학생들이 토론을 독식할 가능성이 높다.

교사는 토론 내용이 충실하고 주제에 어긋나지 않도록 적극적으로 참여하여 토론을 조절해 주어야 한다. 이러한 과정에 전반적으로 참여하면서 교사는 학생들에 대한 평가를 하게 된다. 주장하는 내용의 충실성, 근거의 타당성, 반대 의견을 존중하는 태도, 토론 진행 방법 등을 살펴보며 평가할 수 있다. 토론 진행 과정 가운데 지도력과 리더십을 발휘하는 학생이 나타날 수 있다. 자기주장성이 강한 학생, 토론에 소극적이고 수동적인 성향의 학생, 토론의 결론보다는 친구들과 어울리는 것이 좋은 성향의 학생 등 다양한 성향을 지닌 학생들의 모습을 볼 수 있다. 이에 대해 교사는 다양한 평가 기준을 가지고 각 학생들의 강점과 부족한 점을 파악하는 평가를 진행할 수 있다.

(7) 자기평가 및 동료평가 보고서

수업에서 수행한 다양한 활동, 조모임에 대해 자기평가 및 동료평가를 수행할 수 있다. 교사가 학생들의 참여도와 기여도를 나름대로 판단할 수 있지만 조원들 간에 발생한 다양한 역동에 대한 실질적인 판단은 조원들이 수행하는 것이다. 조모임이나 활동이 아니어도 일정한 주제 학습에 대해 학습자 스스로 자신의 학습 과정을 평가하게 하거나 동료의 수행을 평가하게 할 수 있다. 이러한 평가는 학습자에게 학습 참여도와 동기를 부여할 수 있고, 조활동에 열심히 참여한 학생과 이른바 무임승차하는 학생을 구별할 수 있도록 돕는다. 〈표 11-5〉는 자기평가 및 동료평가 보고서 양식의 예이다.

〈표 11-5〉 자기평가 및 동료평가 보고서의 예

- 다음은 디자인씽킹 활동에 대한 상호평가입니다. 빈칸을 채우고, 솔직한 자신의 생각을 표기해 주세요.
- 평가는 상-중-하로 표시해 주세요.
- 조원 인원수대로 모두 작성하고, 자기 자신도 평가하세요.
- 근거에는 평가 이유를 간단히 적어주세요.

	이름	모임참여도	기여도	근거
예	김○○	상	중	분위기 메이커 역할을 함
자신				
조원 1				
조원 2				

(8) 포트폴리오

포트폴리오란 어느 주제에 대한 지속적인 변화 과정을 의미한다. 평가에서 사용하는 포트폴리오는 학생들이 과목의 일정 주제에 대한 자신의 학습 과정, 관련된 자료, 관련된 활동 기록을 모두 모아놓은 서류철 혹은 자신의 능력과 기능이 보이는 산출물이 나열된 작품집이다.

이 평가 방법은 학생을 단편적, 산술적으로 평가하지 않고 지속적, 질적, 정성적인 평가를 목적으로 한다. 이를 통해 학생의 변화와 성장 과정, 발달 과정을 종합적으로 파악하고자 하므로, 포트폴리오의 시작과 끝을 통하여 학생의 지식, 기능, 태도의 전반적인 모습과 변화 과정이 드러나는 것이 좋다. 포트폴리오에는 오디오, 비디오, 활동지, 일화기록, 관찰기록, 면담기록, 사진 등 모든 산출물이 자유롭게 포함된다. 포트폴리오 평가는 학생의 현재 상태보다는 미래 가능성에 초점을 두는 평가 방법으로 영유아, 초등학생, 전공 분야의 공부나 직무를 시작하는 초심자에게 의미 있게 활용될 수 있다.

(9) 연구보고서

연구보고서란 특정 연구의 결과를 보고하기 위해 제출하는 문서를 말한다. 연구보고서 평가 방법을 사용하기 위해서는, 교과에서 제시하는 여러 가지 연구 주제 중 학생의 능력이나 흥미에 적합한 것을 선택하여, 학생이 자기 주도적으로 탐색하고 관련 자료를 수집하며 내용을 종합 분석한 과정과 결과들을 보고서로 작성하여 제출하게 할 수 있다. 교사는 학생의 관심 주제에 따라 개별로 진행하거나 조(팀)를 구성하여 연구보고서를 작성하도록 지도할 수 있다.

원칙적으로 연구보고서를 제출할 때는 연구 주제의 명확한 명칭과 연구 책임자, 연구원의 성명, 연구비의 액수, 연구 기간 등을 기재한다. 아울러, 이러한 연구 주제를 선택한 배경과 연구의 목적, 관련된 이론적 배경, 연구 방법, 연구 결과, 결론과 그에 따르는 논의를 서술해야 한다. 학교 현장에서 진행할 때는 각 항목을 모두 포함하지 않고, 적절하게 취사선택할 수도 있으나, 실제로 연구보고를 하는 상황을 가상으로 만들어 연구보고서를 작성하게 하는 활동을 진행하는 것도 가능하다. 교사는 정해진 각 항목이 적절하게 기술되어 있는지, 이들이 선택한 연구 주제가 실제적, 학문적 시사점이 있는지, 나아가 공공의 유익한 목적을 달성할 수 있는지 등을 종합적으로 평가할 수 있다.

(10) 논술

논술은 주어진 질문에 대한 자신의 생각을 글로 표현하는 방법이다. 여러 개의 문장이나 한 편의 완성된 글을 작성해야 하는 것으로 일종의 서술형 검사이지만, 보다 깊은 사고와 논리를 요하는 것과 정답이 없다는 측면에서 과정 중심 평가로 볼 수 있다. 정답이 없으므로 학생은 자신의 생각을 논리적이고 설득력 있게 서술해야 한다. 평가자는 제출된 글을 통해 학생의 논리성과 사고의 깊이를 파악할 수 있다. 아울러, 학생의 창의성, 문제해결력, 정보 수집 및 분석력, 정보 조직력 등을 종합적으로 판단할 수 있다.

4) 과정 중심 평가의 수업 운영 실제

과정 중심 평가로서의 수행평가 방법은 교수·학습 과정을 개선하고, 개별 학생들에게 지도·조언하며, 맞춤형 교육을 계획하고 수행하기 위해 활용되고 있다. 학교 현장에서의 과정 중심 평가는 이러한 목적을 달성하기 위해 평가 계획, 평가 기준 수립의 단계를 거친다. 자세히 살펴보면 다음과 같다.

(1) 평가 계획

교수·학습 과정과 연계한 평가를 진행하기 위해서는 교육과정의 성취 기준을 분명하게 설정하고 기준점을 잘 잡는 것이 중요하다. 평가 수행 전에 성취 기준을 미리 선정하게 되면, 교육과정의 목표와 평가 기준이 일관성을 이룰 수 있다.

성취 기준은 교과에서 요구하는 학습자의 지식, 기술, 태도 영역의 특성이다. 각 영역별로 교수자는 달성해야 할 목록들을 개발하여 정리해 놓아야 한다. 성취 기준을 선정해 놓으면 다음으로 평가의 내용, 방법, 횟수, 기준, 반영 비율 등을 정한다. 전체적인 교과 목표 달성을 위해 어떠한 방법과 횟수 등이 적절할지를 교수자는 미리 예상하여 계획하여야 한다. 기준에 도달하지 못하는 학생에게는 어떠한 부가교육이 있을지 계획할 수 있다. 평가에 관련된 제반 사항을 결정할 때 교사협의회를 통해 논의하게 되면 보다 신뢰성 있고 타당한 평가를 진행할 수 있다. 또한, 여러 교과목에서 동시다발적으로 과정 중심 평가가 진행된다면 학습자 부담이 가중되어 학습에 방해가 될 수 있으므로 교과별로 진행 기간이나 방법을 협의할 필요도 있다.

교사는 일련의 계획을 학기 초에 학생들에게 공지하여야 한다. 학생은 평가 기준을 알게 됨과 동시에 이번 학기에 어떠한 교과를 어떠한 방식과 과정을 통해 배우게 될지를 안내받게 된다. 학교 현장에서 제시하는 평가 계획표의 예시는 〈표 11-6〉과 같다.

〈표 11-6〉 서울 ○○중학교 연간 평가 계획표 예시

과목	1 학 기								2 학 기							
	지필 평가				수 행 평 가				지필 평가				수 행 평 가			
	중간		기말		비율(%)	내용	비율	평가시기	중간		기말		비율(%)	내용	비율	평가시기
	선택형	서답형	선택형	서답형					선택형	서답형	선택형	서답형				
국어	24	6	24	6	40	나만의 시집 만들기	20	3-4월	24	6	30	·	40	[서·논술형] 문학 신문 만들기	20	8-9월
						[서·논술형] 통일 시대의 우리말 탐구 보고서	10	4월						[서·논술형] 옛날 신문 기사 찾기	10	9월
						[서·논술형] 주장하는 글쓰기	10	5월						논증 및 문장의 짜임 정리 포트폴리오	10	10월
사회	·	·	40	·	60	[서·논술형] 인권 침해 사례 분석 및 구제 방법 탐구	20	4월	·	·	40	·	60	[서·논술형] 국제 사회의 다양한 모습 탐구	20	9월
						사회 탐구 포트폴리오	20	학기중						사회 탐구 포트폴리오	20	학기중
						그림 카드 주제 발표	10	학기중						그림 카드 주제 발표	10	학기중
						인구와 도시 발표 수업 포트폴리오	10	6월						더불어 사는 세계 발표 수업 포트폴리오	10	10월
수학	27	3	27	3	40	대수막대를 활용한 다항식의 곱셈과 인수분해 유도하기 서술형 평가	10	4월	27	3	27	3	40	삼각비를 이용하여 삼각형의 넓이를 구하는 공식 유도하기 서술형 평가	15	9월
						근의 공식 유도하기 서술형 평가	10	5월						원의 접선의 길이 성질 유도하기 서술형 평가	5	10월
						수학탐구 포트폴리오	20	학기중						수학탐구 포트폴리오	20	학기중

1 학기

과목	지필 평가 중간 선택형	지필 평가 중간 서답형	지필 평가 기말 선택형	지필 평가 기말 서답형	수행평가 비율(%)	수행평가 내용	비율	평가시기
과학	36	4	40	·	20	화학 반응식 표현하기	10	4월
						구름 발생 실험하기	10	5월
체육	·	·	·	·	100	10m 왕복달리기	20	4월
						배구 오버핸드 토스와 언더핸드 토스	40	6월
						배구 서브	40	6월
영어	18	12	18	12	40	학습과정 포트폴리오1	5	3-4월
						듣기평가	20	6월
						각 단원의 의사소통 기능을 중심으로 말하기평가	10	6월
						학습과정 포트폴리오2	5	5-7월
기술·가정	·	·	·	·	100	가족갈등 해결 역할극	30	3-4월
						사물인터넷 생활용품 만들기	50	4-6월
						요리책 만들기	20	5-6월
역사	·	·	40	·	60	[서·논술형] 역사 신문 만들기	20	4월
						꼬리를 무는 역사 스피치	10	학기중
						역사 도장 쾅쾅	30	학기중
중국어	·	·	60	·	40	병음 읽기	10	4월
						기초 중국어 말하기	10	5-6월
						학습 자료 정리 포트폴리오	20	학기중

2 학기

과목	지필 평가 중간 선택형	지필 평가 중간 서답형	지필 평가 기말 선택형	지필 평가 기말 서답형	수행평가 비율(%)	수행평가 내용	비율	평가시기
과학	30	·	30	·	40	전자기 유도 실험하기	10	9월
						체세포 분열 관찰하기	10	9월
						[서·논술형] 운동 에너지와 위치 에너지의 전환	10	10월
						[서·논술형] 생식세포 분열 표현하기	10	10월
체육	·	·	·	·	100	50m 달리기	25	8-9월
						플라잉디스크 포핸드, 백핸드 던지기	50	10월
						플라잉디스크 캐치	25	10월
영어	18	12	18	12	40	학습과정 포트폴리오1	5	8-9월
						듣기평가	20	10월
						각 단원의 의사소통 기능을 중심으로 말하기평가	10	10월
						학습과정 포트폴리오2	5	10월
기술·가정	·	·	·	·	100	주거 공간 제작하기	25	8-9월
						스마트 공예품 만들기	50	9-10월
						기초 바느질을 응용한 생활소품 만들기	25	9-10월
역사	·	·	40	·	60	[서·논술형] 책문, 왕이 묻는 질문	20	9월
						꼬리를 무는 역사 스피치	10	학기중
						역사 도장 쾅쾅	30	학기중
중국어	·	·	70	·	30	중국 노래 부르기	10	8-9월
						기초 중국어 말하기	10	10월
						학습 자료 정리 포트폴리오	10	학기중

(2) 평가 기준 수립

교과목에 대한 교수 · 학습 과정에서 도출된 여러 산출물을 제대로 채점하기 위해서는 채점 기준을 먼저 제시할 필요가 있다. 채점 기준은 산출물이 지니는 수준과 질을 판단하기 위한 지침이 될 수 있다. 채점자의 주관이 반영되지 않도록 채점 기준을 명확히 세워 놓을 필요가 있다. 채점 기준에는 과제 수행의 판단 준거인 지식, 기술, 태도 영역의 구체적인 평가 항목을 목록화하여야 한다. 또한, 평가 요소별로 배점을 어떻게 할 것인지를 정한다. 마지막으로 평가 요소별로 학생의 수행 수준을 어떻게 구분하고 점수를 부여할 것인지에 대하여 세부적인 내용을 정해놓아야 한다.

〈표 11-7〉 서울 ○○고등학교 국어과 수행평가 기준 루브릭 예시

학기	채점 영역		기준	점수	비고
1	시 비평문 쓰기 (80)	이해력	시의 내용을 정확하게 이해하고 그 내용을 적절하게 활용하고 있는가? • 상: 시의 내용을 적절하게 활용 • 하: 시의 내용을 인용하지 활용	20점	상-20점 하-50점
		적용력	문제에 주어진 조건에 맞게 답안을 작성하였는가? • 상: 조건을 적절하게 활용 • 하: 조건을 활용하지 않음	30점	상-30점 하-20점
		표현력	해당 내용을 적절한 표현과 응집성 있는 문장 구성을 활용하여 서술하고 있는가? • 상: 문장의 연결이 자연스러움 • 중: 접속부사의 사용 및 내용전개가 부자연스러움 • 하: 문장의 단순 나열	10점	상-10점 중- 8점 하- 5점
		분량	정해진 분량에 맞게 글을 썼는가? • 상: 정해진 분량을 초과 • 중: 정해진 분량을 절반 이상 • 하: 정해진 분량을 절반 이하	20점	상-20점 중-10점 하- 0점
	수업 참여도 (20%)		과제를 성실하게 수행하였는가? • 과제를 미제출 건당 - 5점 • 늦은 과제를 제출 건당 - 2점	20점	
합계				100점	(미제출 0점)

대부분의 학교 현장에서는 학생들의 과제를 채점하기 위해 기준을 미리 규정하여 제시하고 있다. 이러한 기준은 어느 수준까지 수행하면 어떤 평가를 받는지를 학생 스스로 알게 한다. 과제 수행 수준에 따르는 평가 배점을 미리 정해놓은 것을 '루브릭'이라고 한다. 학생들이 주어진 과제에 대한 루브릭을 미리 알게 된다면, 그들이 수행한 것에 따르는 결과를 미리 예측할 수 있게 된다. 학생은 자신의 수행에 대한 근거 있는 기대를 하게 되고, 추후 채점 결과를 받았을 때, 근거로서 설득력을 지니게 된다. 아울러, 교사는 루브릭을 통해 자신의 주관, 감정을 배제하고 객관적이고 공정한 평가를 할 수 있게 되므로 유용하게 사용할 수 있다. 다만, 루브릭이 구체적이고 세밀할수록 학생의 잠재력을 향상시킨다든가 창의적 산출물을 발현할 수 있을 것이란 기대는 하기 어렵다. 따라서, 교과의 특성과 교육과정에 따라 루브릭을 적절하게 활용할 수 있는 교사의 역량이 더욱 요구된다고 하겠다. 〈표 11-7〉은 고등학교에서 사용하고 있는 평가 루브릭의 예이다.

3 원격 수업과 평가

1) 원격 수업 평가의 실태

2020년 신종 코로나바이러스 감염증(코로나19)으로 인해 학생들은 '온라인 수업'을 경험하기 시작하였다. 대면 수업이 불가능해지면서, 학교와 교사, 교수의 개인 역량에 따라 온라인 수업의 수준은 천차만별로 달라졌다. 그럼에도 불구하고 온라인 수업은 4차 산업혁명 시대에 걸맞은 교육 형태이고 앞으로도 더욱 많이 활용될 것이라고 많은 학자들은 주장하고 있다.

온라인 수업이 정착되기 위해서는 평가가 제대로 정착되어야 한다. 2020년 1학기를 대부분 원격 수업으로 대체한 대학은 온라인으로 시험을 치렀다. 그런데 부정행위가 속출했고, 학교마다 성적 처리 방식을 둘러싸고 의견이 분분하였다. 학생들의 중도이탈을 염려하여 절대평가로 전환하기도 하였다. 중·고등학교는 온라인으로 시험을 치르는 것에 대해 더욱 민감할 수밖에 없으므로 시험 날에만 등교를 하거나 아예 시험을 치르지 않는 방식 등으로 대체하였다.

실제로, 대학의 중간고사에서 일부 학생들이 휴대전화와 메신저로 답을 공유하거나 모여서 푼 사실이 적발되었다. 부정행위를 방지하기 위해 줌(ZOOM) 같은 실시간 화상회의 프로그램으로 시험 치는 모습을 감독하기도 하였다. 그러나 웹캠 사각지대나 음소거 기능을 악용하는 학생들은 얼마든지 부정행위를 할 수 있었다. 이러한 현상은 학생들이 평가 결과를 신뢰할 수 없도록 만들었다. 일부 대학은 선택적 패스제를 도입하여, 학생에게 부여된 성적을 그대로 받거나 '패스(Pass, 통과)' 처리할 수 있도록 선택권을 주었다. P로 처리된 과목은 평점에 포함되지 않는다. 미국 대학생들도 온라인 수업에서의 평가를 악용하고 70% 이상이 부정행위를 저지른다는 보고가 있었다. 미국 매사추세츠주 보스턴대와 조지아주 조지아공대에서도 5월에 학생들이 온라인 시험을 보면서 '체그(Chegg)'라는 앱에 접속해 답을 찾은 사실이 적발됐다([그림 11-1]). 해당 앱은 한 달에 일정 비용을 내면 2,100만여 개의 문제와 정답을 찾을 수 있다(최예나, 한성희, 2020).

[그림 11-1] Chegg 홈페이지

그럼에도 불구하고, 온라인 시험이 제대로 치러진다면 교육적 장점이 매우 많다. 특히, 발전된 과학 기술을 활용한 학생 맞춤형 교육이 더욱 실현 가능해진다. 즉, 학생들이 온라인으로 문제를 풀고 정답까지 제출해 관련 정보가 풍부하게 축적되면 교사가 학생에 대한 맞춤형 교육을 제공할 근거자료가 될 수 있다. 해당 학생이 자주 틀리는 문제나 영역별 학습 정도를 정교하게 파악할 수 있으며 문제은행과 연계하여 부족한 영역을 보완할 수 있는 문제를 맞춤형으로 제공할 수도 있다.

효과적인 개별 맞춤형 교육으로 나아가기 위해서는 향후 온라인 시험에서는 '아느냐 모르느냐'와 같은 지식 확인을 위한 문제가 아니라 '기본 지식을 바탕으로 어떻게 표현할 수 있는가, 현실의 문제를 어떻게 해결할 수 있는가'와 같은 문항으로 평가해야 한다. 실제로 프로젝트 수업과 같이 학습자 참여식 수업에서는 정답이 하나일 수가 없다. 프로젝트에 따라 서로 다른 문제를 낼 경우, 자기 나름대로의 결론을 내야 하므로 오픈북이나 커닝이 의미가 없다. 또한, 단회성, 혹은 1년에 두 번과 같은 정해진 일정에 치루는 시험이 아니라 수시로 시행하는 '과정'을 평가하는 것도 더욱 도입되어야 한다. 학습 과정에서 산출하는 자신의 성찰일지 등을 평가에 포함하게 되면 다른 학생의 답을 커닝하는 것이 의미가 없어진다. 이러한 의미에서 지금까지 살펴본 과정 중심 평가는 앞으로의 교육환경에 더욱 중요한 역할을 할 것이다.

또한, 온라인 시험을 위한 기술적 대책도 마련되어야 한다. 일단 화상회의 프로그램으로 온라인 시험을 치를 때 최대한 커닝의 사각지대를 줄여야 한다. 실제로 정보기술(IT) 업체들의 모니터링 시스템도 빠르게 발전하고 있다. 학생의 안구 움직임을 확인해 부정행위 여부를 가려낼 정도다.

종합하면, 앞으로 단회성, 선다형 위주의 지필고사보다는 학생의 성장 과정을 평가하는 쪽으로 바뀌어야 할 필요가 있다. 또한, 교사에게는 평가 전문성이 함양되어야 한다. 해당 교과목에서 중요시하는 성과 기준을 명확히 알고 학생의 성장 과정과 잠재력을 제대로 파악할 수 있는 역량이 요구된다. 추가로 학생 스스로의 노력이 중요하다. 학생들 스스로 온라인으로 이루어지는 시험과 과정 평가에 대해 성실하게 참여하고 노력하겠다는 의지, 부정행위를 거부하고 진실하게 임하겠다는 선언이 있어야 할 것이다.

2) 원격 수업 평가 방법

원격 수업이란 학습자와 교수자가 서로 다른 공간에 있는 상태로 수업이 운영되는 것을 의미한다. 기존에 사이버 대학, 방송통신 관련 학교 등에서 행해지던 원격 수업이 2020년 코로나19로 인해 짧은 시간에 전국적으로 확대되었다. 이제는 유아부터 성인까지 원격 수업을 친숙하게 느끼게 되었고, 일반 학교에서도 원격 수업의 장점과 대면 수업의 장점을 살리는 통합 형태를 지향하고 있다.

코로나 초반에 원격 수업으로의 전환과 함께 교사들에게 가장 큰 고민이 되었던 것은 학생 평가의 문제였다. 이에 교육부에서는 출결 상황에 대한 지침, 학생 평가 및 학교생활기록부 기록 방안에 대한 지침을 정하고 배포하여 교사의 어려움을 돕고자 하였으나(교육부, 2020) 교육과정의 평가, 교육과정의 피드백으로서의 역할을 담당하기에는 매우 부족하였다.

류태호(2018)에 의하면, 앞으로는 원격 수업과 컴퓨터 빅데이터 기능을 활용하여 학생에 대한 개별 맞춤형 수업을 진행하고 그에 따르는 맞춤형 평가를 진행하는 것이 미래 혁신 교육의 대안으로 제시되고 있다. 최근 개발된 교육용 빅데이터는 평가 결과를 통해 학생들의 오답 패턴을 분석하여 유사한 유형의 문제를 지속 출제하여 스스로 숙달할 수 있도록 돕고자 한다. 컴퓨터에 유형별 문제은행을 구축해 놓는 것이다. 아울러, 학생들이 답안을 체크할 때, 자신이 이 답안에 대해 얼마나 확신하는지에 대한 추가 문항을 제작하여 작성하게 함으로써 학생이 우연히 이 문항을 맞춘 것인지 확실히 알고 맞춘 것인지를 변별하고, 이 문항에서 모르는 것이 무엇인지를 더 확실하게 파악하고자 한다.

다양한 유형별의 문제 풀이 결과와 학생이 제출한 보고서, 과제를 통해 학생에게 맞춤형 모듈 형식의 수업을 제공하고, 그에 따라 각 학생이 교과의 내용을 숙달할 수 있도록 돕는 기능이 탑재된 grade scope라는 홈페이지(https://www.gradescope.com/)가 실제로 운영 중이다. 출제자도 선다형의 문제를 출제함으로써 선택지 각각에 출제자의 의도를 포함시킬 수 있다. 이를 통해 학습자의 오답 패턴을 범주화하여 더 체계적인 수업 운영을 위해 활용하게 된다.

이러한 수업이 가능하기 위해서 학교에서 운영하는 LMS(learning management system), CMS(career management system) 등은 앞으로 LXP 즉, learning experience platform으로 전환될 것이라고 교육학자들은 예측한다. 즉, 교육을 제공하는 교수자 입장, 수동적 학습자 입장에서의 기존 시스템이 아니라, 학습자 개인의 경험을 중요시하고 그것을 분석하여 성취한 것과 성취하지 못한 것을 알려주는 시스템으로의 전환이다. 여기서 교수자의 역할은 교과 내용을 수준별, 주제별로 세분화하여 수업 모듈과 평가 문항을 제작하는 것이다. 그렇게 세분화된 수업 모듈과 평가 문항을 제공받게 되면 학생들은 자신이 아는 부분과 모르는 부분을 구분할 수 있게 된다. 그 결과를 분석하여 필요한 부분을 스스로, 혹은 교사의 도움으로 보충해 갈 때, 숙달에 이를 수 있다.

학습자 개인 경험에 집중하게 되는 이러한 추세는 학교 경영, 학교 운영과 연관되어 있다. 전 세계 모든 학교는 중도탈락률로 고민하고 있다. 학생들의 중도탈락률과 학업지속률 사이에서 중요한 것은 결국 학생의 자기 경험이었다. 학생들의 학업지속률에서 중요한 것은 학생들이 스스로 경험하는 숙달이었다. 즉, 자신이 잘 배우고 있고 해당 부분을 잘 알고 있다는 경험이 있을 때 학업지속이 가능해진다고는 것이다. 따라서, 학습을 자신의 선택으로 진행하고 운영하기 위해서 평가문제를 축적하여 학생들의 학습 패턴을 도출하고, 유형별 자료 제공, 유형별 교육 진행 등을 제공할 필요가 있다(이혜정, 임상훈, 강수민, 2019). 교육을 학습자 숙달 중심이라는 측면에서 볼 때, 교육과정과 그에 따른 평가도구는 더욱 면밀하게 계획되고 활용되어야 할 것이다.

요약정리

최근 국가 교육정책에서 강조하는 평가 방법은 과정 중심 평가이다. 이는 학문적 개념이라기보다 정책적으로 어떤 부분을 평가하겠다는 개념이 강하다. 평가가 강조하는 교육과정의 영역이 어느 부분인지를 아는 것은 교육과정 방향성과 큰 목적을 알 수 있게 돕는다. 따라서, 과정 중심 평가라는 정책은 앞으로의 국가 교육과정이 성과나 결과만을 중요시하는 것이 아니라, 학습의 과정과 학생의 참여를 강조하겠다는 의미가 들어 있다고 볼 수 있다.

과정 중심 평가는 그간 진행해 온 학생 평가의 패러다임을 바꾸는 용어로서 새로운 평가 방법을 도입하는 것이 아니라, 기존에 사용해온 평가 방법들을 충분히 활용하되 평가의 관점과 기능을 바꾸고 통합한다는 것이다. 학습 과정에 참여하는 학생들의 일부분을 평가하는 것이 아니라 전반적인 변화와 성장에 집중하고 다각도로 자료를 수집하여 학생에게 피드백하는 것이다.

과정 중심 평가는 다음의 특징을 지닌다. 첫째, 평가 패러다임의 확장을 의미한다. 둘째, 문제해결 결과뿐만 아니라 문제해결 과정을 중시한다. 셋째, 교육과정과 수업, 평가 간의 긴밀한 연계를 강조한다.

과정 중심 평가에 대한 이론적 근거를 살펴보면 첫째, 구성주의 학습이론이 있다. 구성주의란 개별 학습자가 스스로 자신의 지식을 구성해감을 강조하는 것으로 학습자에 대한 궁극적인 신뢰와 믿음을 전제한다. 구성주의적 입장에서는 기존의 선다형 고사, 객관적 평가는 개인을 총체적으로 이해하기 어렵다. 둘째, 인지주의 학습이론이 있다. 학습은 전달만이 중요한 것이 아니라 받아들이는 학습자의 인지 과정이 중요하다는 입장으로, 개인 인지 성장에서의 사회적 측면을 강조한다. 개인의 전반적인 인지 과정을 측정하기 위해서는 과정 중심 평가가 적합하다.

개정 교육과정은 미래 인재 양성을 위해 과정 중심 평가를 강조하고 있으며, 현장에서는 수행평가를 활용하고 있다. 수행평가는 논술형 검사, 구술형 시험, 토론 진행과 결과물 실기시험, 실험실습, 면접, 관찰, 자기평가 및 동료평가 보고서, 연구 보고서, 포트폴리오 등의 방법으로 진행된다. 학교는 효과적인 수행평가를 위해 학기 초 평가 계획을 구체적으로 수립하여 학생들에게 배포하고, 수행평가 기준을 미리 설정, 루브릭을 구성하여 학생들에게 안내하고 있다.

코로나19로 인해 원격 수업이 본격화되면서 원격 수업에서의 평가는 어떻게 이루어져야 할 것 인가 많은 논의가 있다. 원격 수업이 담고 있는 디지털 도구의 장점을 극대화하여 개인 맞춤형 교육을 위한 숙달 과정으로서의 평가 모델이 제안되고 있다. 학습자가 스스로 숙달하는 개인 경험은 학습의 성과와 만족도를 높인다. 교육평가가 더욱 면밀하게 계획되고 활용될 때 교육과정의 혁신이 이루어질 수 있다.

참고문헌

교육부(2020.4.6). 원격수업 출결 평가 기록 가이드라인 안내 보도자료. retrieved from https://blog.naver.com/moeblog/221893759157

김석우, 원효헌, 김경수, 김윤용, 구경호, 장재혁(2022). 교육평가의 이론과 실제. 서울: 학지사.

류태호(2018). 성적 없는 성적표. 서울: 경희대학교출판문화원.

이혜정, 임상훈, 강수민(2019). 4차 산업혁명 시대 대학교육 혁신 방안 탐색: 미네르바스쿨 사례를 중심으로. 평생학습사회, 15(2), 59-84.

주은희, 김화영, 김한나, 류숙희(2019). 지속가능발전을 위한 유아교육평가의 이해. 파주: 양서원.

최예나, 한성희(2020). '온라인 부정행위' 암초 만난 원격수업… 평가 방법도 진화해야[인사이드&인사이트]. retrieved from https://www.donga.com/news/article/all/20200626/101695451/1

한국교육과정평가원(2018). 과정 중심 평가 적용에 따른 학교수준 학생평가체제 개선방안. 한국교육과정평가원 연구자료, ORM 2018-39-7.

Flavell, J. H. (1979). Metacognition and cognitive monitoring: A new area of cognitive-developmental inquiry. *American psychologist, 34*(10), 906.

Simpson, E. J. (1966). *The classification of educational objectives*. psychomotor domain.

찾아보기

〔인명〕

[내용]

저자 약력

김훈희 경상국립대학교 교육학 박사(교육방법 및 교육과정전공)
現. 진주보건대학교 간호학부 교수
✉ hee0133@hanmail.net

권충훈 경상국립대학교 교육학 박사(교육방법 및 교육과정전공)
現. 광주여자대학교 특수교육과(중등특수교육전공) 교수
✉ kwonch@kwu.ac.kr

김한나 이화여자대학교 문학 박사(교육행정전공)
現. 총신대학교 사범학부 교직과 교수
✉ hannakim14@chongshin.ac.kr

김화영 한양대학교 교육학 박사(교육상담전공)
現. 한양여자대학교 유아교육과 교수
✉ ppeace@hywoman.ac.kr

이광우 경상국립대학교 교육학 박사(교육방법 및 교육과정전공)
前. 한국교육과정평가원 선임연구위원
✉ kwleee62@naver.com

교육과정

1판 1쇄 발행　2023년 12월 29일
1판 3쇄 발행　2025년　6월 30일

지 은 이 | 김훈희 권충훈 김한나 김화영 이광우
발 행 인 | 박철용
발 행 처 | 양서원
주　　소 | 경기도 파주시 직지길 522 파주출판도시
전　　화 | 031-955-8000(代)
팩　　스 | 031-955-8005
홈페이지 | www.yswpub.co.kr
이 메 일 | yswgroup@naver.com
출판등록 | 1987년 11월 24일 제 406-2003-037 호

ISBN 978-89-994-1427-5

정가 22,000원